U0454393

中文社会科学引文索引（CSSCI）来源集刊

珞珈管理评论

LUOJIA MANAGEMENT REVIEW

2022年卷　第5辑（总第44辑）

武汉大学经济与管理学院

WUHAN UNIVERSITY PRESS

武汉大学出版社

图书在版编目(CIP)数据

珞珈管理评论.2022 年卷.第 5 辑:总第 44 辑/武汉大学经济与管理学院.—武汉:武汉大学出版社,2023.1

ISBN 978-7-307-23421-5

Ⅰ.珞… Ⅱ.武… Ⅲ.企业管理—文集 Ⅳ.F272-53

中国版本图书馆 CIP 数据核字(2022)第 204812 号

责任编辑:陈 红 责任校对:汪欣怡 版式设计:韩闻锦

出版发行:**武汉大学出版社** (430072 武昌 珞珈山)

(电子邮箱:cbs22@whu.edu.cn 网址:www.wdp.com.cn)

印刷:武汉市天星美润设计印务有限公司

开本:880×1230 1/16 印张:11.75 字数:288 千字

版次:2023 年 1 月第 1 版 2023 年 1 月第 1 次印刷

ISBN 978-7-307-23421-5 定价:48.00 元

目　录

CONTENTS

组织间冲突研究：多学科述评与未来展望[*]

● 张三保[1]　刘雅婷[2]　张志学[3]

（1，2　武汉大学经济与管理学院　武汉　430072；3　北京大学光华管理学院　北京　100871）

【摘　要】组织存在于双边乃至多边网络中，目标和利益的差异及资源的稀缺性使得组织间冲突不可避免地频繁发生。在企业管理实践中，组织间冲突的频繁发生，往往给冲突双方带来巨大破坏与损失。然而，既有研究更多聚焦于组织内部的冲突及其治理，而对组织间冲突关注不足。有鉴于此，本文结合管理学、法学、社会学、心理学、新闻传播学等交叉学科视角，系统阐释组织间冲突的分类、动因及其调节因素，以及处理方式和影响因素，并在此基础上提出一个整合性分析框架，从四个方面提出未来研究方向。

【关键词】组织间冲突　冲突动因　冲突处理方式

中图分类号：F272.3　　　　文献标识码：A

1. 引言

现实中的组织并非孤立存在，大到国家、小到企业，均处于双边乃至多边网络中。分工和专业化日益增强了组织间的联系，无论合作还是竞争关系，目标和利益的差异及资源的稀缺性，使得组织间冲突（inter-organizational conflict）不可避免地频繁发生。组织间冲突，即两个或多个组织之间发生的公开的敌对状态，其中一方或多方感知到自己的利益将会受到消极影响并对此采取干涉行为的过程（马永斌，2010；胡继灵和方青，2004）。无效的冲突处理策略，往往给冲突双方带来巨大破坏与损失，其负面效应远大于组织内部冲突。因此，能否有效处理组织间冲突，关系到组织的利益得失甚至生死存亡。

鉴于组织间冲突及其处理的重要性与相关研究的滞后性，本研究致力于系统梳理相关研究进展，并在此基础上构建分析框架，为更好在中国情境下开展相关研究提供方向。为了追踪组织间冲突的

---

　　* 基金项目：国家自然科学基金面上项目"中国营商环境、总经理自主权与企业技术创新：制度基础观与高层梯队理论整合视角下的多层次研究"（项目批准号：72072137）。

　　通讯作者：张志学，E-mail：zxzhang@gsm.pku.edu.cn。

研究动态，我们从 Business Source Complete、Web of Science、JSTOR 和中国知网等数据库中，运用 "（inter-）organizational/firm conflict" "business dispute" "组织/企业间冲突/争议" 等关键词检索相关文献。之后扩大检索范围，采用 "conflict" "conflict management" "dispute" "inter-organizational relationship" "inter-organizational trust" "冲突处理" "组织间关系" 等关键词加以检索。最后，根据文章的标题、摘要和主要内容等，筛选主题相关文章。从所获文献来看，组织间冲突受到战略管理、组织行为、市场营销、法学、社会学、心理学乃至新闻传播等交叉学科持续增加的关注，且近十年来发表数量增速较快。但是，与组织间冲突频发的现实及其后果严重性相比，相关文献总体较少，且绝大部分是英文文献，中文研究尤其稀缺。

　　本研究贡献包括两个方面：理论上，系统归纳组织间冲突研究进展，构建出一个系统性分析框架，为未来研究提供明确思路，推动交叉学科发展；实践上，为现实中组织间冲突的有效处理乃至组织的良性发展提供参考方案。

　　后文安排如下：第二部分介绍组织间冲突的分类；第三部分阐释组织间冲突的动因及其调节因素；第四部分分析组织间冲突的处理方式及其决定因素；最后提出研究框架并展望未来研究方向。

2. 组织间冲突的分类

2.1 根据动因划分：基于能力 vs. 基于诚信的冲突

　　在基于能力产生的冲突里，组织所拥有的技能和知识受到质疑从而引发组织之间的敌对状态；而在基于诚信缺失产生的冲突里，需要考虑的因素是组织固有的行为方式和规范（Lumineau et al.，2015），其中，不道德行为和机会主义是诚信缺失的两大突出表现（Ganesan et al.，2013）。

　　结构性冲突和操作性冲突。结构性冲突涉及控制关系的规则，发生在关系的共识基础上，是原则问题上的冲突；而操作性冲突涉及对这些原则的解释和应用，是在共识机制内产生的具体问题上的冲突（Coser，1956；Metcalfe，1976；Horowitz，1963）。结构性冲突产生于建立或定义关系的尝试，反映了对每个组织职责的合法特权和基本结构的基本分歧；而当一个组织对另一个组织在某一点上的立场有争议，但又不寻求改变另一个组织对这个问题的最终控制时，就会发生操作性冲突。操作性冲突可能发生在一套预先建立的关系中，它主要发生在业务程序和活动的协调上。

2.2 根据效应划分：建设性 vs. 破坏性冲突

　　当冲突通过形成新的对抗力量而使政治权力和经济资源得到更公平的分配，并在系统内实现更大的平衡和稳定时，冲突就可能对系统有利；而当双方对彼此的目标缺乏认识时，冲突则是破坏性的（Assael，1969）。在建设性冲突中，冲突双方出于对共同目标和利益的关心，乐意了解并接纳对方的观点和意见，以争论问题为中心，注重互相交换情况。在破坏性冲突中，冲突出于对赢得自己观点胜利的关心，不愿听取对方的观点和意见，在冲突过程中，脱离了解决问题本身，互相交换情况减少甚至完全停止。但是，建设性冲突和破坏性冲突不是绝对的，在一定条件下可以相互转化。例如，如果破坏性冲突得到良好的控制，再经过充分的协调和沟通，组织也可以从争议中吸取经验，获得处理冲突和完善沟通方式的同理心，从而实现转化。

2.3　根据存在特性划分：潜在 vs. 显性冲突

潜在冲突是冲突双方在清楚地向对方表达或展现冲突之前，对将要发生冲突的感知。因为组织间存在利益纠葛，这种潜在的冲突往往会持续一段时间，直到遇到使冲突外显的事件或情景从而转化为显性冲突，比如出现阻碍合作伙伴实现目标的公开行为。

3. 组织间冲突的动因及其调节因素

3.1　组织间冲突的动因

3.1.1　个人层面的动因

主要是跨边界人员（individual boundary spanners）的影响。跨边界人员处于组织边界，与其他组织及其跨边界人员进行交流互动，比组织中的其他成员更密切地参与组织间关系。因此，边界跨越者的个人态度、认知、行为等特征和人际关系、社会纽带，对于建立组织间信任和稳定合作关系具有重要作用（Tsasis，2009），其不当行为可能诱发组织之间的冲突，不良的人际关系也会导致组织间冲突的加剧（Cai et al.，2017）。

3.1.2　组织层面的动因

（1）关系资本在资源、结构、关系、认知和能力等五大要素上的错配（孙芳和蔡双立，2015）。资源错配即网络组织间赖以合作的资源基础发生改变，会导致关系合作的创利基础发生改变。结构错配中，结构变化诱发的利益、位置、控制权之争成为关系冲突的根源。关系错配是组织间关系合作背离了原有关系建立的初衷，导致合作方信任度降低和人际关系淡化，这种潜在冲突会逐步演化为显性冲突。认知错配来源于网络组织间文化差异、道德差异、目标函数错位、信息不对称以及认知差异等，经常会诱发各种价值冲突或关系冲突。能力错配，如信息搜寻能力、资源整合能力、价值要素组合创新能力等会引发组织间冲突——能力强的企业认为如果与能力弱的企业合作会影响企业战略机会的获取和网络资源获取效率，能力比较弱的企业如果不能通过嵌入关系合作网络获取期望的关系收益，同样会采取反制措施（蔡双立和孙芳，2013）。

（2）组织之间的相似性。相互作用的群体在某些属性或维度上的相似性或差异性，代表了组织之间接口的适合性、一致性和兼容性（Marrett，1971）。在相似度有限的关系中，组织间互动有限，冲突的传播会受到关系范围狭窄的制约；而在高度相似的关系中，冲突的潜在理由更大且更容易推广到其他领域。对稀缺资源的竞争是组织间冲突的条件或潜在根源之一：两个资源有限的竞争对手之间的相似性越大，单一环境就越不可能同时支持这两个竞争对手达到平衡（Vaaland & Hakansson，2003）；达成组织既定目标需要更多的资源供应，一个竞争对手试图在竞争中占据主导地位并消灭另一个竞争对手的可能性就越大。

（3）组织间的相互依赖关系。组织间冲突是职能相互依赖和资源稀缺不可避免的结果（Assael，1969）。相互依赖可能引发其他冲突，这些冲突源于潜在的差异或竞争相似性，但是当相互依赖程度很高时，也可以积极地避免情感冲突，因为情感冲突会伤害这段符合双方自身利益的合作关系（Rose & Shoham，2004）。沟通作为维系组织间联系的重要纽带，其方式的选择会影响相互依赖的程度，从而对企业间冲突的产生造成一定影响，例如通过电子邮件来交流会拉大组织间距离而促进冲突（Bülow et al.，2019）。

（4）组织的机会主义和不道德行为。机会主义是在市场条件允许的情况下，通过逃避义务、利用合同漏洞和要求不公平让步等行为，违反特定商业关系的规范（Hadfield，1990）。不道德行为指违反公平和诚实的相关或社会规范，例如提供有关产品和服务的虚假信息、剥削员工、操纵数据、使用高压销售和谈判策略（Kaptein，2008）。机会主义和不道德行为都对组织之间的信任有着消极影响，从而损害组织之间合作的互利基础，诱发组织间冲突。在组织发展实现网络化合作成长的过程中，因为资源、规模、技术、管理能力诸方面的不同，导致合作双方在合作关系中对彼此的依赖不对等，进而形成非对称依赖关系，这种关系会正向影响组织的机会主义感知与不公平感知，进而导致组织间冲突（张光兴，2016）。

（5）合同和信任的影响。合同对破坏性冲突具有 U 形效应；对建设性冲突具有倒 U 形效应，而信任对破坏性冲突具有负向效应，对建设性冲突具有正向效应（Yang et al.，2017）。

3.1.3　环境层面的动因

以政府管制为例，其对企业间冲突的影响主要包括政府管制缺位、政府管制错位、管制方法不当、权力寻租、管制者素质等（魏军，2009）。

3.2　组织间冲突与其动因的调节因素

3.2.1　可计算的承诺和情感承诺

可计算承诺反映了交换伙伴在多大程度上认为有必要保持一种关系，以避免离开时所涉及的交换成本。而情感承诺则反映了基于认同、忠诚和归属感的对交换伙伴的社会和心理依恋（Bansal et al.，2004）。这两种关系承诺可以缓冲或者放大现有供应商由于自身不当行为而产生的影响，进而影响买方组织转换供应商的意愿（Ganesan et al.，2013）：当现有供应商自身不当行为较小时，无论是可计算承诺还是情感承诺，都可以缓冲这种行为带来的冲突后果；但情感承诺也可靠地放大了现有供应商公然的机会主义带来的负面影响。这表明，有情感承诺的购买者将轻微的机会主义事件吸收到规范的关系标准中，而将严重的机会主义视为对关系契约的背叛，从而导致放大（对比）效应。

3.2.2　企业合同

在供应链管理环境中，基于产出的合同规定了性能目标，但允许供应商确定实现目标的方法；基于行为的合同明确规定了供应商必须遵循的特定生产过程和程序。两种合同在对合作关系的控制范围和强度上不同，导致其在减少买方—供应商冲突中发挥不同作用：基于产出的合同控制可以缓解买方与供应商之间的冲突，而基于行为的合同控制则会强化这种冲突（Bai et al.，2016）。

企业合同具有控制与协调的功能，合同中以控制为导向的条款使得公司有权制裁不能或不愿遵守商定条款的交易伙伴，而以协调为导向的条款旨在降低错误的立场破坏（假定）善意各方之间合作的风险（Macaulay，1963），使双方的期望趋同。因此，控制条款会增加联盟企业间的冲突水平，致使联盟绩效下降，而协调条款可以减少这种冲突（Schilke & Lumineau，2018）。

3.2.3　控制机制与制度环境的相互作用

合同、信任等控制机制对组织间关系冲突的作用会受到制度环境的影响，不同国家或地区的法律、文化等差异都会导致人们对合同效力的认知差异。例如，合同控制与法律执行力之间的相互作用会减少买方与供应商之间的冲突，而合同控制与政府单方面支持之间的相互作用会增加这种冲突（Bai et al.，2016）。由此可见，制度环境（如法律和政治框架）对供应链中的组织间冲突有着深刻而未被充分研究的影响。

动态竞争环境会给组织发展带来不确定性，影响合同和信任效应。以控制为导向的合同条款难以适应频繁变化的动态环境，从而造成企业间关系僵化，导致企业间冲突（Schilke & Lumineau，2018）。环境不确定性会增强合同对破坏性冲突的 U 形效应，但削弱合同对建设性冲突的倒 U 形效应，增强信任对两种关系冲突的影响（Yang et al.，2017）。

3.2.4　协调的水平

在开放系统方法中，服务交付系统被定义为能够控制即时资源领域并实现共同目标的组织的集合（Ven et al.，1980），他们采用共同的操作程序，调整成员活动以与这些方法兼容，并分配不同的角色、职责和任务。组织间服务交付系统中的冲突和协调同时存在，并且通常相互之间是正相关的，当系统按功能进行区分并具有复杂的服务组合时，这种情况会加剧。但是冲突和协调之间存在一个阈值，超过这个阈值就会产生消极的关系，高水平的协调特别是专业工作人员之间的任务协调，将减少冲突的程度（Alter，1990）。

4. 组织间冲突的处理方式及其影响因素

4.1 组织间冲突的处理方式

4.1.1 通用策略

将关心自己、关心他人作为管理方格的两个坐标，Thomas（1976）提出了五种通用冲突策略：竞争、合作、妥协、回避和迁就，成为冲突解决的经典模式。在此基础上，Renwick（1975）、Rahim（1983）、Wall 和 Canister（1995）等也都对五种冲突处理策略进行了完善分析和重新命名，但均未跳出二维模型的分析框架，其内在逻辑相差不大。然而，对于 Thomas 的二维模式，张勇等（2006）认为，尽管它在解决组织内冲突时很有效，但由于组织间冲突很大程度上受到外部环境的影响，其对组织间冲突的解决有一定的局限性。

对于组织间冲突的处理，Djankov 等（2003）提出了商业冲突的三种直观处理方式：私了（private orderings）、诉讼（private litigation through courts）和国家管制（regulatory state）。沿用这一方式，Du 等（2014）将 1999 年中国私营企业调查问卷对企业间冲突处理的五个维度强制纳入上述三类。他们认为，不予理睬、双方协商、寻求私人网络可归为第一类；法庭判决和寻求政府帮助，则分别归入后两类。此外，从法律角度看，冲突解决方案在现实操作上包括四种：谈判/协商、调解、仲裁和诉讼。

供应链企业之间由于目标不相容、任务完成相互依赖、争夺有限资源、管理模式难以统一、长鞭效应等问题，很容易产生企业间冲突（李海凤，2011）。针对供应链企业间冲突，可以采用一系列配套的协调机制，包括构建机制——挑选合作伙伴，实现优势互补或能力均衡，建构供应链体系；契约机制——订立有效的供应链合同、契约；目标机制——依据目标升级法设置目标，使各方必须把精力集中到目标的达成上，缓解对立情绪，减少冲突；合作机制——建立企业之间的战略合作伙伴关系，提高供应链的协调性；沟通机制——想要实现供应链中资源的优化配置和有效整合，必须先实现企业间的有效沟通；领导机制——在冲突协调中，应注重发挥核心企业的领导作用，积极公正地促进冲突解决；激励机制——建立实现供应链整体目标的现代激励方式和业绩评价体系，建立切实可行的评价激励机制；冲突解决机制——当冲突产生后，选择最佳解决冲突的机制，如法律诉讼等，对提高供应链效率和挽救供应链关系具有一定的促进作用（李海凤，2016；许统邦和杨庆芳，2006；杨勇和郭思智，2004；宋华，2002）。

4.1.2 双边治理

（1）依赖合同条款进行冲突治理。组织间的相互合作对创造价值是必要的，但既不是自动的，也不是容易培养的，被机会主义伙伴利用的风险是阻碍合作的关键因素之一。企业依赖治理机制来降低风险、促进合作，而契约治理以法律权威为后盾，拥有正式的合作条款和权责分配，成为企业治理机制中最重要的机制之一。众所周知，合同条款的确定对组织间冲突的有效预防有重要作用，可以通过明确分配组织的权利和义务来促进组织之间的高效合作。合同的治理机制对冲突处理也发挥着不可替代的作用，更详细的合同有助于减少组织冲突（Mwesiumo et al.，2019），同时在实际出现争议之后，合同的细节及其程度也会影响冲突发生时所采用的冲突解决方法的类型，而且解决冲突的不同方法具有不同的成本（Lumineau & Malhotra，2011）。此外，合同的控制和协调维度会对组织间信任产生影响，因此建议在合同控制条款和协调条款的设计上有不同的权衡，同时公司可以利用其合同来支持一种划分战略，通过隔离信任和不信任问题，企业可以单独处理相互冲突的问题（Lumineau，2017）。例如，通过合同中控制机制的制度化来防止非计算性不信任的有害结果，通过实施协调规定来促进可计算性信任的积极结果。

（2）道歉的效力。正式的道歉通常被认为是在违反信任之后重新协调关系的一个首要条件。道歉传达的是过错方对侵犯行为及其对受害人的伴随伤害承担责任和表示遗憾，也可能传达一种愿意和解及继续这种关系的声明。道歉可以分为三种类型：第一种是抚慰受害者，但是没有做出明确的道歉行为；另外两种道歉类型都是有明确的懊悔声明，并伴随着影响受害者对冒犯者意图和动机印象的描述，一种是对冒犯的原因进行内部归因，而另一种则进行外部归因（Tomlinson et al.，2004）。与那些仅仅试图安抚受害者的冒犯者相比，受害者更愿意与那些明确道歉的冒犯者和解；明确的道歉可能会取得更大的成功，而使用内部归因的道歉比使用外部归因的道歉更有效。这表明，当过错方为自己的行为承担全部责任，而不是试图将罪责转移到其他地方时，受害者会更欣赏。此外，为减少个人责任，提供借口往往会损害过错方在他人眼中的可信度和品格（Schlenker et al.，2001），这与较低的和解意愿有关。最后，及时性、真诚度、良好的过往关系以及未来发生冲突的可能性都与调和关系的意愿正相关。在两种情况下，道歉可以使信任得到更成功的修复：第一，不被信任的一方为基于能力的违规行为道歉，但否认对其在诚信方面的违规行为应负的责任；第二，不被信任的一方在有随后的有罪证据时为其违规行为道歉，但在有随后的无罪证据时否认对其违规行为应负的责任（Kim et al.，2004）。

（3）解释和说服。对于违反合同行为的解释会影响组织间的信任和关系管理。根据合作双方的期望是否被明确记录在案，可以将合同违约行为区分为违反法律条文与违反法律精神两种。研究发现，违反法律条文比违反法律精神更难以克服，因为它们具有更高的感知意向性，更容易被理解为故意的自利行为。因此作为对已经发生的组织间冲突的处理，同样是道歉，违反法律条文比违反法律精神更难修复组织间关系。这种影响在不同的人群、契约经验的级别、契约环境的类型、契约内部模糊性的级别和契约复杂性的程度上都普遍存在（Harmon et al.，2015）。

（4）自愿为信任提供抵押。组织自愿提供抵押（hostage posting），即愿意为未来不诚实行为接受监控和制裁，可以在冲突事件发生、企业信任已经受损后，提高企业组织的信任度（Nakayachi & Watabe，2005）。企业或政府的综合信任度是由公众对其行为动机的期望和解决问题的能力构成的，提供抵押减少了社会的不确定性，并增加了对方的期望——提供抵押的企业不会再次欺骗，并且相较于强制提供抵押，自愿提供抵押对解决冲突的效果更大。

（5）双方协调并联合解决冲突。在组织间冲突中，有时候并不是单纯的一方过错导致信任受损，所以一方的解释或道歉并不能适用于所有情形，这时候需要双方处于平等地位来联合解决问题。合作伙伴能够从对方的角度出发并试图调和分歧，这有助于问题的解决。

4.1.3 引入第三方

（1）调解。调解是指中立的第三方在当事人之间调停疏导，帮助交换意见，提出解决建议，促成双方化解矛盾的活动。调解是组织间冲突处理最为常见的一种方式，调解方一般为利益相关者或者是具有公信力的行业相关机构。举例来说，即使企业已经进行非正式沟通，正式组织即商业协会作为信息网络的重要提供者，仍然有助于减少企业与贸易伙伴之间的冲突（Pyle，2005）；律师作为调解人也可以抑制和避免关键问题的不确定性，减少企业间的交易成本，并减少组织间纠纷（Suchman & Cahill，1996）。在引入第三方进行调解时，第三方应该帮助双方充分沟通，给双方灌输一种合作和解决问题的态度，为双方日后解决冲突建立一种良好的沟通模式，而不仅仅是快速地处理冲突。有效的第三方调解可以缓解冲突双方紧张和对立的态度，将冲突组织双方的注意力集中到问题本身，从而有助于双方针对冲突更专注地交流，同时也让组织在调解过程中感到公正，对冲突主体实现双赢有一定帮助。

（2）仲裁。仲裁是指由组织冲突双方协议将争议提交给（具有公认地位和相应资质的）第三者，由该第三者对冲突的具体情形进行调查、评判，并作出裁决的组织间冲突处理方式。仲裁需要双方自愿达成仲裁协议，可以是合同中写明的仲裁条款，也可以是单独书写的仲裁协议书（包括可以确认的其他书面方式）。在中国，仲裁机构的选择根据组织经营范围的不同而有所不同，仲裁的结果对争议双方具有约束力，而且原则为一裁终局，即使当事人对裁决不服，也不能就同一案件向法院提出起诉。仲裁是一种效力大于调解而又小于诉讼的冲突解决方法，组织间冲突若选择仲裁作为处理方式，效力可以得到较高的保障，但是仲裁流程也降低了解决冲突的效率，并且有可能使冲突的组织关系转向紧张和对立，且仲裁的范围有限，适用面相对较窄。

（3）诉讼。这是解决组织间冲突的最后一道屏障，也是具有最高效力的冲突处理方法。当组织间的冲突已经无法通过私下调解和求助于仲裁机构解决后，诉讼作为由国家公权力保障的纠纷解决手段，可以为发生冲突的组织提供其他方法所不能提供的客观公允性、强制保障力和执行力。但是组织必须谨慎使用诉讼这一手段，因为一旦诉诸法律，组织间的冲突将走向几乎完全的对立，达到不可回旋的地步，组织间的关系也会变得异常紧张和针锋相对。这种情形对组织的发展是有不利影响的，组织可能因陷入法律纠纷而损害组织形象和信誉，甚至失去潜在的合作伙伴和发展机会。诉讼手段尽管兼具客观性和合法性，但耗时费力，成本大，周期长，且结果合法不一定意味着合理或合乎道德。

4.1.4 新的治理机制——区块链治理、专家系统

除正式合同和关系治理这两种主要的组织间关系治理机制以外，区块链的出现被认为是组织合作的一个重要转折点（Lumineau et al.，2021）。区块链本质上是一个共享数据库，具有去中心化、不可篡改、全程留痕、可以追溯、集体维护、公开透明等特点，而共享信息恰恰是解决冲突和提高组织间协调的关键（Guo et al.，2021）。区块链提供了一种执行协议和实现合作与协调的方法，这种方法不同于传统的合同和关系治理以及其他信息技术解决方案，即利用数字技术的计算和数据能力

实现合作方之间完整可靠信息的共享，以达到互相监控、减少机会主义行为和促进达成共识的目的。在实践中，当合作过程出现与协定不符的潜在争议或冲突时，区块链可以配合智能合约使得修正行为自动执行，从而不会出现关于惩罚或补救责任的争议或机会主义的讨价还价，节省了冲突处理的时间和麻烦（Lumineau et al.，2021）。

与区块链治理的智能化思路类似，专家系统是在某些特定学科中，使用已有专家知识和经验解决特定问题的计算机程序。比如在知识链组织之间，冲突的复杂性、非线性、不确定性等特性，导致无法用精确的数学模型来表述，而专家系统作为人工智能的一种方法，在处理这类问题上具有优势，可以实现冲突分析和处理智能化，即对系统通过各种信息源获得的数据进行分析，判断冲突的动因、水平和类型，据此给出决策方案（全力和顾新，2010）。

4.2　组织间冲突处理方式的影响因素

4.2.1　宏观制度层面

正式制度方面，国家的政治、法律环境对企业采取的冲突处理方式有较强的影响。当国家的政治、法律环境不完善，不能为企业提供良好的冲突处理氛围时，企业会较多地通过企业间的协商来解决冲突。其中，处于优势的企业倾向于采取竞争策略，处于弱势的企业将被动地迁就和妥协。如果国家的政治、法律环境较为完善，则企业在面临冲突时会倾向于通过法院和国家的相关部门解决冲突。此时，处于优势的企业在相关政策的约束下可能采取合作或妥协策略，而处于弱势的企业则倾向于采取竞争的策略（孙亚辉，2006）。以中国为情境，国家在解决商业纠纷从而促进企业绩效中也会起到一定作用，在政府有较大相对权力地区的企业有更好的业绩（Du et al.，2014）。可见政府管理在中国的经济转型中发挥了积极作用。

非正式制度也会影响组织在冲突处理方式上的决策。宏观文化价值观可以通过触发微观个体心理表征进而对组织间冲突处理的动机和行为产生影响。东方文化背景下，组织采取回避性冲突处理方式的现象尤为普遍。追求利益最大化和关注远期收益的中庸思维对冲突回避行为的作用十分显著（马鹏和蔡双立，2020；马鹏，2019），中国传统儒家文化中的集体主义和谐价值观，特别是表面和谐动机（维系表面和谐，实质是利己而不是利他），同样也是冲突回避倾向产生的重要动因，而网络中心性和人情法则在表面和谐动机和冲突回避行为之间具有显著的负向调节作用。其中，网络中心性体现出企业在网络组织中权力、地位、话语权等方面的等级差，是中国差序格局在网络组织中的微观再现；人情法则则体现关系互动中的社会取向，是中国传统儒家文化"克己复礼"思想下"情"优先于"理"的制度安排（蔡双立和马鹏，2018）。因此，当一种治理机制与民族文化不相符时，它就不太可能被用于解决交换风险。比如，使用合同治理解决交换风险不符合集体主义和高权力距离文化，相反，使用关系治理更符合集体主义、高权力距离和低不确定性规避文化（Cao et al.，2018）。

4.2.2　企业层面

影响组织间冲突处理方式的企业层面因素主要包括企业规模、企业所有权、企业生命周期、竞争力、对手实力、企业设立年份、商会会员身份、员工人数等。大型企业常采取竞争策略，中、小型企业则倾向于选择妥协或回避策略。国有企业更多地选择回避策略，而民营企业在面对冲突时往往采取竞争策略，外（合）资企业则在合作和竞争两方面均有较高倾向。创业期和衰退期企业更倾向于选择回避、妥协和迁就策略，发展期企业在遇到组织间冲突时倾向于选择妥协策略，成熟期企业更多地选择竞争策略（张勇和张玉忠，2006）。同时，不少跨国企业（如柯达、IBM 等）组织间冲突策略选择的案例表明，竞争力强弱、对手实力大小和生态环境状况，也是影响跨国企业间冲突策略取舍的主要因素（张勇等，2006）。另外，企业设立年份与求助于法院解决冲突的百分比呈负相关；而企业为商会会员、企业员工总人数和企业管理人员数，均与企业求助于法院解决冲突呈正相关（孙亚辉，2005）。

与此同时，组织间的关系和冲突的类别也会影响处理方式的采用效果。组织间冲突发生以后，企业会根据组织间的依赖关系进行理性权衡，然后做出调整组织关系的战略选择，如交易成本较高、组织关系难以复制的资源或能力依赖型组织关系，即使发生冲突，合作关系也难以中断。除了资源依赖性和能力依赖性对组织关系冲突负向影响网络合作关系的抑制作用外，对组织关系冲突的感知也是策略选择时的重要考虑因素。组织关系冲突感知可以细分为三个主要维度：人际关系冲突感知、契约关系冲突感知和环境关系冲突感知，三者的影响作用不完全一致：人际关系冲突和契约关系冲突感知会导致原有网络合作关系的消极调整，而环境关系冲突感知则会导致原有网络合作关系的积极调整（张明肖，2017）。此外，当冲突是由于供应商违背基于能力的信任而产生时，关系治理更有助于减轻对买方信任的损害；相反，合同治理则更适合处理基于诚信的信任违背冲突（Eckerd et al.，2021）。在组织间信任被破坏、产生冲突之后，合同中控制条款增加了基于能力的信任，但减少了基于诚信的信任，导致继续合作的可能性净下降；而协调条款增加了基于能力的信任，从而增加了继续合作的可能性（Malhotra & Lumineau，2011）。

4.2.3 关键个体层面

高管作为企业内部的关键个体、企业外部环境的过滤者和企业策略选择的主要实施者，对企业解决冲突的方式选择有很大程度的影响。随着管理者年龄的增加，高层管理者要么倾向于采取竞争和合作的冲突处理方式，要么选择回避冲突的方式（孙亚辉，2006）；随着工作年限的增加，管理者更多地采取回避的冲突处理方式；随着管理者的职位的提升，他们更多地采取合作的冲突处理方式（Wang & Wu，1997）；企业高层管理者的受教育程度越高，处理政府事务的时间越长，企业越倾向于求助法院解决冲突（孙亚辉，2005）。

既有对组织间冲突的动因和冲突处理方式的影响因素的关注，都涵盖了个体、企业和环境三个层次，但侧重各有不同，现有研究更多从组织层面的互动关系和行为来探讨组织间冲突的来源，以及从宏观环境中发掘何种因素会影响组织对于冲突处理策略的选择。

具体而言，在关键个体层面，跨边界人员是组织间互动的重要主体，因此也是组织间冲突的主要来源；而研究处理方式影响因素则从决策角度出发，关注高层管理者的静态特征和动态过程如何影响其对冲突处理的态度和倾向。企业组织层面，除了都围绕组织间动态的依赖和竞争关系展开研究外，处理方式影响因素还从企业本身的性质特征入手，分析企业规模、所有权、生命周期等静态属性对冲突策略选择的影响。宏观环境层面，组织间冲突动因的研究对于制度环境因素关注不多，仅局限于政府管制；相比之下，环境对冲突处理方式的影响机制的探讨则相对更加全面，既包含政治、法律、政府权力等正式制度环境，又立足于中国情境分析中国传统儒家文化、中庸思维、人情法则等非正式制度环境，剖析宏观文化价值观对组织间冲突处理动机和行为的内在影响机制。

5. 研究框架与未来方向

5.1 研究框架

　　近几十年关于组织间冲突的研究，已从最初对冲突的概念、表现形式和动因等基本部分的探讨，转向对冲突处理方式和影响因素的关注，越来越倾向于复杂机制，研究方法也愈趋多样。基于既有文献的回顾，本文整合出如图 1 所示的系统性分析框架。其中，组织间冲突的动因是引起组织间冲突的前因，处于逻辑链条的开端。组织间冲突作为最核心的概念，其内涵得到较为清晰的界定，进一步可以从不同方面划分组织间冲突的表现形式。基于潜在后果的利弊分析，需要结合其原因追溯，对组织间冲突进行处理。这种冲突处理又可以根据参与主体的不同，分为仅限于冲突双方的处理和引入第三方的处理；除了通用的冲突处理策略，还有最新发展的区块链和专家系统治理。宏观环境、企业与关键个体等不同层面的因素，都会对组织间冲突的处理策略选择产生影响。除此之外，在动因到冲突、影响因素到冲突处理方式的过程中，都有调节因素在起作用。

5.2 未来方向

5.2.1 加强组织间冲突研究，延伸多边网络和动态视角

　　目前关于冲突的国内外研究主要局限于组织内部，如企业内部的人际冲突（李莎莎，2016）、部门冲突等（寿志钢和严力玮，2016），较少探索企业间冲突。与此相对应，对冲突处理方案的讨论，也多停留在组织内部，甚至将 Thomas（1976）的违反、越界、冲突、侵犯和其他破坏性行为等五个维度简单套用于组织间冲突，脱离了企业间冲突处理的管理实践。事实上，与企业内部冲突相比，企业间冲突对企业经济利益得失的影响更大，甚至会影响到企业的生死存亡，并且组织间冲突有自己独有的特点，并不能完全适用人际冲突的结论。因此，未来研究应加强对企业间冲突及其处理方式的关注。具体而言，基于对组织间冲突的界定，在组织间关系和组织间信任的大框架下，识别并验证组织间冲突的更多动因、效应、机制及其边界条件，并在此基础上探讨有效的处理策略，丰富组织间冲突的研究。

　　传统冲突理论多基于企业双边二元化研究视角，但在全球化、信息化和企业网络化成长阶段，不关注组织所在的社会关系背景网络研究组织间冲突，将很难贴合企业网络化时代多元化、多层次、多主体、多任务下的新冲突。另外，现有研究多以静态、封闭的研究范式解释企业冲突行为，难以

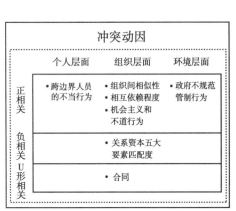
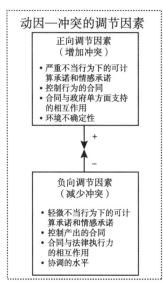

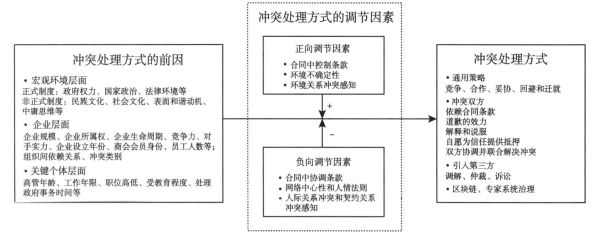

图 1　组织间冲突研究的整合性分析框架

解释动态多变的复杂环境下企业冲突的结构特征。如何回应外部环境变化如百年未有之大变局、新发展格局等带来的变革，是组织间冲突未来发展的重要方向。因此，未来研究可以更多关注组织间关系与外部环境的动态交互作用，尤其是在不同条件下组织间关系中冲突、竞争与合作的相互转化。

5.2.2　拓展冲突前因，探索交互作用

对企业间冲突解决方式的既有研究，大量集中于对企业静态绩效的影响，并据此比较不同处理方式的优劣。在一个阶段内，这种结果导向的研究思路，固然有其合理性。然而，一定程度上对其前因探索的忽视，难免使得对结果的预测存在偏差。通过与组织间冲突处理方式影响因素的对比可以看出，当前对组织间冲突前因的探索，还局限于个体和组织层次，十分缺乏宏观视角下的研究。

因此，未来应更加注重对其制度环境、文化维度、战略领导等宏观中观微观多层次动因的探讨。

尽管已有少量研究分别定性分析了宏观环境、企业乃至关键个体因素的影响，但这些因素不太可能单独产生作用，而更可能相互之间存在一个路径传导机制。组织间冲突是一个跨层次的现象，不只是个人间冲突的总和，而是涉及个体、团队、组织、产业乃至制度等各级因素之间的相互作用。因而，未来研究应致力于将组织间冲突的研究与多层次的冲突处理模式联系起来。一个可能的方向在于，基于制度基础观（institution-based view；Peng，2002；Peng，2003）和高阶理论（upper echelons theory；Hambrick & Mason，1984；Hambrick，2007；Finkelstein et al.，2009），构建制度环境通过战略领导影响企业冲突及其处理方式选择的分析框架，并运用跨层次分析方法进行实证检验。

5.2.3 拓展理论基础，开展交叉研究

除了上述制度基础观和高阶理论，交易成本理论（transaction cost theory）和资源基础观（resource-based view）等成熟理论，亦可用于进一步解读组织间冲突（Lumineau et al.，2015）。交易成本理论的一个核心假设是，机会主义风险存在于许多交易中，是组织间冲突的动因之一。资源基础观则认为，企业的竞争优势源于其资源和能力，这些资源和能力是有价值、稀缺、不可模仿和不可替代的。资源基础观可用来分析企业应如何在冲突处理的主动策略（如仔细选择业务伙伴、开发良好的合同、投资于关系规范等）和被动策略（如开发谈判技巧、使用替代性纠纷解决方式等）之间找到平衡。

此外，组织间冲突相关研究的学科领域较为分散，更多从组织行为、心理学和社会学角度探究其内涵、动因及其处理方式，其他领域的探索则相对较少。营销管理和新闻传播领域偏向发掘冲突的来源，战略管理和法学偏向研究冲突处理方式的影响因素，也有学者从人工智能领域开发出新的冲突处理方式。组织间关系的构成具有多面性，并不局限于某一或几个学科领域，比如战略管理、市场营销、供应链管理或信息系统等领域的学者，也可以进入这一富有潜力的研究领域，充分发挥交叉学科的优势探讨规律、提供启示。

5.2.4 更新实证方法，提升结论科学性

如前所述，目前对企业间冲突处理方式及其影响因素的探索，大多停留在经验归纳或者统计描述层面，实证证据尤为缺乏，并进一步导致了对机制探讨的忽视。因此，未来研究可以分别运用定量和案例研究两种实证方法，对企业间冲突处理方式的前因、机制与情境比较进行深入探索，提升研究结论的科学性。

◎ 参考文献

［1］蔡双立，马鹏．组织间冲突回避动机与行为：网络嵌入性的调节作用［J］.财经问题研究，2018（10）.

［2］蔡双立，孙芳．关系资本、要素整合与中小企业网络化成长［J］.改革，2013（7）.

［3］郭朝阳．管理：寻找矛盾的正面效应［M］.广州：广东经济出版社，2000.

[4] 胡继灵，方青. 供应链企业冲突处理机制研究 [J]. 科技进步与对策，2004 (2).

[5] 李海凤. 供应链管理中企业间冲突的解决策略研究 [J]. 物流科技，2011, 34 (12).

[6] 李海凤. 供应链企业间冲突协调机制研究——基于沃尔玛供应链管理模式的分析 [J]. 物流科技，2016, 39 (6).

[7] 李莎莎. 新媒体时代下的企业间冲突管理 [J]. 新闻传播，2016 (20).

[8] 罗珉，高强. 中国网络组织：网络封闭和结构洞的悖论 [J]. 中国工业经济，2011 (11).

[9] 马鹏，蔡双立. "和为贵"——中庸思维背景下组织间冲突的规避逻辑 [J]. 企业经济，2020, 39 (11).

[10] 马鹏. 组织间关系冲突中的冲突回避问题研究 [D]. 天津：天津财经大学博士学位论文，2019.

[11] 马永斌. 组织间关系构建理论综述及发展趋势展望 [J]. 科学学与科学技术管理，2010, 31 (6).

[12] 全力，顾新. 专家系统在知识链组织间冲突的应用 [J]. 科学学与科学技术管理，2010, 31 (8).

[13] 寿志钢，严力玮. 营销视角下企业部门间冲突研究综述 [J]. 黑龙江社会科学，2016 (5).

[14] 宋华. 供应链管理中企业间的冲突和合作机制分析 [J]. 中国人民大学学报，2002 (4).

[15] 孙芳，蔡双立. 组织间的关系冲突：关系资本要素错配的理论新解与实证检验 [J]. 商业经济与管理，2015 (11).

[16] 孙亚辉. 解决企业间冲突的不同方式及原因探讨 [J]. 当代经济，2006 (1).

[17] 孙亚辉. 企业间冲突解决行为的起因及其国际比较研究 [D]. 成都：电子科技大学硕士学位论文，2005.

[18] 魏军. 政府管制与自然垄断产业企业间竞争冲突 [J]. 生产力研究，2009 (1).

[19] 吴群. "新零售"供应链生态圈的建构逻辑及协同智慧研究 [J]. 江西财经大学学报，2021 (5).

[20] 许统邦，杨庆芳. 供应链企业间的冲突问题研究 [J]. 经济论坛，2006 (1).

[21] 杨勇，郭思智. 供应链企业间冲突的管理 [J]. 经营与管理，2004 (2).

[22] 张光兴. 网络化成长中的组织间冲突机理研究 [D]. 天津：天津财经大学硕士学位论文，2016.

[23] 张明肖. 企业网络化成长中的组织间关系冲突、理性权衡与动态调整 [D]. 天津：天津财经大学硕士学位论文，2017.

[24] 张颖，张微，刘大维. 演化博弈视角下企业组织冲突的诱因、升级与管理 [J]. 商业研究，2020 (7).

[25] 张勇，张玉忠，李宪印. 跨国企业组织间冲突策略选择与案例研究 [J]. 商业研究，2006 (24).

[26] 张勇，张玉忠. 企业组织间冲突策略选择的影响因素 [J]. 经济管理，2006 (17).

[27] Bai, X., Sheng, S., Li, J. J. Contract governance and buyer-supplier conflict: The moderating role of institutions [J]. Journal of Operations Management, 2016, 41.

[28] Bansal, H. S., Irving, P. G., Taylor, S. F. A three-component model of customer commitment to

service providers［J］. Journal of the Academy of Marketing Science, 2004, 32（3）.

［29］ Bülow, A. M. , Lee, J. Y. H. , Panteli, N. Distant relations: The affordances of email in inter-organizational conflict［J］. International Journal of Business Communication, 2019, 56（3）.

［30］ Cai, S. H. , Jun, M. , Yang, Z. L. The effects of boundary spanners' personal relationships on interfirm collaboration and conflict: A study of the role of Guanxi in China［J］. Journal of Supply Chain Management, 2017, 53（3）.

［31］ Cao, Z. , Li, Y. , Jayaram, J. , Liu, Y. , Lumineau, F. A meta-analysis of the exchange hazards-interfirm governance relationship: An informal institutions perspective［J］. Journal of International Business Studies, 2018, 49（3）.

［32］ Djankov, S. , Glaeser, E. , Porta, R. L. , Florencio Lopez-de-Silanes, Shleifer, A. A. The new comparative economics［J］. Journal of Comparative Economics, 2003, 31.

［33］ Du, J. , Lu, Y. , Tao, Z. The role of the state in resolving business disputes in China［J］. Journal of Comparative Economics, 2014, 42.

［34］ Eckerd, S. , Handley, S. , Lumineau, F. Trust violations in buyer-supplier relationships: Spillovers and the contingent role of governance structures［J］. Journal of Supply Chain Management, 2021, 58（3）.

［35］ Finkelstein, S. , Hambrick, D. C. , Cannella, A. A. J. Strategic leadership: Theory and research on executives, top management teams, and boards［M］. England: Oxford University Press, 2009.

［36］ Ganesan, S. , Brown, S. P. , Mariadoss, B. J. , Ho, H. D. Buffering and amplifying effects of relationship commitment in business-to-business relationships［J］. Journal of Marketing Research, 2013, 47（2）.

［37］ Guo, W. , Lu, W. , Hao, L. , Gao, X. R. Interdependence and information exchange between conflicting parties: The role of interorganizational trust［J］. IEEE Transactions on Engineering Management, 2021（99）.

［38］ Hambrick, D. C. Upper echelons theory: An update［J］. Academy of Management Review, 2007, 32（2）.

［39］ Harmon, D. J. , Kim, P. H. , Mayer, K. J. Breaking the letter vs. spirit of the law: How the interpretation of contract violations affects trust and the management of relationships［J］. Strategic Management Journal, 2015, 36（4）.

［40］ Kaptein, M. Developing a measure of unethical behavior in the workplace: A stakeholder perspective［J］. Journal of Management, 2008, 34（5）.

［41］ Kim, P. H. , Ferrin, D. L. , Cooper, C. D. , Dirks, K. Removing the shadow of suspicion: The effects of apology versus denial for repairing competence-versus integrity-based trust violations［J］. Journal of Applied Psychology, 2004, 89（1）.

［42］ Lumineau, F. How contracts influence trust and distrust［J］. Journal of Management, 2017, 43（5）.

［43］ Lumineau, F. , Eckerd, S. , Handley, S. Inter-organizational conflict: Overview, challenges, and opportunities [J]. Journal of Strategic Contracting and Negotiation, 2015, 1 (1).

[44] Lumineau, F., Wang, W., Schilke, O. Blockchain governance—A new way of organizing collaborations? [J]. Organization Science, 2021, 32 (2).

[45] Lumineau, F., Wang, W., Schilke, O., Huang, L. How blockchain can simplify partnerships [EB/OL]. https://hbr.org/2021/04/how-blockchain-can-simplify-partnerships.

[46] Lumineau. F., Malhotra, D. Shadow of the contract: How contract structure shapes interfirm dispute resolution [J]. Strategic Management Journal, 2011, 32 (5).

[47] Malhotra, D., Lumineau, F. Trust and collaboration in the aftermath of conflict: The effects of contract structure [J]. Academy of Management Journal, 2011, 54 (5).

[48] Mwesiumo, D., Halpern, N., Buvik, A. Effect of detailed contracts and partner irreplaceability on interfirm conflict in cross-border package tour operations: Inbound tour operator's perspective [J]. Journal of Travel Research, 2019, 58 (2).

[49] Nakayachi, K., Watabe, M. Restoring trustworthiness after adverse events: The signaling effects of voluntary "Hostage Posting" on trust [J]. Organizational Behavior and Human Decision Processes, 2005, 97 (1).

[50] Peng, M. W. Institutional transitions and strategic choices [J]. Academy of Management Review, 2003, 28 (2).

[51] Peng, M. W. Towards an institution-based view of business strategy [J]. Asia Pacific Journal of Management, 2002, 19 (2-3).

[52] Pyle, W. Contractual disputes and the channels for interfirm communication [J]. The Journal of Law, Economics, and Organization, 2005, 21 (2).

[53] Rose, G. M., Shoham, A. Inter-organizational task and emotional conflict with international channels of distribution [J]. Journal of Business Research, 2004, 57 (9).

[54] Schilke, O., Lumineau, F. The double-edged effect of contracts on alliance performance [J]. Journal of Management, 2018, 44 (7).

[55] Schlenker, B. R., Pontari, B. A., Christopher, A. N. Excuses and character: Personal and social implications of excuses [J]. Personality and Social Psychology Review, 2001, 5 (1).

[56] Tomlinson, E. C., Dineen, B. R., Lewicki, R. J. The road to reconciliation: Antecedents of victim willingness to reconcile following a broken promise [J]. Journal of Management, 2004, 30 (2).

[57] Tsasis, P. The social processes of interorganizational collaboration and conflict in nonprofit organizations [J]. Nonprofit Management and Leadership, 2009, 20.

[58] Vaaland, T. I., Hakansson, H. Exploring inter-organizational conflict in complex projects [J]. Industrial Marketing Management, 2003, 32 (2).

[59] Yang, W., Gao, Y., Li, Y., Shen, H., Zheng, S. Different roles of control mechanisms in buyer-supplier conflict: An empirical study from China [J]. Industrial Marketing Management, 2017, 65.

Research on Inter-organizational Conflict: A Multidisciplinary Review and Research Agenda

Zhang Sanbao[1]   Liu Yating[2]   Zhang Zhixue[3]

(1, 2 Economics and Management School, Wuhan University, Wuhan, 430072;

3 Guanghua School of Management, Peking University, Beijing, 100871)

Abstract: Organizations exist in bilateral and even multilateral networks. The differences in goals and interests and the scarcity of resources make inter-organizational conflicts frequent. In enterprise management, inter-organizational conflicts often bring great damage and loss to both sides of the conflict. However, the existing studies focus more on intra-organizational conflict and its governance, while paying less attention to the inter-organizational conflict. From interdisciplinary perspectives such as management, law, sociology, psychology, and journalism and communication, this paper systematically illustrates the classification, antecedents of inter-organizational conflict and their moderating factors, and also discusses the governance of inter-organizational conflict and its determinants. Finally, we put forward an integrated analytical framework on inter-organizational conflict and also propose future research directions from four aspects.

Key words: Inter-organizational conflict; Antecedents of conflict; Conflict management

专业主编：陈立敏

珞珈管理评论
2022 年卷第 5 辑（总第 44 辑）

Luojia Management Review
No. 5，2022（Sum. 44）

政治关联异质性、外交关系不确定性 与跨国并购绩效[*]
——基于资源依赖理论视角的解释

● 陈立敏[1,2]　　王鸿鑫[3]　　布雪琳[4,5]
（1，3，4　武汉大学经济与管理学院　武汉　430072；
2，5　武汉大学全球战略研究中心　武汉　430072）

【摘　要】企业与政府建立联系在世界范围内是普遍现象。过去的研究已经证明个人层面政治关联与组织层面政治关联对企业的生存和绩效都会产生影响，但这两种异质性的政治关联对企业跨国并购绩效是否产生同样的影响却不得而知。同时，作为国家层面的政治关联，两国外交关系是企业进行跨国并购时应该考虑的重要因素，尤其值得关注的是两国外交关系变化对政治关联企业的跨国并购绩效将产生怎样的影响。本文以 2009—2017 年中国上市公司发生的 172 起海外并购事件为样本进行研究，以期回答上述问题。实证结果显示：个人层面政治关联与跨国并购绩效之间具有显著的正相关关系，组织层面政治关联与跨国并购绩效之间的关系不显著。当企业同时拥有个人层面政治关联与组织层面政治关联时，企业会降低对个人层面政治关联的依赖，即组织层面政治关联弱化了个人层面政治关联对跨国并购绩效的提升。两国外交关系改善同样会降低企业对个人层面政治关联的依赖，即弱化个人层面政治关联对跨国并购绩效的提升。本研究从资源依赖理论视角对上述结论进行了解释，对现有的企业政治关联与跨国并购绩效关系研究形成重要补充。

【关键词】跨国并购绩效　个人层面政治关联　组织层面政治关联　两国外交关系改善　资源依赖理论

中图分类号：F110　　　　文献标识码：A

1. 引 言

21 世纪以来，中国对外投资取得了令世人瞩目的成绩，2008 年中国全年对外投资流量首次进入

---

* 基金项目：国家社会科学基金重大项目"新形势下全球创新网络演化及风险治理研究"（项目批准号：20&ZD027）；国家自然科学基金面上项目"实物期权理论视角下东道国政治不确定性对国际新创企业创新的影响机制：基于中国的经验研究"（项目批准号：72072136）。

通讯作者：王鸿鑫，E-mail：wong_hongxin@163.com。

世界前十，2010 年上升至世界前五，2012 年进一步到世界前三。根据联合国贸发会议《世界投资报告（2020）》的统计，2019 年中国全年对外投资流量 1369.1 亿美元，占全球对外投资流量的 10.4%，继续蝉联全球第二大对外投资国地位，连续 8 年居全球前三。作为对外投资的主要形式之一，跨国并购自然引起了学者们的关注。其中，如何提高跨国并购绩效一直以来是该领域的研究焦点。

从资源依赖理论视角来看，与政府建立联系可以提高企业的资源获取能力，依靠这种政治联系来提高跨国并购绩效可能行之有效。已有大量文献证实企业与政府之间建立联系可以帮助企业获得更高的利润率和更高的市值（Hillman，2005；Francis et al.，2009；Wang et al.，2018），政治关联有利于提升企业并购绩效（Frynas et al.，2006；潘红波等，2008）。虽然以往的文献已充分对政治关联与跨国并购绩效之间的关系进行了研究，但是仍然留下了一些亟待解决的问题。

第一，不同层面的政治关联对跨国并购绩效的影响是否相同？已有研究发现，微观个人层面政治关联和中观组织层面政治关联对企业的生存与绩效会产生不同的影响，但是这两种异质性的政治关联方式对企业跨国并购绩效是否产生同样的影响，却不得而知。基于个人政治关联企业与组织政治关联企业在东道国的并购目的不同、合法性认可不同，本文有理由相信个人层面政治关联与组织层面政治关联对跨国并购绩效的影响是有区别的。

第二，个人层面与组织层面的政治关联对跨国并购绩效的影响是否存在交互效应？寻求多层面政治关系是企业政治活动行为的常态（Dieleman & Boddewyn，2012；Zhu & Chung，2014）。当一家跨国企业既拥有个人层面政治关联，又同时拥有组织层面政治关联时，这两种政治联系在企业内部到底是替代关系或是互补关系，现有文献并没有给出明确的解答。基于资源依赖理论视角，本文认为两者是相互替代关系，当企业拥有组织层面的政治关联时，就降低了对个人层面政治关联的依赖性，这弱化了个人层面政治关联对跨国并购绩效的提升。

第三，当外交关系发生变化时，政治关联企业的跨国并购绩效又会怎样变化？国家间的外交关系变化是企业进行跨国并购活动时不得不考虑的重要因素。相较于境内并购，跨国并购不仅会受到国内政治关系的影响，更有可能受到国际政治关系的影响。在贸易保护主义、经济国家主义持续蔓延的局势下，两国间变化的外交关系加剧了国际营商环境的复杂性与不确定性，增加了企业进行跨国投资的风险。现有文献已经阐明了两国外交关系与企业选址、跨国并购绩效、对外直接投资之间的关系（Li et al.，2018；Zhang & Mauck，2018；杨连星等，2016），但是并没有将企业政治关联、两国外交关系变化与跨国并购绩效纳入同一个研究框架。基于资源依赖理论视角，本文认为两国外交关系的正向改善有利于企业降低对母国政府政治关系的依赖性，进而弱化企业政治关联对跨国并购绩效的提升。

为了验证上述推断，本文以 2009—2017 年中国上市公司海外并购事件为研究对象。经过五步筛选，最终获得 142 家企业的 172 件海外并购事件进行实证研究，实证结果符合预期。

本文的创新之处体现在三个方面：（1）将政治关联按照个人层面与组织层面进行了区分，并发现二者对企业跨国并购绩效的影响存在差异，这是对相关研究领域的一个有益补充。（2）首次将微观个人层面、中观组织层面和宏观国家层面外交关系纳入同一研究框架，尤其是考虑了国家间的外交关系变化对企业政治关联与跨国并购绩效关系的影响，填补了这一领域对宏观层面缺乏关注的研究空白。（3）在企业政治关联指标的测量上，以一个更加合理的政治关联加总指标来代替现有文献中的二元虚拟变量的测度方式，减小了企业政治关系度量存在偏差的可能性。

2. 理论回顾

2.1 企业政治关联与并购绩效

从现有文献来看，关于企业政治关联对跨国并购绩效影响的研究并没有得出一致的结论，下文将从不同理论视角来阐明企业政治关联与并购绩效之间的关系。

（1）企业与政府建立联系有利于并购绩效的提升。众多学者从资源依赖理论（Hillman，2005；Lester et al.，2008；Zheng et al.，2015）或资源基础理论（Frynas et al.，2006；Li & Zhang，2007；Li et al.，2012）对企业政治关联行为进行研究，二者都强调资源对企业的生存和发展产生至关重要的影响。企业与政府建立的联系有利于企业提高资源的获取能力，这些资源既包括资金、原材料、政府订单、政府补贴、运营许可等，也包括信息、行业政策支持等内容。已有研究发现，企业可以通过政治关系获取更多税收、融资方面的优惠，帮助企业在并购活动中获得更大的成本优势（潘红波等，2008）。与政府联系紧密的企业获取信息的成本更低，它们更容易从政府获取有关的政策变化信息及与其商业活动相关的有价值的信息，并且受到政府制裁的可能性也会降低（Zhang et al.，2016）。

（2）企业与政府建立联系会损害并购绩效。寻租理论认为，政府运用行政权力对企业的经营活动进行干预和管制，妨碍了市场竞争的作用，从而使少数特权企业能够赚取超额利润。企业为了维持获取超额利润，就必须持续地投资于政府关系。当某一行业内的企业都开始效仿这种行为时，特权企业所能获得的超额利润就会回归于行业平均水平。进一步，当这种投资的成本超过政府关联所能带来的好处时，就会对绩效产生负面影响。Hadani 和 Schuler（2012）的研究显示，企业在政治关系上的投资与企业市场绩效负相关，并且这种累计的政治关系投资与市场绩效、财务绩效也都呈现负相关关系。Schweizer 等（2017）发现相较于没有政治关联的私营企业，具有个人政治关联的私营企业完成跨国并购的可能性更高，但是这种更高的交易完成度是以牺牲市场绩效和财务绩效为代价的。

（3）企业政治关联对跨国并购绩效的影响是一把双刃剑。从制度理论视角来看，在东道国获得合法性是影响组织跨国经营成败的重要因素（Li et al.，2019）。组织合法性是指"在包含规范、价值、信仰和定义的社会构建体系中，某一实体行为是令人满意的、合理的、合适的一种普遍认知"（Suchman，1995）。对于跨国企业来说，受到母国与东道国的双重制度压力，企业与母国政府建立联系增加了其在母国的合法性认可，但降低了其在东道国的合法性认可，这导致企业政治关系对跨国并购绩效的影响可能为正，亦可能为负。一方面，政治关联企业可以利用母国政府的支持与帮助来开拓海外市场，Frynas 等（2006）用 1938 年壳牌石油进入尼日利亚市场、1993 年洛克希德·马丁公司进入俄罗斯市场等案例阐明了它们如何利用与母国的政治关系来克服东道国的行业管制壁垒，进而在东道国市场上获得先行者优势。另一方面，政治关联企业进行跨国并购后，在东道国经营缺乏身份合法性（Zhou et al.，2016），信息不对称使得东道国利益相关者缺乏对企业的认知，企业与母国政府政治关联的特殊身份特征往往导致其在东道国面临更多歧视，进而对绩效产生负面影响。此外，Brockman 等（2013）发现政治关联对并购绩效存在显著的影响，东道国制度环境会调节政治关联与并购绩效之间的关系。在制度健全、腐败程度较低的国家，政治关联企业并购绩效劣于非政治关联企业；相反在制度较弱的国家，政治关联企业并购绩效优于非政治关联企业。张晶晶（2015）认为企业政治关联对跨国并购绩效的影响可能为正也可能为负，实际的影响结果由外部制度环境和内部治理水平决定。

2.2 个人层面政治关联、组织层面政治关联与企业并购绩效

与管理者现任或曾任政府官员所形成的企业个人层面政治关联有所不同，企业组织层面政治关联的表现形式，按关联程度由低到高依次是政府持股、政府控股与政府全资所有（即国有企业）。从现有文献来看，主流观点认为组织层面政治关联对企业并购绩效的影响是负面的。以最高程度组织政治关联的国有企业为例，其进行跨国并购通常要面对三大难题。（1）东道国与母国的思想意识形态冲突，这意味着国有企业在东道国经营需要面对更大的制度压力。（2）东道国政府对国家安全的担忧，这是由于国有企业进行跨国并购通常并非出于商业目的考虑，而是母国政府出于国家战略的考虑。（3）母国政府对国有企业补贴所导致的东道国市场非公平竞争问题（Meyer et al.，2014）。Li 等（2019）认为国有企业透明度更低，这会对国有企业跨国并购绩效产生不利的影响，因为更低的透明度减少了国有企业在东道国的合法性认可。Li 等（2017）同样从合法性角度出发，认为国有企业更低的运营效率、更容易获取补贴、更低的信息透明度，使其在进行跨国并购时缺乏合法性，东道国会质疑其并购动机。实证结果显示，国有企业相较于非国有企业完成跨国并购的可能性更低，并购周期更长。

当企业既拥有个人层面政治关联又拥有组织层面政治关联时，企业并购绩效就变得更加复杂了。一方面，个人政治关联与组织政治关联可以相互补充，加强企业信息与资源的获取能力，这有利于企业绩效提升（Park & Luo，2001）。另一方面，企业拥有个人与组织双重政治联系时，意味着在企业内部政府代理人作为大股东的权力过大，大股东与小股东的权力失衡会引起"委托人—委托人"问题，这会造成大股东挪用企业资金的可能，进而对绩效产生负面影响（Young et al.，2008；Sun et al.，2015）。

3. 研究假设

3.1 个人层面政治关联与跨国并购绩效

自 Pfeffer 和 Salancik（1978）提出资源依赖理论后，资源依赖理论已成为组织理论的重要理论

流派。资源依赖理论认为，组织为了生存必须从外部获取资源，资源的重要性和稀缺程度决定了组织对外部环境的依赖程度，企业会通过各种途径来改变这种依赖程度。企业通过与政府建立联系，可以间接或直接影响政府的政策制定与执行，从而为其提供一个有利的、稳定的制度环境，以此改变对外部资源的依赖程度（封思贤等，2012）。企业聘请现任或曾任政府官员的个人进入企业董事会或者作为企业高管人员，是现代企业建立政治联系最为普遍的做法。这些人员进入企业后通常从事与政府间关系处理的工作，他们可以利用自己手上现有或曾有的人脉、资源帮助企业塑造一个良好的外部经营环境。

正如前文所述，企业依赖与政府建立的联系，更容易获取跨国并购所需要的资源。基于资源依赖理论，本文认为具有个人层面政治关联的企业在进行跨国并购时至少存在以下几方面的优势：

（1）更容易获取政府补助和政策优惠（Cui & Jiang，2012；Shi et al.，2014）。政治关联有助于企业获取政府补助和行业政策信息，这种政治上的联系可以在企业和政府之间充当桥梁，有效减少了企业和政府之间的信息不对称，使得企业能够更及时地获取政府有关补贴的标准信息，从而能够及时做出反应，迎合政府的标准，进而获取政府补助（林润辉等，2015）。

（2）更容易获取银行贷款。银行贷款是企业跨国并购活动的重要融资方式之一，拥有高政治关联度的企业往往融资规模更大，融资效率更高，因为政治联系往往被看作企业具有良好发展前景和社会声誉的一种信号。

（3）更容易获得母国政府的支持与帮助。一方面，相较于非政治关联企业，政治关联企业在东道国发生政治风险（如资产没收、行政处罚等）时，更有可能获得母国政府的支持与帮助（Pan et al.，2014）。另一方面，政治关联企业可以利用与母国政府的关系来帮助企业克服东道国的行业管制，开拓东道国市场（Frynas et al.，2006）。由此提出以下假设：

H1：企业个人层面政治关联度与跨国并购绩效正相关。

企业董事长与总经理作为董事会与高管团队代表，其个人政治关联显然会正向影响企业跨国并购绩效，为了验证上述假设稳健性，本文提出以下子假设：

H1a：董事长政治关联度与跨国并购绩效正相关。

H1b：总经理政治关联度与跨国并购绩效正相关。

3.2 组织层面政治关联与跨国并购绩效

组织层面政治关联与个人层面政治关联对跨国并购绩效的影响既存在相同之处，又存在明显的区别。一方面，从资源依赖视角而言，无论个人层面政治关联还是组织层面政治关联都可以提高企业的资源获取能力，这是二者的相同点。另一方面，组织政治关联企业与个人政治关联企业存在两个显著不同的特征，这种特征会对跨国并购绩效产生损害。

（1）组织政治关联企业与个人政治关联企业进行跨国并购的目的不同，组织政治关联企业的多重目标约束导致其更差的跨国并购绩效。个人政治关联企业进行跨国并购的目标单一，大多还是为了实现企业利益最大化的目的。组织政治关联企业在进行对外投资时受到多重目标约束，而非单一考虑投资收益率。组织政治关联企业进行海外扩张的目的包括但不限于：提升国家竞争力、促进双边外交关系的发展、对母国企业或者行业的支持，或者是为了获取某些关键性的资源或市场（Hope et al.，2011）。组织政治关联企业多重目标的考虑与达成通常是以牺牲企业绩效为代价的。这一点得到了不少研究的支持，赵奇伟和吴双（2019）发现政治关联企业由于存在多重目标约束与信息不对称问题，投资者对企业的跨国并购绩效会有较低的预估。

（2）组织政治关联企业具有"可见度更高，透明度更低"的特点，这会降低东道国对组织政治关联企业的合法性认可。于东道国政府而言，组织层面的政治联系比个人层面的政治联系可见度更高，更容易识别（Li et al.，2018）。这就导致组织政治关联企业在东道国要面对比个人政治关联企业更大的合法性压力，东道国政府更有可能干预甚至叫停组织政治关联企业的跨国并购计划。另一方面，作为典型组织政治关联企业的国有企业透明度更低，信息披露更少（Li et al.，2017）。人们总是对未知的、不熟悉的、模糊的风险持有更加审慎的态度，一个信息更加透明的收购方往往更受东道国政府欢迎，更低的信息透明度意味着更低的合法性认可。

综上所述，本文认为组织政治关联与个人政治关联这两种异质性的政治联系对跨国并购绩效的影响是不同的，故提出以下假设：

H2：企业组织层面政治关联度与跨国并购绩效负相关。

3.3　组织层面政治关联的调节作用

前文分别论述了个人层面政治关联与组织层面政治关联对跨国并购绩效的相同及不同影响。当企业同时具有个人政治关系与组织政治关系时，问题则变得更加复杂。下文将从三个方面来论述组织政治关联会如何弱化个人政治关联对跨国并购绩效的提升。

（1）组织政治关联与个人政治关联具有功能上的相似性，都可以提高企业的资源获取能力。当企业拥有组织政治关联后就可以降低对个人政治关联的依赖程度，此时个人政治关联对跨国并购绩效的正面影响将会被削弱。此外，组织政治关联比个人政治关联更加稳定（Li et al.，2018）。在某些情况下，企业董事会成员或高管个人的职位变动，无论其在企业内部的职位变动或其在政府内部的职位变动，都会向市场传递某种信号而影响股价。组织层面的政治关联可以提高企业政治关联的稳定性，这进一步降低了企业对个人政治关联的依赖程度。

（2）正如前文所述，组织政治关联企业与个人政治关联企业的并购目的不同，组织政治关联企业的多重目标考虑会削弱个人政治关联企业单一目标的实现。

（3）当企业既存在个人政治关联又有组织政治关联时，意味着在企业内部政府代理人权力过大，大股东与小股东之间的权力失衡会引起"委托人—委托人"问题，大股东可能挪用企业资金造成小股东权益受损，这会对企业绩效产生负面影响（Young et al.，2008；Sun et al.，2015）。

综上所述，基于资源依赖理论视角，本文认为个人政治关联企业进行海外并购时所具有的优势，组织政治关联企业全部拥有，且这些优势在组织政治关联企业的表现更为明显。所以，当企业拥有组织层面政治关系时，对个人层面政治关系的依赖性大大降低，这进一步会弱化个人层面政治关对跨国并购绩效的提升。由此，提出以下假设：

H3：组织层面政治关联会弱化个人层面政治关联对跨国并购绩效的正向影响。

H3a：组织层面政治关联会弱化董事长政治关联度对跨国并购绩效的正向影响。

H3b：组织层面政治关联会弱化总经理政治关联度对跨国并购绩效的正向影响。

3.4 外交关系变化的调节作用

两国外交关系是国家为了实现对外政策，通过外交活动与其他国际法主体交往而形成的关系。外交关系一般情况下是稳定的，但是会随着政府更迭、冲突事件、领土争端等而变化。现有文献表明，两国外交关系会对两国的国际贸易活动和对外直接投资产生重要的影响。美国对其他国家政治影响力的提升与这些国家对美进口贸易额存在正相关关系（Berger et al.，2013）。友好的两国关系有助于促进企业对外投资规模、多元化程度和投资成功率的提高（杨连星等，2016）。

基于国际关系理论文献，本文将国家间外交关系定义为各个国家主体在处理国际事务上态度的相似程度。两国外交关系是一个存量概念，两国外交关系变化则是一个流量概念。究其本质，两国外交关系好坏其实是国家间利益的一致性问题，两国外交关系变化则反映了国家间利益一致性的变化程度。国家利益涉及很多方面，包括经济利益、政治利益、文化利益以及安全利益。跨国并购就是经济层面最典型的例子，国内企业被外国企业收购，增加了东道国对他国的依赖性，一定程度上提高了东道国经济和政治的不确定性。东道国政府会尝试着改变这种依赖关系，比如干预并购活动，从而减小他国对自身的威胁程度。本文认为两国外交关系越好，彼此间对他国国家利益造成威胁的可能性越低，外交关系改善可以缓解东道国对自身经济、文化、政治等领域的安全担忧。

两国外交关系改善代表两国国家利益一致性的提高，潜在冲突的可能性减少，进一步提升母国企业在东道国市场上的合法性认可（汪涛等，2020）。两国外交关系的好坏决定了两国政府在国际贸易活动中的合作意愿，外交关系改善意味着母国与东道国相互之间的合法性认可得到了提高，母国的合法性提升借由合法性溢出效应传递至东道国市场上的母国企业，最终提升母国企业的合法性认可，这有利于母国企业提高在东道国经营绩效，反之亦然。

综上所述，基于资源依赖理论视角，本文认为在两国外交关系改善的条件下，母国企业在东道国经营的合法性认可得到了提高，这降低了企业对母国政府政治关系的依赖程度，随之而来的是政治关系对跨国并购绩效的提升效果被削弱。由此，本文提出以下假设：

H4：两国外交关系改善会弱化个人层面政治关联对跨国并购绩效的正向影响，即随着两国外交关系的改善，个人政治关联对跨国并购绩效的积极影响会随之减弱。

H4a：两国外交关系改善会弱化董事长政治关联度对跨国并购绩效的正向影响。

H4b：两国外交关系改善会弱化总经理政治关联度对跨国并购绩效的正向影响。

政治关联异质性、外交关系不确定性与跨国并购绩效研究框架见图 1。

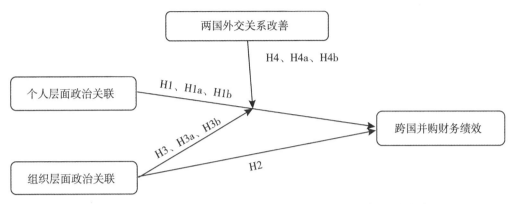

图 1　政治关联异质性、外交关系不确定性与跨国并购绩效研究框架

4. 研究设计

4.1　研究样本

本文数据主要来自国泰安（CSMAR）数据库、万德（WIND）数据库以及联合国数字图书馆，企业的基本信息、财务数据、并购事件数据来自国泰安数据库，企业所有制形式数据来自万德数据库，联合国投票数据来自联合国数字图书馆。本文的研究对象为2009—2017年中国企业的海外并购事件。样本的筛选标准如下：（1）并购首次宣告日介于2009年1月1日到2017年12月31日；（2）收购方为中国企业，被收购方为海外企业（不包括中国港澳台企业）；（3）剔除关联交易事件；（4）剔除被收购企业注册地位于开曼群岛和英属维尔京群岛的事件；（5）剔除尚未完成收购的事件。经过上述筛选，最后得到142家企业的172起海外并购事件，其中，国有企业26家，非国有企业116家。

4.2　变量测量

4.2.1　被解释变量

并购绩效以收购方的绩效差额 ΔROA 来衡量。现有文献对于企业并购绩效的测量方法主要有累计异常收益率法和财务指标法。本文采用财务指标法对跨国并购绩效进行测量主要基于以下三个方面的考虑：（1）企业跨国并购计划是企业长期战略规划后的产物，跨国并购会在相当长一段时间内对企业绩效产生影响，累计异常收益率法所衡量的短期市场股价变化通常难以捕捉到这种持续性的影响。（2）包括中国股票市场在内的任何股票市场，理论上都很难达到市场强势有效，市场本身也存在错误定价的可能性（邵新建等，2012），这就使得累计异常收益率法在适用上存在一定的局限性。（3）我国企业存在很大一部分非流通股，股价波动并不能直接衡量非流通股股东的盈亏，所以股价变化无法准确衡量并购后企业绩效的变化（冯根福和吴林江，2001）。基于以上考虑，本文采用财务指标总资产净利率差额 ΔROA 来衡量企业并购后的中长期绩效，具体做法是使用收购方并购后第一年的 ROA 减去并购前一年的 ROA 作为被解释变量，具体计算公式为：$ΔROA = ROA_{t+1} - ROA_{t-1}$（张雯等，2013；魏炜等，2017）。

4.2.2 解释变量

国内外现有文献关于企业政治关联度的测量主要分为三类：（1）使用公司的控制人或董事会成员是否具有政府背景或政治关联所占比重来确定企业的政治关联度（Fan et al.，2007；唐松和孙铮，2014）；（2）按董事长或者首席执行官的不同政治背景级别进行赋值以确定企业总体的政治关联度（闫雪琴和孙晓杰，2016）；（3）将董事会成员的政治关联度按照决策话语权或在企业内部的职位进行加权求和，构造一个综合的政治关联指数（Sun et al.，2015；赵奇伟和吴双，2019）。本文综合以上第二种和第三种方法，将董事长、总经理及其他董事会成员按照不同的行政层级进行赋值，然后加总求和获得企业个人层面的政治关联度。

企业个人层面政治关联度（PT）是对企业董事会中每一个成员的行政层级给予不同赋值后求和。董事长政治关联度（TC）和总经理政治关联度（TP）按行政层级从低到高依次赋值。本文将企业人员的政治关联度从高到低细分为七个层级①，考虑到厅局级以下行政级别的政治关联度对企业运作的实际影响可能较小，故将厅局级以下行政级别的政治关联度赋值为 0。行政层级的具体赋值标准如下：国家级正职赋值为 6，国家级副职赋值为 5，省部级正职赋值为 4，省部级副职赋值为 3，厅局级正职赋值为 2，厅局级副职赋值为 1，厅局级以下行政级别、无法确定行政层级以及无政府背景赋值为 0，其中如果一人同时拥有多个行政层级，则参照最高级别。

对于企业组织层面的政治关联度（OT），本文采用两种方式来测量。（1）利用国有股占股比例来代表组织政治关联度（Sun et al.，2015；赵奇伟和吴双，2019），国有股占股比例的具体计算方式为前十大股东中股份性质为国有股持股数量占总股本比例，该数据来自国泰安海外直接投资数据库。（2）利用企业的国有属性来代表组织政治关联度，具体的方法为设置两个虚拟变量，中央国有企业及地方国有企业赋值为 1，其他企业赋值为 0。正文采用方法一度量，方法二则放在文末的稳健性检验中。

4.2.3 调节变量

对于两国外交关系变化（ΔDR），本文采用各国在联合国大会上的投票结果来衡量两国政治关系。联合国大会每年对军事、安全、社会人道、政治和经济等主题内容进行广泛磋商和讨论，并就相关草案进行表决。联合国大会上的投票是国家意志的体现，且该投票结果不易被他国意志影响和

---

① 中国的行政层级从高到低划分为十级：国家级正职、国家级副职、省部级正职、省部级副职、厅局级正职、厅局级副职、县处级正职、县处级副职、乡科级正职、乡科级副职。依据这个基准体系，本文可以识别大部分企业人员的行政级别。

捆绑（Gartzke，1998）。如果两国政治关系良好，那么其对国际形势和重大问题的看法也会趋于一致，政治共识度高。本文认为在联合国大会上的投票结果越是相似，两国外交关系越是良好。

两国外交关系代理变量 DR 代表了国家间投票的相似程度，本文采用 Knill 等（2012）、Li 等（2018）的方法来计算两国外交关系指数。具体计算公式为 $DR = 1 - 2d/d_{max}$，其中 d 为既定年份一组投票中某一国投票结果与中国投票结果的差异，d_{max} 为既定年份该组投票中某一国投票结果与中国投票结果可能存在的最大差异。将"赞成票"记为 1，"反对票"记为 0，"缺席票"与"弃权票"不计。该系数取值范围从 -1 到 $+1$，代表两国外交关系极差到极好。ΔDR 为并购当年的两国外交关系 DR_t 与并购前一年两国外交关系 DR_{t-1} 之差，用以衡量外交关系的变化。该数据来源于联合国数字图书馆。

4.2.4　控制变量

借鉴以往的研究，本文选取了以下变量作为控制变量：企业资产负债率（LEV）、上市年限（AGE）、股权集中度（OC）、支付方式（PAY）、资产规模（SIZE）、独立董事占比（PID）、年份（YEAR）。资产负债率为负债合计/总资产；上市年限为观测年份与成立年份之差；股权集中度为公司前十位大股东持股比例之和；支付方式为虚拟变量，现金支付=1，非现金支付=0；资产规模为首次公告日前一年总资产的自然对数；设置 8 个年份虚拟变量以控制年份效应。

各变量定义见表 1。

表 1　　　　　　　　　　　　　　　　变量定义表

变量类型	变量名	变量符号	测　量　方　法	数据来源
被解释变量	总资产净利率差额	ΔROA	总资产净利率差额 $\Delta ROA = ROA_{t+1} - ROA_{t-1}$；总资产净利率 ROA=净利润/总资产平均余额；总资产平均余额=（资产合计期末余额+资产合计期初余额）/2	CSMAR
解释变量	个人层面政治关联度	PT（Personal Tie）	对上市公司董事会中每一个成员的行政层级给予不同赋值后求和：6=国家级正职，5=国家级副职，4=省部级正职，3=省部级副职，2=厅局级正职，1=厅局级副职	CSMAR
	董事长政治关联度	TC（Tie Chairman）	6=国家级正职，5=国家级副职，4=省部级正职，3=省部级副职，2=厅局级正职，1=厅局级副职，0=厅局级以下行政级别、无法确定行政层级以及无政府背景（如果同时拥有多个行政层级，则参照最高级别）	CSMAR

续表

变量类型	变量名	变量符号	测 量 方 法	数据来源
解释变量	总经理的政治关联度	TP（Tie President）	6＝国家级正职，5＝国家级副职，4＝省部级正职，3＝省部级副职，2＝厅局级正职，1＝厅局级副职，0＝厅局级以下行政级别、无法确定行政层级以及无政府背景（如果同时拥有多个行政层级，则参照最高级别）	CSMAR
	组织层面政治关联度	OT（Organizational Tie）	前十大股东中股份性质为国有股持股数量占总股本比例	CSMAR
调节变量	两国外交关系变化	ΔDR（Diplomatic Relation）	DR 为并购公告日当年的两国外交关系指数，$DR=1-2d/d_{max}$，其中 d 为既定年份一组投票中某一国投票结果与中国投票结果的差异，d_{max} 为既定年份该组投票中某一国投票结果与中国投票结果可能存在的最大差异。将"赞成票"记为 1，"反对票"记为 0，"缺席票"与"弃权票"不计。该系数取值范围从－1 到＋1，代表两国外交关系极差到极好。ΔDR 代表并购当年的外交关系指数减去并购前一年的外交关系指数，用以衡量外交关系的变化	联合国数字图书馆
控制变量	资产负债率	LEV	LEV＝负债合计/资产总计	CSMAR
	上市年限	AGE	企业上市年数	CSMAR
	股权集中度	OC（Ownership Concentration）	公司前十位大股东持股比例之和	CSMAR
	支付方式	PAY	现金支付＝1，非现金支付＝0	CSMAR
	资产规模	SIZE	首次公告日前一年总资产的自然对数	CSMAR
	独立董事占比	PID（Proportion of Independent Directors）	PID＝独立董事人数/董事总人数	CSMAR
	年份	Year	设置 8 个虚拟变量	CSMAR

注：联合国数字图书馆网址：https：//digitallibrary.un.org/？ ln＝zh_C.

5. 实证分析

5.1 相关系数矩阵与描述性统计

表 2 中各变量相关系数矩阵分析结果显示：董事长政治关联度与总经理政治关联度相关系数为 0.6575，在 1%水平上显著正相关，说明样本存在董事长和总经理两职合一的情况。

表2 各变量的皮尔逊相关系数矩阵

序号	变量	1	2	3	4	5	6	7	8	9	10	11	12
1	ΔROA	1.0000											
2	PT	0.0628	1.000										
3	TC	0.0344	0.5201***	1.0000									
4	TP	-0.0444	0.4055***	0.6575***	1.0000								
5	OT	-0.0347	0.2791***	-0.0725	0.0272	1.0000							
6	ΔDR	-0.0317	0.2050***	0.0385	0.1450*	0.2454***	1.0000						
7	LEV	0.4889***	-0.0714	-0.0665	-0.0612	0.0503	-0.0863	1.0000					
8	AGE	-0.0537	0.0054	-0.0199	-0.0574	0.1988***	-0.0438	0.2506***	1.0000				
9	OC	-0.0076	0.0558	-0.0644	0.0723	0.1119	-0.0566	-0.0157	-0.3038***	1.0000			
10	SIZE	-0.0867	0.1349*	0.1044	0.0076	0.0675	-0.0103	0.3542***	0.0389***	-0.0217	1.0000		
11	PID	-0.0613	-0.1891**	-0.1275*	-0.1208	-0.0139	-0.0865	-0.0959	-0.1864—**	0.0672	-0.1541**	1.0000	
12	PAY	-0.0183	-0.0193	-0.1189	-0.1989***	0.0343	0.0262	0.0697	0.0389	0.0235	0.0216	0.0120	1.0000

注：*、**、***分别表示在10%，5%，1%水平下显著。

表 3 和表 4 中的描述性统计及多重共线性分析结果显示：（1）总资产净利率差额 ΔROA 均值为 −1.39%，这在一定程度上说明跨国并购无法为收购方创造价值，反而会使财务绩效恶化。（2）纳入分析的每个解释变量与剩余解释变量之间多重共线性检验的 VIF 值全部小于 3，平均方差膨胀因子 VIF 为 1.49，表明各变量之间存在多重共线性可能性极低。

表 3　　　　　　　　　　　**描述性统计 1 和多重共线性分析**

变量	均值	标准差	最小值	最大值	观测值	VIF
ΔROA	−0.0139	0.1237	−0.4372	1.2048	172	—
PT	3.2093	4.4540	0	23	172	1.95
TC	0.9709	1.8556	0	6	172	2.32
TP	0.4651	1.3866	0	6	172	2.01
OT	0.0420	0.1330	0	0.6809	172	1.33
ΔDR	0.0387	0.1497	−0.1829	0.8966	172	1.16
LEV	0.4388	0.2743	0.0411	2.8610	172	1.22
AGE	10.1220	5.9296	0	24	172	1.78
OC	0.6063	0.1409	0.2829	0.9060	172	1.24
PAY	0.9883	0.1075	0	1	172	1.07
SIZE	22.1374	1.0630	19.9836	25.6516	172	1.71
PID	0.3726	0.0547	0.25	0.6	172	1.10

表 4　　　　　　　　　　　　　　**描述性统计 2**

年份	跨国并购事件数	ΔROA 均值	国有企业跨国并购事件数	国有企业跨国并购 ΔROA 均值	非国有企业跨国并购事件数	非国有企业跨国并购 ΔROA 均值
2009	3	−0.1070	1	0.1325	2	−0.2268
2010	7	0.0298	3	−0.0065	4	0.0571
2011	16	−0.0372	6	−0.0280	10	−0.0426
2012	21	−0.0116	4	−0.0085	17	−0.0123
2013	13	0.0964	1	−0.0356	12	0.1074
2014	14	−0.0293	1	−0.0040	13	−0.0312
2015	29	−0.0204	3	−0.0131	26	−0.0213
2016	34	−0.0144	2	−0.0244	32	−0.0138
2017	35	−0.0342	7	−0.0112	28	−0.0399
合计	172	−0.0139	28	−0.0106	144	−0.0145

5.2　回归结果分析

通过 BP 检验发现，变量之间存在异方差问题，为了验证前述假设，本文采用稳健 OLS 来处理数据。对于包含交叉项的回归，连续变量都已做中心化处理。

表 5 是个人政治关联度与跨国并购财务绩效的多元回归结果。模型 1 仅加入控制变量。其中资产负债率与并购绩效正相关，资产规模与并购绩效负相关，选择现金支付的并购事件财务绩效劣于选择非现金支付的并购事件。模型 2 至模型 4 依次加入了个人政治关联度、董事长政治关联度、总经理政治关联度 3 个解释变量，3 个模型获得了一致的回归结论：个人层面政治关联度与跨国并购绩效之间存在显著的正相关关系（模型 2，$\beta = 0.0041$，$P < 0.05$；模型 4，$\beta = 0.0050$，$P < 0.05$），即企业个人政治关联度越高，跨国并购后的财务绩效越好，H1 得到支持。董事长政治关联度与跨国并购绩效存在显著的正相关关系（模型 3，$\beta = 0.0124$，$P < 0.01$；模型 4，$\beta = 0.0085$，$P < 0.1$），即董事长政治关联度越高，跨国并购后的财务绩效越好，H1a 得到支持。总经理政治关联度与跨国并购绩效存在显著的负相关关系（模型 3，$\beta = -0.0154$，$P < 0.05$；模型 4，$\beta = -0.0185$，$P < 0.01$），这与 H1b 的假设相反，意味着总经理政治关联度越高，企业跨国并购绩效越差。一个可能的解释是，总经理的政治关联虽然可以为企业带来关键性资源，但同时也提高了总经理在企业的权力。总经理作为职业经理人的某些自利行为可能损害企业并购绩效，如开展一些不利于企业但对自身有益的跨国并购，因为跨国并购的完成有利于总经理的个人声誉和今后的职业发展。

表 5　　　　　　　　　企业政治关联与跨国并购绩效 ΔROA 回归结果

变量类别	变量名称	模型 1	模型 2	模型 3	模型 4
常数项	_cons	0.4929	0.5597	0.5605	0.6352*
		(0.3533)	(0.3418)	(0.3534)	(0.3486)
控制变量	LEV	0.2565**	0.2667**	0.2604**	0.2679**
		(0.1214)	(0.1215)	(0.1219)	(0.1217)
	AGE	−0.0018	−0.0014	−0.0015	−0.0011
		(0.0018)	(0.0017)	(0.0018)	(0.0018)
	OC	−0.0081	−0.0216	0.0120	−0.0039
		(0.0707)	(0.0703)	(0.0723)	(0.0710)
	PAY	−0.0532**	−0.0457**	−0.0641**	−0.0694***
		(0.0242)	(0.0212)	(0.0268)	(0.0259)
	SIZE	−0.0251**	−0.0304**	−0.0288**	−0.0334***
		(0.0119)	(0.0120)	(0.0124)	(0.0125)
	PID	−0.1125	−0.0641	−0.1163	−0.0834
		(0.1489)	(0.1537)	(0.1524)	(0.1541)

续表

变量类别	变量名称	模型 1	模型 2	模型 3	模型 4
解释变量	PT		0.0041**		0.0050**
			(0.0021)		(0.0024)
	TC			0.0124***	0.0085*
				(0.0046)	(0.0046)
	TP			−0.0154**	−0.0185***
				(0.0066)	(0.0070)
其他项	N	172	172	172	172
	Adj-R^2	0.3521	0.3688	0.3714	0.3898
	F	1.3323	1.6780	1.4570	1.5410

注：括号内为稳健标准误，*、**、*** 分别表示在 10%、5%、1% 水平下显著，所有模型已加入年份虚拟变量。

表 6 是组织政治关联度与跨国并购财务绩效的多元回归结果。模型 5 至模型 7 依次加入了组织政治关联度、个人政治关联度、董事长政治关联度、总经理政治关联度，回归结果显示：组织层面政治关联度与跨国并购绩效之间的关系与假设方向一致，为负向关系（模型 5，$\beta=-0.0311$；模型 6，$\beta=-0.0734$；模型 7，$\beta=-0.0125$），但是这种关系并不显著（模型 5 至模型 7 组织层面政治关联度回归系数 P 值均大于 0.1），没有证据显示假设 H2 得到了支持。模型 8 为全变量模型，除了董事长政治关联度回归系数不稳健外，模型 2 至模型 7 得到的结论在模型 8 中全部成立。

表 6 　　　　　企业政治关联与跨国并购绩效 ΔROA 回归结果

变量类别	变量名称	模型 5	模型 6	模型 7	模型 8
常数项	_cons	0.4862	0.5542	0.5571	0.6322*
		(0.3542)	(0.3390)	(0.3560)	(0.3486)
控制变量	LEV	0.2567**	0.2687**	0.2604**	0.2708**
		(0.1218)	(0.1219)	(0.1224)	(0.1225)
	AGE	−0.0017	−0.0009	−0.0014	−0.0006
		(0.0018)	(0.0018)	(0.0019)	(0.0018)
	OC	−0.0021	−0.0094	0.0142	0.0093
		(0.0739)	(0.0724)	(0.0751)	(0.0747)
	PAY	−0.0533**	−0.0448**	−0.0639**	−0.0710***
		(0.0241)	(0.0209)	(0.0268)	(0.0257)
	SIZE	−0.0251**	−0.0312**	−0.0288**	−0.0342***
		(0.0119)	(0.0120)	(0.0125)	(0.0126)
	PID	−0.1102	−0.0513	−0.1152	−0.0710
		(0.1483)	(0.1529)	(0.1525)	(0.1549)

续表

变量类别	变量名称	模型 5	模型 6	模型 7	模型 8
解释变量	PT		0.0048** (0.0021)		0.0057** (0.0025)
	TC			0.0123*** (0.0046)	0.0079 (0.0048)
	TP			-0.0152** (0.0066)	-0.0189** (0.0074)
	OT	-0.0311 (0.0384)	-0.0734 (0.0497)	-0.0125 (0.0363)	-0.0727 (0.0540)
	ΔDR				0.0341 (0.0505)
其他项	N	172	172	172	172
	Adj-R^2	0.3530	0.3735	0.3715	0.3945
	F	1.2654	1.8144	1.3706	1.4424

注：括号内为稳健标准误，*、**、***分别表示在10%、5%、1%水平下显著，所有模型已加入年份虚拟变量。

表 7 是将组织层面政治关联度、两国外交关系变化作为调节变量的处理结果。模型 9 至模型 11 将组织层面政治关联度作为调节变量，模型 9 的结果显示，组织层面政治关联度与个人层面政治关联度交互项的回归系数为-0.0113（$P<0.05$），说明组织政治关联度弱化了个人政治关联度与跨国并购绩效之间的正向关系，H3 得到支持。模型 10 显示，组织层面政治关联度与董事长政治关联度交互项的回归系数为-0.0179，但 P 值大于 0.1，没有证据显示 H3a 得到支持。模型 11 显示，组织层面政治关联度与总经理政治关联度交互项的回归系数为-0.0122，但 P 值同样大于 0.1，这说明 H3b 也没有得到支持。

模型 12 至模型 14 加入了调节变量两国外交关系变化，模型 12 显示，两国外交关系变化与个人层面政治关联度交互项的回归系数为-0.0092（$P<0.05$），说明两国外交关系改善弱化了企业政治关联度与跨国并购绩效之间的正相关关系，H4 得到支持。模型 13 显示，两国外交关系变化与董事长政治关联度交互项的回归系数为-0.0252（$P<0.1$），H4a 得到支持。模型 14 显示，两国外交关系变化与总经理政治关联度交互项的回归系数为-0.0133（$P>0.1$），没有证据表明 H4b 得到支持。

表 7 　　企业政治关联与跨国并购绩效 ΔROA 调节效应回归结果

变量类别	变量名称	模型 9	模型 10	模型 11	模型 12	模型 13	模型 14
常数项	_cons	0.5395 (0.3353)	0.4934 (0.3493)	0.4861 (0.3584)	0.5446 (0.3390)	0.5036 (0.3452)	0.4955 (0.3582)

续表

变量类别	变量名称	模型 9	模型 10	模型 11	模型 12	模型 13	模型 14
控制变量	LEV	0.2738**	0.2622**	0.2555**	0.2720**	0.2660**	0.2571**
		(0.1219)	(0.1228)	(0.1230)	(0.1221)	(0.1229)	(0.1233)
	AGE	−0.0012	−0.0016	−0.0018	−0.0013	−0.0016	−0.0019
		(0.0018)	(0.0019)	(0.0019)	(0.0017)	(0.0018)	(0.0018)
	OC	−0.0098	0.0010	0.0010	−0.0211	0.0011	−0.0000
		(0.0724)	(0.0741)	(0.0753)	(0.0706)	(0.0710)	(0.0727)
	PAY	−0.0431**	−0.0437*	−0.0621**	−0.0458**	−0.0440*	−0.0628**
		(0.0204)	(0.0234)	(0.0266)	(0.0210)	(0.0236)	(0.0271)
	SIZE	−0.0312**	−0.0267**	−0.0244**	−0.0303**	−0.0274**	−0.0247**
		(0.0120)	(0.0121)	(0.0119)	(0.0120)	(0.0121)	(0.0120)
	PID	−0.0457	−0.0936	−0.1248	−0.0507	−0.0961	−0.1262
		(0.1538)	(0.1507)	(0.1568)	(0.1569)	(0.1524)	(0.1584)
解释变量	PT	0.0061**			0.0049**		
		(0.0025)			(0.0022)		
	TC		0.0044			0.0048	
			(0.0037)			(0.0037)	
	TP			−0.0042			−0.0043
				(0.0050)			(0.0053)
	OT	−0.0323	−0.0320	−0.0241			
		(0.0405)	(0.0367)	(0.0378)			
	ΔDR				0.0353	0.0232	0.0269
					(0.0506)	(0.0460)	(0.0487)
交互项	OT×PT	−0.0113**					
		(0.0048)					
	OT×TC		−0.0179				
			(0.0117)				
交互项	OT×TP			−0.0122			
				(0.0152)			
	ΔDR×PT				−0.0092**		
					(0.0039)		
	ΔDR×TC					−0.0252*	
						(0.0138)	
	ΔDR×TP						−0.0133
							(0.0128)
其他项	N	172	172	172	172	172	172
	Adj-R^2	0.3820	0.3583	0.3559	0.3763	0.3612	0.3561
	F	2.0133	1.2970	1.0424	1.9551	1.2768	1.0221

注：括号内为稳健标准误，*、**、*** 分别表示在 10%、5%、1% 水平下显著，所有模型已加入年份虚拟变量。

5.3　稳健性分析

本文采用四种方法来检验结果的稳健性。

（1）替换被解释变量。采用净资产收益率差额 ΔROE 替代原模型的被解释变量 ΔROA，回归结果稳健（详见附录表 1、表 2 及表 3）。

（2）改变解释变量的测度方式。一方面，改变组织层面政治关联指标的测算方法，采用企业所有制来衡量组织层面的政治关联度，中央国有企业及地方国有企业赋值为 1，其他企业赋值为 0，数据处理结果在方向和显著性上没有变化，结果稳健（部分关键模型回归结果详见附录表 4）。另一方面，改变个人层面政治关联指标的测算方法，在保留正文对董事会人员行政层级的编码基础上，将董事会成员的政治关联度按照其在企业内部的职位进行加权求和。具体的计算方式为：董事会成员个人政治关联度＝1/2×行政层级＋1/2×企业职位（Sun et al.，2015）。其中董事长的职位编码为 3，总经理的职位编码为 2，董事会其他成员的职位编码为 1，企业个人层面的政治关联度则为董事会成员每个人政治关联度的加总，回归结果在显著性和方向上没有变化，结论稳健（详见附录表 5、表 6 及表 7）。

（3）扩大样本量。为了防止企业通过并购来操纵利润、粉饰业绩，正文中的样本已剔除属于关联交易的并购事件。在稳健性分析中加入了属于关联交易的并购事件，观测值从 172 起并购事件增加至 231 起，回归结果在方向和显著性上没有变化，结论与正文一致。

（4）子样本回归。聚焦非国有企业样本，在原有样本基础上剔除国有企业样本，回归结果显示，除了与组织政治关联相关的 H2、H3 及其子假设无法验证外，其他结论均与正文结果一致。

（5）更改绩效测度区间。由于并购后的资源整合通常需要一段时间。为了进一步验证结论的稳健性，本文扩大了并购前后的时间差，采用 ΔROA（-2，1）替代原有的 ΔROA（-1，1），使用并购前两年的 ROA 减去并购后一年的 ROA 作为被解释变量，回归结果显示主效应结论依旧成立。

6.　研究结论

6.1　主要结论

本文以 142 家中国上市企业在 2009—2017 年发生的 172 起跨国并购事件为样本进行回归分析，得出了以下结论：

（1）个人层面政治关联度与组织层面政治关联度对企业跨国并购绩效的影响是不同的。个人层面政治关联度与跨国并购绩效之间存在显著正相关关系，组织层面政治关联度与跨国并购绩效之间的关系并不显著。

（2）当企业同时拥有组织层面政治关联与个人层面政治关联时，企业会降低对个人政治关联的依赖性，进而削弱个人政治关联对跨国并购绩效的提升。

（3）两国外交关系改善会降低企业对个人政治关联的依赖性，削弱个人政治关联对跨国并购绩效的提升作用。

6.2　实践启示

本文研究的是企业与政府之间的关系对企业经营活动的影响，所以结论对于企业和政府均有一定的启示作用。

对于企业而言，特别是那些政治关联程度较低甚至没有政治关联的民营企业，应注意：

（1）在选择跨国并购战略时应持审慎态度，因为跨国并购活动往往无法为企业创造价值。即使采取了跨国并购战略，在并购融资上也应该尽可能降低杠杆率以降低融资风险。

（2）对于没有政治关联的企业而言，无论自身市场能力多强，都不要忽略政治能力的建设。已有研究表明，活跃的企业政治行为可以提高企业整体的经营绩效。对于政治关联企业而言，在跨国并购过程中应充分利用自身的资源优势，同时加强市场能力建设。无论政治关联企业还是非政治关联企业，只有将市场行为与政治行为有效整合才能提高跨国并购成功的可能性。

（3）企业在选择并购标的方面，应该选择与中国外交关系正在改善的国家作为东道国进行投资，以降低潜在的东道国合法性风险及对母国政府的依赖。

（4）企业应该提高内部治理水平，降低以总经理为首的"代理人"的政治关联度，以减小管理人员自利性行为带来的不利影响。同时提高以董事长为首的"委托人"的政治关联度，以提高企业的资源获取能力。

对于政府而言，应该提高行业补贴、扶植政策信息的透明度，同时确保政策审核过程的公正性，让那些无法通过政治关联渠道获取补贴信息的企业能够更加及时、公正地获取政策扶植。《中国对外投资合作发展报告（2020）》的数据显示，在 2019 年中国对外非金融类直接投资中，公有经济控股企业对外直接投资 580.9 亿美元，占当年对外非金融类直接投资总额的 49.7%；非公有经济控股对外投资 588.3 亿美元，占比 50.3%。非公有经济控股型企业依旧是对外直接投资的中坚力量，政府应该为非公有经济控股型企业创造一个公平公正的市场竞争环境，改变那些导致资源配置不合理的制度，有针对性地制定海外投资的鼓励政策。

6.3　研究局限和未来的研究方向

本文主要的研究局限在于企业政治关联度的测量与结论的内生性讨论。一方面，本文对个人层面政治关联度的测量主要依据的是董事会成员个人政治关联背景求和，对组织层面政治关联度的测量则依靠国有股持股比例与企业所有制属性，这两种测量方法无法衡量企业潜在地通过其他方式建立的政治联系，有可能会造成企业政治关联度的低估。国内外已有众多文献表明，企业可以通过参加国家级或省市级行业协会，影响行业政策的制定与实施，进而影响企业绩效，这点本文尚未涉及。另一方面，囿于跨国并购数据样本量并不充足且非面板数据，部分内生性检验方法无法较好地实现，这也是本文存在的研究局限。

未来可能的研究方向包括：

（1）本文发现董事长和总经理政治关联对跨国并购绩效的影响是不同的，未来的研究可以尝试从高阶理论切入，研究高管团队的个人特征与跨国并购绩效之间的关系。

（2）本文聚焦的是企业政治关联度与跨国并购财务绩效，未来的研究可以尝试探索企业政治关联度与跨国并购非财务绩效之间的关系，比如企业的市场份额、创新绩效、并购后的存活率等。

◎ 参考文献

[1] 封思贤，蒋伏心，肖泽磊．企业政治关联行为研究述评与展望 [J]．外国经济与管理，2012，34（12）．

[2] 冯根福，吴林江．我国上市公司并购绩效的实证研究 [J]．经济研究，2001（1）．

[3] 林润辉，谢宗晓，李娅，等．政治关联、政府补助与环境信息披露——资源依赖理论视角 [J]．公共管理学报，2015，12（2）．

[4] 潘红波，夏新平，余明桂．政府干预、政治关联与地方国有企业并购 [J]．经济研究，2008（4）．

[5] 邵新建，巫和懋，肖立晟，等．中国企业跨国并购的战略目标与经营绩效：基于 A 股市场的评价 [J]．世界经济，2012，35（5）．

[6] 唐松，孙铮．政治关联、高管薪酬与企业未来经营绩效 [J]．管理世界，2014（5）．

[7] 汪涛，贾煜，崔朋朋，等．外交关系如何影响跨国企业海外市场绩效 [J]．中国工业经济，2020（7）．

[8] 魏炜，朱青元，林桂平．政治关联、多元化并购与企业并购绩效 [J]．管理学报，2017，14（7）．

[9] 闻学．市场化进程、管理层激励与企业非效率投资的关系——基于 2014—2018 年上市公司数据 [J]．浙江树人大学学报（人文社会科学），2020，20（2）．

[10] 吴瀚然，胡庆江．中国对"一带一路"沿线国家的直接投资效率与潜力研究——兼论投资区位的选择 [J]．江西财经大学学报，2020（3）．

[11] 闫雪琴，孙晓杰．企业政治关联与跨国并购绩效——基于中国并购方数据 [J]．经济与管理研究，2016，37（1）．

[12] 杨立娜，陶海飞，孟祥霞．跨国企业正当性影响因素研究——基于"一带一路"沿线企业的调查证据 [J]．江淮论坛，2021（6）．

[13] 杨连星，刘晓光，张杰．双边政治关系如何影响对外直接投资——基于二元边际和投资成败视角 [J]．中国工业经济，2016（11）．

[14] 张安军，叶彤．市场化发展水平、非效率投资与并购商誉 [J]．江南大学学报（人文社会科学版），2021，20（3）．

[15] 张晶晶．政治关联对中国企业海外并购绩效影响的研究 [D]．浙江大学，2015．

［16］张雯，张胜，李百兴．政治关联、企业并购特征与并购绩效［J］.南开管理评论，2013，16（2）.

［17］张莹，陈艳.CEO 声誉与企业并购溢价研究［J］.现代财经（天津财经大学学报），2020，40（4）.

［18］赵奇伟，吴双．企业政治关联、不透明度与跨国并购绩效——基于投资者视角的微观证据［J］.国际贸易问题，2019（3）.

［19］Berger, D., Easterly, W., Nunn, N. et al. Commercial imperialism? Political influence and trade during the Cold War［J］. American Economic Review, 2013, 103（2）.

［20］Brockman, P., Rui, O. M., Zou, H. Institutions and the performance of politically connected M&As［J］. Journal of International Business Studies, 2013, 44（8）.

［21］Cui, L., Jiang, F. State ownership effect on firms' FDI ownership decisions under institutional pressure: A study of Chinese outward-investing firms［J］. Journal of International Business Studies, 2012, 43（3）.

［22］Dieleman, M., Boddewyn, J. J. Using organization structure to buffer political ties in emerging markets: A case study［J］. Organization Studies, 2012, 33（1）.

［23］Fan, J. P., Wong, T. J., Zhang, T. Politically connected CEOs, corporate governance, and post-IPO performance of China´s newly partially privatized firms［J］. Journal of Financial Economics, 2007, 84（2）.

［24］Francis, B. B., Hasan, I., Sun, X. Political connections and the process of going public: Evidence from China［J］. Journal of International Money and Finance, 2009, 28（4）.

［25］Frynas, J. G., Mellahi, K., Pigman, G. A. First mover advantages in international business and firm-specific political resources［J］. Strategic Management Journal, 2006, 27（4）.

［26］Fuchs, A., Klann, N. Paying a visit: The Dalai Lama effect on international trade［J］. Journal of International Economics, 2013, 91（1）.

［27］Gartzke, E. Kant we all just get along? Opportunity, willingness, and the origins of the democratic peace［J］. American Journal of Political Science, 1998, 42（1）.

［28］Hadani, M., Schuler, D. A. In search of El Dorado: The elusive financial returns on corporate political investments［J］. Strategic Management Journal, 2012, 34（2）.

［29］Hillman, A. J. Politicians on the board of directors: Do connections affect the bottom line?［J］. Journal of Management, 2005, 31（3）.

［30］Hope, O., Thomas, W., Vyas, D. The cost of pride: Why do firms from developing countries bid higher?［J］. Journal of International Business Studies, 2011, 42（1）.

［31］Knill, A., Lee, B., Mauck, N. Bilateral political relations and sovereign wealth fund investment［J］. Journal of Corporate Finance, 2012, 18（1）.

［32］Lester, R. H., Hillman, A., Zardkoohi, A. et al. Former government officials as outside directors: The role of human and social capital［J］. Academy of Management Journal, 2008, 51（5）.

［33］ Li, H. , Zhang, Y. The role of managers' political networking and functional experience in new venture performance: Evidence from China's transition economy ［J］. Strategic Management Journal, 2007, 28 （8）.

［34］ Li, J. , Li, P. , Wang, B. The liability of opaqueness: State ownership and the likelihood of deal completion in international acquisitions by Chinese firms ［J］. Strategic Management Journal, 2019, 40 （2）.

［35］ Li, J. , Meyer, K. E. , Zhang, H. et al. Diplomatic and corporate networks: Bridges to foreign locations ［J］. Journal of International Business Studies, 2018, 49 （6）.

［36］ Li, J. , Xia, J. , Lin, Z. Cross-border acquisitions by state-owned firms: How do legitimacy concerns affect the completion and duration of their acquisitions? ［J］. Strategic Management Journal, 2017, 38 （9）.

［37］ Li, W. , He, A. , Lan, H. et al. Political connections and corporate diversification in emerging economies: Evidence from China ［J］. Asia Pacific Journal of Management, 2012, 29 （3）.

［38］ Meyer, K. E. , Yuan, D. , Jing, L. et al. Overcoming distrust: How state-owned enterprises adapt their foreign entries to institutional pressures abroad ［J］. Journal of International Business Studies, 2014, 45 （8）.

［39］ Pan, Y. , Teng, L. , Supapol, A. B. et al. Firms' FDI ownership: The influence of government ownership and legislative connections ［J］. Journal of International Business Studies, 2014, 45 （8）.

［40］ Park, S. H. , Luo, Y. Guanxi and organizational dynamics: Organizational networking in Chinese firms ［J］. Strategic Management Journal, 2001, 22 （5）.

［41］ Pfeffer, J. , Salancik, G. R. The external control of organizations: A resource dependence perspective ［M］. Harper & Row, 1978.

［42］ Schweizer, D. , Walker, T. , Zhang, A. Cross-border acquisitions by Chinese enterprises: The benefits and disadvantages of political connections ［J］. Journal of Corporate Finance, 2017, 57.

［43］ Shi, W. , Markóczy, L. , Stan, C. V. The continuing importance of political ties in China ［J］. Academy of Management Perspectives, 2014, 28 （1）.

［44］ Suchman, M. C. Managing legitimacy: Strategic and institutional approaches ［J］. Academy of Management Review, 1995, 20 （3）.

［45］ Sun, P. , Mellahi, K. , Wright, M. et al. Political tie heterogeneity and the impact of adverse shocks on firm value ［J］. Journal of Management Studies, 2015, 52 （8）.

［46］ Young, M. N. , Peng, M. W. , Ahlstrom, D. et al. Corporate governance in emerging economies: A review of the principal-principal perspective ［J］. Journal of Management Studies, 2008, 45 （1）.

［47］ Zhang, J. , Marquis, C. , Qiao, K. Do political connections buffer firms from or bind firms to the government? A study of corporate charitable donations of Chinese firms ［J］. Organization Science, 2016, 27 （5）.

［48］ Zhang, W. , Mauck, N. Government-affiliation, bilateral political relations and cross-border mergers:

Evidence from China [J]. Pacific-Basin Finance Journal, 2018, 51.

[49] Zheng, W., Singh, K., Mitchell, W. Buffering and enabling: The impact of interlocking political ties on firm survival and sales growth [J]. Strategic Management Journal, 2015, 36 (11).

[50] Zhou, C., Xie, J., Wang, Q. Failure to complete cross-border M&As: To vs. from emerging markets [J]. Journal of International Business Studies, 2016, 47 (9).

[51] Zhu, H., Chung, C. Portfolios of political ties and business group strategy in emerging economies: Evidence from Taiwan [J]. Administrative Science Quarterly, 2014, 59 (4).

Political Connections Heterogeneity, Diplomatic Relations Uncertainty and Cross-border Acquisitions Performance
—An Interpretation by Resource Dependence Theory

Chen Limin[1,2] Wang Hongxin[3] Bu Xuelin[4,5]

(1, 3, 4 Economics and Management School, Wuhan University, Wuhan, 430072;

2, 5 Global Strategy Research Center, Wuhan University, Wuhan, 430072)

Abstract: It is a common phenomenon for businesses to establish connections with the governments all over the world. Previous studies have proved that the political connections at either individual level or organizational level will influence the survival and performance of enterprises, but it is still unknown whether these two different levels of political connections will also have impact on the cross-border acquisitions. Meantime, as a political connection at the national level, the diplomatic relations between two countries is an important factor that enterprises should take into account while cross-border acquisitions. In particular, it is worth paying attention to how the diplomatic relations between two countries affect the cross-border acquisition performance of politically connected enterprises. Our paper takes 172 overseas acquisitions by Chinese listed companies from 2009 to 2017 as the sample to answer above questions. The empirical results show that: (1) There is a significant positive correlation between personal political connections and cross-border acquisition performance, but the relationship between organizational political connections and cross-border acquisition performance is not significant. (2) When enterprises have both personal and organizational political connections, the organizational political connections will weaken the cross-border acquisition performance improvement by personal political connections. In other words, organizational political connections will reduce the firms' dependence on personal political connections. (3) The diplomatic relations improvement between two countries will also weaken the cross-border acquisition performance improvement by personal political connections. That is to say, national diplomatic relations improvement will also reduce the dependence of enterprises on personal political connections. We use the resource dependence theory to explain above conclusions, which is an important supplement to existing research on the corporate political connection and cross-border acquisition performance relationship.

Key words：Cross-border acquisition performance；Personal political connection；Organizational political connection；National diplomatic relations；Resource dependence theory

责任编辑：路小静

附录

表 1   企业政治关联与跨国并购绩效 ΔROE 回归结果

变量类别	变量名称	模型 1	模型 2	模型 3	模型 4
常数项	_cons	0.6231	0.7364	0.7417	0.8694*
		(0.5268)	(0.4966)	(0.5204)	(0.5016)
控制变量	LEV	0.1532	0.1705	0.1597	0.1725
		(0.1091)	(0.1078)	(0.1089)	(0.1075)
	AGE	0.0004	0.0012	0.0010	0.0016
		(0.0023)	(0.0023)	(0.0023)	(0.0023)
	OC	0.0597	0.0368	0.0952	0.0680
		(0.1075)	(0.1047)	(0.1100)	(0.1050)
	PAY	−0.0550**	−0.0423	−0.0752**	−0.0843***
		(0.0272)	(0.0277)	(0.0294)	(0.0292)
	SIZE	−0.0318**	−0.0408***	−0.0383**	−0.0461***
		(0.0160)	(0.0153)	(0.0166)	(0.0161)
	PID	−0.1473	−0.0653	−0.1558	−0.0995
		(0.2416)	(0.2533)	(0.2461)	(0.2499)
解释变量	PT		0.0070**		0.0086**
			(0.0033)		(0.0038)
	TC			0.0216***	0.0149*
				(0.0080)	(0.0079)
	TP			−0.0273**	−0.0326***
				(0.0106)	(0.0113)
其他项	N	172	172	172	172
	Adj-R^2	0.1135	0.1376	0.1432	0.1704
	F	4.1836	2.3591	3.5526	3.0717

注：括号内为稳健标准误，*、**、***分别表示在 10%、5%、1%水平下显著，所有模型已加入年份虚拟变量。

表 2   企业政治关联与跨国并购绩效 ΔROE 回归结果

变量类别	变量名称	模型 5	模型 6	模型 7	模型 8
常数项	_cons	0.6178	0.7294	0.7440	0.8731*
		(0.5295)	(0.4924)	(0.5264)	(0.5010)
控制变量	OT	−0.0249	−0.0942	0.0085	−0.1024
		(0.0604)	(0.0789)	(0.0583)	(0.0890)
	LEV	0.1534	0.1731	0.1597	0.1788*
		(0.1096)	(0.1084)	(0.1093)	(0.1073)

续表

变量类别	变量名称	模型 5	模型 6	模型 7	模型 8
控制变量	AGE	0.0005 (0.0023)	0.0018 (0.0024)	0.0009 (0.0023)	0.0024 (0.0025)
	OC	0.0645 (0.1134)	0.0525 (0.1092)	0.0937 (0.1151)	0.0914 (0.1125)
	PAY	−0.0551** (0.0274)	−0.0412 (0.0286)	−0.0753** (0.0293)	−0.0891*** (0.0303)
	SIZE	−0.0318** (0.0160)	−0.0418*** (0.0151)	−0.0383** (0.0168)	−0.0476*** (0.0161)
	PID	−0.1455 (0.2408)	−0.0488 (0.2521)	−0.1566 (0.2464)	−0.0810 (0.2518)
解释变量	PT		0.0078** (0.0034)		0.0093** (0.0040)
	TC			0.0217*** (0.0082)	0.0152* (0.0085)
	TP			−0.0275** (0.0106)	−0.0349*** (0.0123)
	ΔDR				0.1014 (0.0801)
其他项	N	172	172	172	172
	Adj-R^2	0.1138	0.1415	0.1433	0.1786
	F	3.8641	2.1520	3.3376	2.5006

表3　　　　　　　　　　企业政治关联与跨国并购绩效 ΔROE 调节效应回归结果

变量类别	变量名称	模型 9	模型 10	模型 11	模型 12	模型 13	模型 14
常数项	_cons	0.7072 (0.4885)	0.6341 (0.5213)	0.6279 (0.5413)	0.7120 (0.4938)	0.6466 (0.5121)	0.6365 (0.5377)
控制变量	LEV	0.1808* (0.1076)	0.1619 (0.1099)	0.1501 (0.1106)	0.1808* (0.1064)	0.1693 (0.1081)	0.1550 (0.1091)
	AGE	0.0014 (0.0024)	0.0007 (0.0024)	0.0003 (0.0023)	0.0013 (0.0023)	0.0009 (0.0023)	0.0004 (0.0023)
	OC	0.0519 (0.1090)	0.0692 (0.1135)	0.0706 (0.1156)	0.0398 (0.1053)	0.0744 (0.1088)	0.0757 (0.1119)
	PAY	−0.0387 (0.0299)	−0.0393 (0.0299)	−0.0735** (0.0291)	−0.0432 (0.0296)	−0.0400 (0.0300)	−0.0757** (0.0294)

续表

变量类别	变量名称	模型 9	模型 10	模型 11	模型 12	模型 13	模型 14
控制变量	SIZE	-0.0418*** (0.0152)	-0.0347** (0.0163)	-0.0308* (0.0160)	-0.0407*** (0.0153)	-0.0358** (0.0161)	-0.0313* (0.0160)
	PID	-0.0405 (0.2554)	-0.1166 (0.2458)	-0.1748 (0.2560)	-0.0414 (0.2607)	-0.1147 (0.2501)	-0.1723 (0.2595)
解释变量	PT	0.0098** (0.0041)			0.0080** (0.0035)		
	TC		0.0075 (0.0057)			0.0080 (0.0057)	
	TP			-0.0084 (0.0072)			-0.0091 (0.0076)
	OT	-0.0325 (0.0660)	-0.0247 (0.0599)	-0.0151 (0.0579)			
	ΔDR				0.1008 (0.0852)	0.0744 (0.0786)	0.0869 (0.0848)
交互项	OT×PT	-0.0170** (0.0074)					
	OT×TC		-0.0206 (0.0144)				
	OT×TP			-0.0097 (0.0208)			
	ΔDR×PT				-0.0152** (0.0061)		
	ΔDR×TC					-0.0333* (0.0176)	
	ΔDR×TP						-0.0192 (0.0172)
其他项	N	172	172	172	172	172	172
	Adj-R^2	0.1511	0.1204	0.1182	0.1481	0.1252	0.1219
	F	2.1746	9.2860	2.9686	2.2716	2.6382	3.0714

表 4　　　　　　　　　　以企业所有制形式来测量组织政治关联度后的关键回归结果

变量类别	变量名称	模型 1	模型 2	模型 3
常数项	_cons	0.5380 (0.3353)	0.5185 (0.3320)	0.4941 (0.3352)

续表

变量类别	变量名称	模型 1	模型 2	模型 3
控制变量	LEV	0.2678 **	0.2766 **	0.2642 **
		(0.1238)	(0.1233)	(0.1232)
	AGE	−0.0012	−0.0015	−0.0021
		(0.0016)	(0.0017)	(0.0017)
	OC	−0.0174	−0.0128	−0.0067
		(0.0708)	(0.0701)	(0.0707)
	PAY	−0.0455 **	−0.0457 **	−0.0425 *
		(0.0213)	(0.0207)	(0.0238)
	SIZE	−0.0296 **	−0.0289 **	−0.0264 **
		(0.0116)	(0.0114)	(0.0114)
	PID	−0.0667	−0.0480	−0.1025
		(0.1553)	(0.1558)	(0.1535)
解释变量	PT	0.0043 **	0.0051 **	
		(0.0020)	(0.0020)	
	TC			0.0030
				(0.0037)
	OS	−0.0098	−0.0031	−0.0029
		(0.0222)	(0.0209)	(0.0229)
	ΔDR	−0.0101		
		(0.0494)		
交互项	OS×PT		−0.0058 *	
			(0.0035)	
	OS×TC			−0.0200 **
				(0.0091)
其他项	N	172	172	172
	Adj-R^2	0.3695	0.3776	0.3631
	F	1.5678	1.8628	1.3288

表 5　　　　　　　　改变个人政治关联度测量方式（y=ΔROA）回归结果 1

变量类别	变量名称	模型 1	模型 2	模型 3	模型 4
常数项	_cons	0.4929	0.5189	0.5605	0.6119 *
		(0.3533)	(0.3461)	(0.3534)	(0.3487)

续表

变量类别	变量名称	模型 1	模型 2	模型 3	模型 4
控制变量	LEV	0.2565**	0.2641**	0.2604**	0.2675**
		(0.1214)	(0.1217)	(0.1219)	(0.1217)
	AGE	-0.0018	-0.0015	-0.0015	-0.0011
		(0.0018)	(0.0017)	(0.0018)	(0.0018)
	OC	-0.0081	-0.0199	0.0120	-0.0056
		(0.0707)	(0.0708)	(0.0723)	(0.0707)
	PAY	-0.0532**	-0.0413*	-0.0641**	-0.0679***
		(0.0242)	(0.0221)	(0.0268)	(0.0255)
	SIZE	-0.0251**	-0.0289**	-0.0288**	-0.0337***
		(0.0119)	(0.0120)	(0.0124)	(0.0125)
	PID	-0.1125	-0.0714	-0.1163	-0.0823
		(0.1489)	(0.1543)	(0.1524)	(0.1506)
解释变量	PT2		0.0056		0.0106**
			(0.0035)		(0.0049)
	TC			0.0124***	0.0083*
				(0.0046)	(0.0046)
	TP			-0.0154**	-0.0235***
				(0.0066)	(0.0080)
其他项	N	172	172	172	172
	Adj-R^2	0.3521	0.3624	0.3714	0.3916
	F	1.3323	1.6650	1.4570	1.5472

表 6　　　改变个人政治关联度测量方式（$y=\Delta$ROA）回归结果 2

变量类别	变量名称	模型 5	模型 6	模型 7	模型 8
常数项	_cons	0.4862	0.5095	0.5571	0.6046*
		(0.3542)	(0.3445)	(0.3560)	(0.3486)
控制变量	LEV	0.2567**	0.2657**	0.2604**	0.2703**
		(0.1218)	(0.1222)	(0.1224)	(0.1225)
	AGE	-0.0017	-0.0011	-0.0014	-0.0006
		(0.0018)	(0.0018)	(0.0019)	(0.0019)
	OC	-0.0021	-0.0095	0.0142	0.0077
		(0.0739)	(0.0731)	(0.0751)	(0.0743)
	PAY	-0.0533**	-0.0397*	-0.0639**	-0.0692***
		(0.0241)	(0.0219)	(0.0268)	(0.0253)

续表

变量类别	变量名称	模型 5	模型 6	模型 7	模型 8
控制变量	SIZE	-0.0251** (0.0119)	-0.0295** (0.0120)	-0.0288** (0.0125)	-0.0345*** (0.0126)
	PID	-0.1102 (0.1483)	-0.0604 (0.1533)	-0.1152 (0.1525)	-0.0696 (0.1509)
解释变量	PT2		0.0064* (0.0036)		0.0121** (0.0051)
	TC			0.0123*** (0.0046)	0.0075 (0.0048)
	TP			-0.0152** (0.0066)	-0.0245*** (0.0083)
	OT	-0.0311 (0.0384)	-0.0624 (0.0468)	-0.0125 (0.0363)	-0.0755 (0.0552)
	ΔDR				0.0316 (0.0507)
其他项	N	172	172	172	172
	Adj-R^2	0.3530	0.3658	0.3715	0.3965
	F	1.2654	1.7679	1.3706	1.4522

表 7 　　改变个人政治关联度测量方式（$y = \Delta$ROA）调节效应回归结果

变量类别	变量名称	模型 9	模型 10	模型 11	模型 12	模型 13	模型 14
常数项	_cons	0.4875 (0.3416)	0.4934 (0.3493)	0.4861 (0.3584)	0.5027 (0.3433)	0.5036 (0.3452)	0.4955 (0.3582)
控制变量	LEV	0.2698** (0.1223)	0.2622** (0.1228)	0.2555** (0.1230)	0.2696** (0.1225)	0.2660** (0.1229)	0.2571** (0.1233)
	AGE	-0.0014 (0.0018)	-0.0016 (0.0019)	-0.0018 (0.0019)	-0.0015 (0.0017)	-0.0016 (0.0018)	-0.0019 (0.0018)
	OC	-0.0103 (0.0731)	0.0010 (0.0741)	0.0010 (0.0753)	-0.0185 (0.0713)	0.0011 (0.0710)	-0.0000 (0.0727)
	PAY	-0.0361* (0.0216)	-0.0437* (0.0234)	-0.0621** (0.0266)	-0.0393* (0.0218)	-0.0440* (0.0236)	-0.0628** (0.0271)
	SIZE	-0.0293** (0.0120)	-0.0267** (0.0121)	-0.0244** (0.0119)	-0.0291** (0.0120)	-0.0274** (0.0121)	-0.0247** (0.0120)
	PID	-0.0556 (0.1543)	-0.0936 (0.1507)	-0.1248 (0.1568)	-0.0593 (0.1570)	-0.0961 (0.1524)	-0.1262 (0.1584)

续表

变量类别	变量名称	模型 9	模型 10	模型 11	模型 12	模型 13	模型 14
解释变量	PT2	0.0081* (0.0041)			0.0069* (0.0037)		
	TC		0.0044 (0.0037)			0.0048 (0.0037)	
	TP			-0.0042 (0.0050)			-0.0043 (0.0053)
	OT	-0.0309 (0.0401)	-0.0320 (0.0367)	-0.0241 (0.0378)			
	ΔDR				0.0310 (0.0502)	0.0232 (0.0460)	0.0269 (0.0487)
交互项	OT×PT2	-0.0158* (0.0081)					
	OT×TC		-0.0179 (0.0117)				
	OT×TP			-0.0122 (0.0152)			
	ΔDR×PT2				-0.0141** (0.0065)		
	ΔDR×TC					-0.0252* (0.0138)	
	ΔDR×TP						-0.0133 (0.0128)
其他项	N	172	172	172	172	172	172
	Adj-R^2	0.3713	0.3583	0.3559	0.3690	0.3612	0.3561
	F	1.9114	1.2970	1.0424	1.8199	1.2768	1.0221

珞珈管理评论

2022 年卷第 5 辑（总第 44 辑）

Luojia Management Review

No. 5，2022（Sum. 44）

审计委员会主任地理距离与公司风险承担[*]

● 向　锐[1]　唐婧涵[2]　林融玉[3]

（1，2，3　四川大学商学院　成都　610064）

【摘　要】本文以 2007—2018 年我国 A 股上市公司为样本，研究了审计委员会主任地理距离对公司风险承担的影响。研究发现，审计委员会主任地理距离越远，公司风险承担水平越高。进一步分析发现，机构投资者持股、事务所规模以及分析师关注度能够缓解审计委员会主任地理距离对公司风险承担的正向影响作用。机制检验结果显示，内部控制质量和盈余质量在审计委员会主任地理距离与公司风险承担的关系中起到部分中介作用。本文的研究结论对公司选聘审计委员会主任的决策提供了新的经验证据，对于提高审计委员会履职水平、保护投资者利益具有重要的启示意义。

【关键词】审计委员会主任　地理距离　公司风险承担　影响机制

中图分类号：F275　　　　文献标识码：A

1. 引言

公司风险承担水平决定了企业将如何选择其投资活动，对企业的发展具有重要意义（Liu et al.，2020）。承担风险的程度越高，公司越有可能选择预期净现值为正的高风险项目，但风险过高也会给企业带来一系列的负面后果，如使企业的竞争力下降（Jensen，1986）、恶化企业的财务状况（洪金明，2021）等。因此，将公司风险承担控制在企业能够承受的范围内至关重要。审计委员会是公司治理体系中一项重要的制度安排，审计委员会主任作为独立的财务专家，在审计委员会乃至整个公司治理中都发挥了重大的作用，其履职效率可能对公司风险承担水平产生重要影响。

物理距离这一概念已被发现对信息收集有一定的影响，特别是对于无法编码和转移的"软信息"，居住地过远会增加其获取成本（Liberti and Petersen，2019）。距离也已被广泛地运用到与公司

---

　*　基金项目：国家社会科学基金一般项目"中国情境下学者独董参与治理、影响机制与企业经济后果"（项目批准号：18BGL091）。

通讯作者：唐婧涵，E-mail：hanna2221@163.com。

相关的研究中，比如独立董事地理距离、投资者地理距离以及审计师地理距离等。审计委员会主任负有监督公司的内审和内控制度、选聘外审机构、审核财务信息披露等责任，作为审计委员会成员与管理层、内部与外部审计师之间的主要联系点，是审计委员会有效性的决定性因素（Abernathy et al.，2014），对审计有效性和财务可靠性有重大的影响（向锐和林融玉，2020）。审计委员会主任地理距离，即其常驻工作地与公司经营地之间的距离，在信息传播局限的客观条件下将会影响主任对公司信息的获取，继而影响其发挥监督等职能。现有文献大多从审计委员会主任的背景特征、社会关系等角度研究其对公司治理的影响，而地理距离作为其履职的另一重要特征，却一直被学者们所忽略。迄今为止，尚未有文献考虑审计委员会主任地理距离这一重要履职特征对公司风险承担的影响。

审计委员会主任负有监督公司内部控制和盈余管理的职责，受制于距离导致的监督效能的减弱，主任地理距离的增加将会减弱内控质量和盈余质量，难以约束管理层行为，进而对公司风险承担产生影响。因此，本文以 2007—2018 年我国 A 股上市公司为样本，研究了审计委员会主任地理距离是否影响公司风险承担。研究发现，审计委员会主任地理距离对其履职能力产生影响，距离的增加显著提高了公司盈余的波动性，使公司风险承担提高。进一步分析发现，机构投资者持股比例增加、选择大型会计师事务所进行审计以及证券分析师关注度的提高，将减少主任地理距离对公司风险承担的正向影响作用。此外，机制检验结果显示，内部控制质量和盈余质量在审计委员会主任地理距离提高公司风险承担的过程中起到了部分中介作用。

本文的创新点在于以下几个方面：

（1）本文丰富了有关公司风险承担的研究。现有文献涉及了债权人权力（Acharya et al.，2011）、股东多元化（Faccio et al.，2011）、高管特征（Li et al.，2013；余明桂等，2013）、管理层薪酬计划（Coles et al.，2006）、独立董事政治关联（周泽将等，2018）等对公司风险承担的影响，但尚未涉及审计委员会这一更为细化的主体对公司风险承担的研究。本文从审计委员会主任地理位置这一重要履职特征出发，补充了公司风险承担影响因素的研究。

（2）本文丰富了有关独立董事地理距离对公司影响的研究。现有文献涉及了独立董事地理距离对公司财务报告质量（张洪辉等，2019）、财务重述次数（张洪辉和平帆，2019）、盈余管理（谢德仁和汤晓燕，2012）和公司代理成本（罗进辉等，2017）等的影响，仅将独立董事视为无差别的整体，而没有考虑到审计委员会这一特殊的制度安排。由于审计委员会主任地理距离数据的难以获取，少数涉及其地理距离的研究也仅从"是否本地"这一简单二元变量进行分析（谢德仁和汤晓燕，2012；Cheng et al.，2021）。为得到更加准确的研究结论，本文衡量其常驻工作地与公司经营地之间的绝对距离，拓宽了相关研究思路。

（3）本文丰富了有关审计委员会主任履职特征的研究。有关审计委员会主任的文献大多从背景特征（谢德仁和汤晓燕，2012；向锐和杨雅婷，2016；向锐等，2017）、社会关系（向锐和林融玉，2020）等角度研究其对公司治理的影响，而较少涉及其地理距离对公司影响的研究。本文通过分析审计委员会主任地理距离对公司风险承担的影响，补充了审计委员会主任地理距离这一履职特征对公司治理影响的研究。

（4）本文研究审计委员会主任地理距离与公司风险承担之间的关系，为企业做出更合理的审计委员会主任选聘决策提供了经验证据，也为如何提高主任履职水平提供了新的思路。

本文的后续结构安排如下：第二部分在回顾有关文献后提出研究假设；第三部分为研究设计，包括变量定义和模型构建；第四部分为实证结果分析和稳健性检验；第五部分为进一步分析；第六部分为结论与政策建议。

2. 文献综述与研究假设

2.1　文献综述

2.1.1　风险承担相关研究综述

公司风险承担指企业经营过程中面临的内外部因素对其盈利能力的影响（Jo and Na，2012），现有对公司风险承担的研究包含外部因素和内部因素两个方面。外部因素方面，学者们认为文化差异、宗教信仰会影响公司风险承担水平（Hilary and Hui，2009）；股权结构也影响公司的风险承担水平，比如国有企业和债权人权力大的企业具有显著更低的风险承担（李文贵和余明桂，2012；Acharya et al.，2011）。内部因素方面，现有文献发现女性高管更加规避风险（Faccio et al.，2016），过度自信的高管更愿意承担风险（余明桂等，2013）；同时，高管薪酬中变动部分越多，管理者越愿意提高风险以最大化自身收益（Coles et al.，2006）。对于独立董事，现有文献仅仅考虑到了独董政治关联对公司风险承担具有促进作用（周泽将等，2018），并没有涉及审计委员会主任的特征对公司风险承担的影响。

2.1.2　地理距离相关研究综述

现有文献表明，公司的各方利益相关者与公司所处地的地理距离将影响公司治理。对于投资者来说，他们更偏好于投资距离较近的熟悉公司，股东的地理位置大多离公司较近，现有研究认为其原因主要是"本土偏见"（Grinblatt and Keloharju，2001）以及信息获取和监控成本（Coval and Moskowitz，2001）。在此基础上分析发现，老练的投资者和海外投资者受地理距离的影响较少（Grinblatt and Keloharju，2001）。对于监管者来说，距离的减少可以促进其对公司经营和财务信息披露方面的监督和管理，距监管机构越近的公司发生财务错报的可能性也越小（张洪辉和平帆，2019）。现有文献还发现，审计师与公司的地理距离越近，信息获取优势越高，审计质量（刘文军，2014）和审计及时性（Dong and Robinson，2018）也越高。

独立董事作为公司治理中的重要组成部分，许多学者关注地理位置对其履职能力的影响。将本国和海外独董做对比发现，海外独董由于文化、制度、信息获取等差异难以对公司进行有力的监督，但可以通过其所处位置先进的治理制度、所获取的更为完善的知识体系以及其全球化的社会网络对公司的发展和全球化产生影响（罗进辉等，2017；Oxelheim and Randøy，2003）。从更细化的角度分析，独董距离的增大会导致公司的财务报告质量降低（张洪辉等，2019），同时增加财务重述的次数

（张洪辉和平帆，2019）。而对于审计委员会主任地理距离对公司治理的影响，现有文献涉及较少，Cheng 等（2021）仅以本地和外地作为区分条件，发现在信息环境不透明时，审计委员会主任本地化与更好的应计质量相关。但现有文献中并未涉及主任地理位置的绝对距离所带来的影响，更没有将其与公司风险承担联系起来。

2.2　理论分析与研究假设

根据《上市公司治理准则》，审计委员会具有监督及评估外审和内审、审核公司财务信息及披露、监督和评估公司内部控制等职能。作为审计委员会的负责人，主任领导并推动着审计委员会的各项工作。作为独立董事和财务专家，主任在保障内控系统、提高审计有效性和财务可靠性等方面都起到了至关重要的作用，其个人特质对审计委员会的有效性有显著影响（向锐和林融玉，2020）。具体来说，《企业内部控制基本规范》明确了审计委员会需要负责审查企业内部控制，监督内控的实施和自我评价，协调内控审计及其他相关事宜，而且作为负责人的主任委员也应具备相应的职业操守和专业胜任能力。已有文献也表明，审计委员会主任的个人特征包括受教育水平、薪酬水平以及声誉等都会显著影响内控质量（向锐等，2017）。同时根据《董事会审计委员会实施细则指引》，审计委员会会议在主任委员的主持下，将会审议公司对外披露的财务报告等信息是否客观真实，公司重大的关联交易是否合乎相关法律法规。现有研究发现，主任委员的受教育水平、薪酬水平的提高及其本地化都能提升公司盈余质量，主任的个人特征将会影响其对管理层的监督和财务报告的监控，从而影响公司盈余质量（谢德仁和汤晓燕，2012；向锐和杨雅婷，2016）。

审计委员会主任地理距离反映了审计委员会主任常驻地与公司之间客观存在的距离差异。从信息获取的角度来看，虽然距离的远近不会影响公司公开信息的获取，但远距离的双方沟通成本较高，可能影响外部董事对于"软信息"的获取（罗进辉等，2017）。独立董事在信息获取方面本身具有天然的劣势，在距离过远的情况下，独董难以与公司进行有效的沟通，这可能制约了独董的监督能力。从履职成本的角度来看，距离远，时间和精力花费多，这将会提高独董履职的现实成本，削弱独董的监督动机。研究证明，独董距离上市公司越远，参加董事会会议次数越少，公司的财务报告质量越低（张洪辉等，2019），财务重述也越多（张洪辉和平帆，2019），监督行为有效性显著降低（原东良和周建，2021），可能导致严重的过度投资（曹春方和林雁，2017），提高公司的风险承担水平（Bargeron et al.，2010）。

审计委员会主任与公司的地理距离越远，在时间、精力等客观成本的阻碍下，不能保证及时发现内部控制的薄弱环节，难以有效履行审查公司内控制度的职责。而内部控制的提升可以通过多种渠道减少公司面临的风险，比如通过内部控制环境建设、风险评估和控制活动来制约管理层的行为。在审计委员会疏于管控的情况下，薄弱的内部控制制度可能导致"内部人控制"问题（吴有昌，1995），内部人员有动力尽可能多地蚕食企业的收益，管理层可能违背忠诚义务，追求建设个人帝国，盲目冒险，经营行为短期化，发展战略过于激进，导致企业过度投资与扩张、经营失败；也可能违背勤勉义务，经营过程中敷衍偷懒、缺乏创新、投资不足，导致企业错失市场机会，被竞争对手超越，面临巨大的竞争压力（青木昌彦和张春霖，1994；孙天法，2003）。上述情况都必然导致公司经营出现较大的波动，风险承担增加。研究发现，审计委员会主任本地化会对公司内控质量产生积极影响（向锐等，2017）。因此，影响主任委员履行监督内部控制的职责，可能是审计委员会主任地理距离影响企业风险承担水平的途径之一。

此外，审计委员会主任与公司的地理距离越远，越难以获取公司信息，就难以有效履行审核公司财务信息的职责。信息不对称的增加使得主任难以对管理层的盈余管理行为进行监管，不能通过公司财务约束管理层由于信息不对称和操纵空间增加导致的冒险行为（董竹和张欣，2021）。而缺少审计委员会的制约，管理层也就拥有了更多的机会和动机通过盈余管理手段误导其他会计信息使用者，导致管理层为了自身利益进行激进扩张或者由于懒政造成投资不足，同时对管理行为中风险的判断和规避也会缺乏主动性，因为在大多数情况下，即使风险发生造成不利后果，采取盈余管理手段显得更为便利，也足以掩盖其中的不当行为，这可能使管理层风险行为增加，影响公司的风险承担。研究发现，审计委员会主任本地化会对公司的盈余质量产生积极影响（谢德仁和汤晓燕，2012），因此，影响主任委员履行监督盈余信息的职责，也可能是审计委员会主任地理距离影响企业风险承担水平的途径之一。

综上所述，我们认为地理距离会影响审计委员会主任对公司信息的获取与监督行为的实施，导致其不能对公司内部控制及信息披露行为进行有效监督，从而导致公司风险承担的增加。由此，本文提出假设：

H1：审计委员会主任与公司地理距离越远，公司风险承担越高。

3. 研究设计

3.1 变量选择与数据来源

自 2007 年 1 月 1 日起，财政部颁布的新会计准则开始在中国上市公司中执行，且 2007 年中国证监会首次要求上市公司年度报告中披露审计委员会的履职情况汇总报告，同时由于因变量需做 3 年和 5 年滚动计算处理，本文选取 2007—2018 年我国 A 股上市公司作为初始样本，并对其进行如下筛选：（1）剔除未披露审计委员会主任信息的公司；（2）剔除 ST、＊ST 的公司；（3）剔除金融类上市公司；（4）剔除其余数据存在缺失的样本。最终得到有效观察样本共 17359 个，样本的年度分布情况见表 1，随着上市公司数量的增加以及对审计委员会重视程度的提升，数据量逐年攀升。为避免极端值对结果的影响，本文对所有连续变量在 1% 和 99% 水平上进行 Winsorize 缩尾处理。本文中审计委员会主任信息及其主要工作所在地数据通过手工收集整理得到（通过阅读公司董事会决议获取审计委员会主任信息，并根据主任简历搜集其主要工作所在地数据），其余相关数据来自 CSMAR 数据库，包括上市公司经营地及注册地、股票市场数据以及财务报表数据等。

表1   样 本 分 布

年度	Freq.	Percent	Cum.
2007	373	2. 15	2. 15
2008	827	4. 76	6. 91
2009	1067	6. 15	13. 06
2010	1227	7. 07	20. 13
2011	1422	8. 19	28. 32
2012	1535	8. 84	37. 16
2013	1656	9. 54	46. 7
2014	1746	10. 06	56. 76
2015	1791	10. 32	67. 08
2016	1868	10. 76	77. 84
2017	1953	11. 25	89. 09
2018	1894	10. 91	100
合计	17359	100	

3.2 变量定义与模型设定

3.2.1 公司风险承担

公司风险是一种固有风险，来自企业经营过程中各种因素对其盈利能力的影响（Jo and Na，2012）。盈余的波动性反映了投资决策的风险，代表了公司的风险承担。参考已有研究（Faccio et al.，2011；余明桂等，2013），本文选取公司盈余的波动性来衡量公司风险承担，波动性越大，风险承担越高。盈余的波动性通过 ROA 的五年（$T-2$，$T-1$，T，$T+1$，$T+2$）滚动值进行计算，ROA 为企业税息折旧及摊销前利润（EBITDA）和年末资产总额（ASSET）之比。首先采用行业平均值对企业每一年的 ROA 进行调整计算出 Adjusted_ROA，然后计算其标准差 RT_1 和极差 RT_2，具体计算过程如模型（1）至（3）所示。

$$\text{Adjusted\_ROA}_{i, n} = \frac{\text{EBITDA}_{i.n}}{\text{ASSET}_{i.n}} - \frac{1}{X_n} \sum_{k=1}^{X} \frac{\text{EBITDA}_{k, n}}{\text{ASSET}_{k, n}} \tag{1}$$

$$RT_1 = \sqrt{\frac{1}{N-1} \sum_{n=1}^{N} \left(\text{Adjusted\_ROA}_{i, n} - \frac{1}{N} \sum_{n=1}^{N} \text{Adjusted\_ROA}_{i, n} \right)^2} \mid N = 5 \tag{2}$$

$$RT_2 = \text{Max}(\text{Adjusted\_ROA}_{i, n}) - \text{Min}(\text{Adjusted\_ROA}_{i, n}) \tag{3}$$

3.2.2 审计委员会主任地理距离

对于审计委员会主任地理距离的衡量，参考罗进辉等（2017）的做法，对审计委员会主任主要工作所在地行政中心与上市公司经营地的经纬度距离进行测算。通过使用 Haversine 公式（Sinnott，1984）计算出经纬度距离 Distance，具体计算如模型（4）、（5）所示。

$$\text{Distance} = 6371.04 \times \text{Acrcos}(C) \times \frac{\pi}{180} \tag{4}$$

$$C = \cos(\text{latitude}_i) \times \cos(\text{longitude}_i) \times \cos(\text{latitude}_j) \times \cos(\text{longitude}_j) + \cos(\text{latitude}_i) \times$$
$$\sin(\text{longitude}_i) \times \cos(\text{latitude}_j) \times \sin(\text{longitude}_j) + \sin(\text{latitude}_i) \times \sin(\text{latitude}_j) \tag{5}$$

同时，由于存在某一年度内公司拥有多个审计委员会主任的情况，本文通过计算每年上市公司所有主任距离的平均值作为审计委员会主任地理距离，并取其自然对数作为本文的解释变量（LnDis_O）。

3.2.3　模型构建

根据前文的理论假设分析，本文构建回归模型（6）检验假设 H1：

$$\text{RT} = \beta_0 + \beta_1 \times \text{LnDis\_O} + \beta_2 \times \text{Controls} + \beta_3 \times \text{Year} + \beta_4 \times \text{Ind} + \varepsilon \tag{6}$$

其中解释变量为审计委员会主任地理距离（LnDis_O），被解释变量为公司风险承担（RT），分别用 RT_1 和 RT_2 表示。模型（6）中若系数 β_1 为正，则证明地理距离越大，公司风险承担越高，假设 H1 成立。Controls 为控制变量，本文参考相关研究文献（洪金明等，2021；Cheng et al.，2021），控制了 Size、Lev、Cashflow、Growth、Dual、Board、Indep、TobinQ、ListAge、Top1、SOE 以及 Market。Year 和 Ind 分别为年度哑变量和行业哑变量。具体变量定义和计算方式如表 2 所示。

表 2　　　　　　　　　　　　　　　　　变　量　定　义

变量类型	变量名称	变量说明
被解释变量	RT_1	每 5 年（$T-2$，$T-1$，T，$T+1$，$T+2$）滚动 Adjusted_ROA 的标准差
	RT_2	每 5 年（$T-2$，$T-1$，T，$T+1$，$T+2$）滚动 Adjusted_ROA 的极差
解释变量	LnDis_O	审计委员会主任地理位置与公司经营地的距离的自然对数
控制变量	Size	公司规模，年总资产的自然对数
	Lev	资产负债率，年末总负债除以年末总资产
	Cashflow	现金流比率，经营活动产生的现金流量净额除以总资产
	Growth	营业收入增长率，本年营业收入/上一年营业收入-1
	Dual	两职合一，董事长与总经理是同一人为 1，否则为 0
	Board	董事人数，董事会人数取自然对数
	Indep	独立董事比例，独立董事除以董事人数
	TobinQ	托宾 Q 值，（流通股市值+非流通股股份数×每股净资产+负债账面值）/总资产
	ListAge	上市年限，ln（当年年份-上市年份+1）
	Top1	第一大股东持股比例，第一大股东持股数量/总股数

续表

变量类型	变量名称	变 量 说 明
控制变量	SOE	公司最终控制人属于国有取值为 1，否则为 0
	Market	樊纲市场化指数中市场化进程总得分
	Year	年份哑变量，12 年的研究样本年度取 11 个哑变量
	Ind	行业哑变量，按证监会 2012 年行业分类，制造业取两位代码，其他行业用大类

4. 实证结果与分析

4.1 描述性统计

表 3 列示了主要变量的描述性统计。由表 3 可知，被解释变量 RT_1 范围为 0.006~3.067，均值为 0.130，标准差为 0.434；RT_2 范围为 0.014~7.203，均值为 0.313，标准差为 1.006，说明企业间的风险承担差距较大。解释变量 LnDis_O 均值为 3.551，标准差为 1.572，对数还原后的审计委员会主任平均地理距离约为 84.181km，说明主任常住地与公司存在一定距离。控制变量中，公司规模（Size）、公司杠杆（Lev）、现金流比率（Cashflow）和营业收入增长率（Growth）均值分别为 22.166、0.474、0.045 和 0.204，有 20.2% 的董事长同时兼任总经理（Dual），董事会的平均人数（Board）为 9 人，其中独董比例（Indep）为 37%，托宾 Q 值（TobinQ）平均为 2.036，第一大股东持股比例（Top1）平均为 35.6%，有 48.3% 的公司最终控制人为国有（SEO），市场化进程（Market）平均得分为 7.875。

表 3   主要变量描述性统计

变量	N	均值	标准差	最小值	最大值
RT_1	17359	0.130	0.434	0.006	3.067
RT_2	17359	0.313	1.006	0.014	7.203
LnDis_O	17359	3.551	1.572	−0.252	5.777
Size	17359	22.166	1.295	19.307	25.782
Lev	17359	0.474	0.211	0.051	0.984
Cashflow	17359	0.045	0.075	−0.188	0.25
Growth	17359	0.204	0.571	−0.58	4.024
Dual	17359	0.202	0.401	0	1
Board	17359	2.16	0.199	1.609	2.708

续表

变量	N	均值	标准差	最小值	最大值
Indep	17359	0.37	0.052	0.308	0.571
TobinQ	17359	2.036	1.459	0	9.321
ListAge	17359	2.337	0.655	0.693	3.219
Top1	17359	0.356	0.153	0.084	0.748
SOE	17359	0.483	0.5	0	1
Market	17359	7.875	1.832	2.92	10.62

4.2　相关性分析

表4报告了主要变量的 Pearson 相关系数及显著性水平。由表4可以看出，审计委员会主任地理距离（LnDis_O）与 RT_1 和 RT_2 在1%显著水平上正相关，相关系数分别为0.0357和0.0359，说明地理距离会影响公司风险承担，地理距离越大，公司风险承担越高，初步证实了假设 H1。同时各变量之间相关系数 p 值小于0.5，表明变量之间不存在严重的多重共线性问题。

表4　　　　　　　　　　　　　　主要变量相关系数

变量	RT_1	RT_2	LnDis_O	Size	Lev	Cashflow	Growth	Dual
RT_1	1.0000							
RT_2	0.9995*** (0.000)	1.0000						
LnDis_O	0.0357*** (0.000)	0.0359*** (0.000)	1.0000					
Size	−0.1652*** (0.000)	−0.1682*** (0.000)	−0.0002 (0.980)	1.0000				
Lev	0.0361*** (0.000)	0.0377*** (0.000)	−0.0230*** (0.002)	0.3342*** (0.000)	1.0000			
Cashflow	−0.004 (0.587)	−0.006 (0.420)	0.0373*** (0.000)	0.0513*** (0.000)	−0.1787*** (0.000)	1.0000		
Growth	0.0107 (0.159)	0.0105 (0.165)	0.0184** (0.015)	0.0503*** (0.000)	0.0391*** (0.000)	0.0105 (0.167)	1.0000	
Dual	−0.0045 (0.550)	−0.0039 (0.608)	0.0195*** (0.010)	−0.1043*** (0.000)	−0.0992*** (0.000)	−0.0198*** (0.009)	0.0144* (0.058)	1.0000

注：*、**、***分别表示在10%、5%和1%水平上显著（双尾检验），括号内为 p 值。

4.3 回归结果分析

表 5 报告了模型（6）的回归结果，即以 LnDis_O 为解释变量，RT_1 和 RT_2 为被解释变量，在列（1）和列（3）中只控制了年度和行业因素，在列（2）和列（4）中则控制了全部控制变量。列（1）、列（2）显示，LnDis_O 与 RT_1 均在 1% 的显著水平上正相关，系数分别为 0.0095 和 0.0090。列（3）、列（4）显示，LnDis_O 与 RT_2 均在 1% 的显著水平上正相关，系数分别为 0.0224 和 0.0210。从经济意义上看，LnDis_O 变动一个标准差，列（2）的 RT_1 增长 10.9%、列（4）的 RT_2 增长 10.5%。这表明审计委员会主任工作地离公司越远，信息传播更不及时、监督效能更弱，公司风险承担越高，即审计委员会主任地理距离的增加提高了公司风险承担，假设 H1 得到验证。

表 5 　　　　　　　　　审计委员会主任地理距离与公司风险承担

变量	RT_1		RT_2	
	（1）	（2）	（3）	（4）
截距	0.4935 ***	0.9206 ***	1.1330 ***	2.1594 ***
	（0.000）	（0.000）	（0.000）	（0.000）
LnDis_O	0.0095 ***	0.0090 ***	0.0224 ***	0.0210 ***
	（0.000）	（0.000）	（0.000）	（0.000）
Size		−0.0263 ***		−0.0636 ***
		（0.000）		（0.000）
Lev		0.1841 ***		0.4435 ***
		（0.000）		（0.000）
Cashflow		−0.0977 **		−0.2390 **
		（0.018）		（0.013）
Growth		0.0036		0.0082
		（0.493）		（0.493）
Dual		−0.0000		−0.0001
		（0.997）		（0.993）
Board		−0.0175		−0.0387
		（0.325）		（0.348）
Indep		0.0047		0.0237
		（0.942）		（0.872）
TobinQ		0.0120 ***		0.0290 ***
		（0.000）		（0.000）

续表

变量	RT$_1$		RT$_2$	
	（1）	（2）	（3）	（4）
ListAge		0.0267***		0.0623***
		（0.000）		（0.000）
Top1		0.0159		0.0356
		（0.451）		（0.467）
SOE		−0.0275***		−0.0657***
		（0.000）		（0.000）
Market		0.0009		0.0020
		（0.649）		（0.643）
Year	Yes	Yes	Yes	Yes
Ind	Yes	Yes	Yes	Yes
N	17359	17359	17359	17359
调整的 R^2	0.2014	0.2156	0.1994	0.2147
F 值	137.812	109.417	136.084	108.842

注：*、**、***分别表示在10%、5%和1%水平上显著，括号内为 p 值。

4.4　稳健性检验

4.4.1　更换被解释变量

本文选取 3 年滚动 Adjusted_ROA 的标准差 RT$_3$ 与极差 RT$_4$ 以及 5 年和 3 年滚动 ROE 的标准差与极差 RT$_5$、RT$_6$、RT$_7$、RT$_8$ 作为替换被解释变量，其计算方法与被解释变量 RT$_1$、RT$_2$ 一致。以 RT$_3$～RT$_8$ 替换模型（6）的 RT 分别进行检验，同时控制年份、行业以及所有控制变量。

回归结果如表 6 所示，结果显示，LnDis_O 与 RT$_3$、RT$_4$、RT$_7$ 和 RT$_8$ 在 1%的显著水平上正相关，与 RT$_5$ 和 RT$_6$ 在 5%的显著水平上正相关，即审计委员会主任地理距离越大，盈余波动性就越大，公司风险承担越高，更换被解释变量的测度后结论与前文一致，假设 H1 进一步得到验证。

表 6　　　　　　　　　　　　　　　　更换被解释变量

变量	RT$_3$	RT$_4$	RT$_5$	RT$_6$	RT$_7$	RT$_8$
	（1）	（2）	（3）	（4）	（5）	（6）
截距	1.2591***	2.2383***	2.2239***	5.2280***	1.4518***	2.7052***
	（0.000）	（0.000）	（0.000）	（0.000）	（0.000）	（0.000）

续表

变量	RT₃	RT₄	RT₅	RT₆	RT₇	RT₈
	（1）	（2）	（3）	（4）	（5）	（6）
LnDis_O	0.0081***	0.0144***	0.0099**	0.0240**	0.0077***	0.0145***
	（0.000）	（0.000）	（0.028）	（0.018）	（0.003）	（0.002）
Control	Yes	Yes	Yes	Yes	Yes	Yes
Year	Yes	Yes	Yes	Yes	Yes	Yes
Ind	Yes	Yes	Yes	Yes	Yes	Yes
N	17359	17359	17359	17359	17359	17359
调整的 R^2	0.1850	0.1860	0.2264	0.2301	0.2037	0.2066
F 值	90.536	91.158	116.444	118.874	101.908	103.700

注：*、**、*** 分别表示在 10%、5% 和 1% 水平上显著，括号内为 p 值。

4.4.2 更换解释变量

借鉴张洪辉等（2019）的研究，本文分别计算了审计委员会主任工作地与公司注册地地理距离的自然对数（LnDis_R）、审计委员会主任与公司经营地地理距离除以 100 的形式（Dis_Os）作为解释变量进入模型（6）重新进行回归检验。

表 7 报告了更换解释变量的检验结果，结果显示，LnDis_R 和 Dis_Os 的系数均在 1% 的显著水平上为正，假设 H1 再次得到验证，说明更换地理距离的测度后前文的结论依然是稳健的。

表 7　　　　　　　　　　　　更换解释变量

变量	RT₁		RT₂	
	（1）	（2）	（3）	（4）
截距	0.9319***	0.9384***	2.1856***	2.2010***
	（0.000）	（0.000）	（0.000）	（0.000）
LnDis_R	0.0054***		0.0127***	
	（0.006）		（0.005）	
Dis_Os		0.0130***		0.0303***
		（0.000）		（0.000）
Control	Yes	Yes	Yes	Yes
Year	Yes	Yes	Yes	Yes
Ind	Yes	Yes	Yes	Yes
N	17359	17359	17359	17359

续表

变量	RT$_1$		RT$_2$	
	（1）	（2）	（3）	（4）
调整的 R^2	0.2149	0.2153	0.2140	0.2144
F 值	109.006	109.223	108.426	108.643

注：＊、＊＊、＊＊＊分别表示在 10%、5% 和 1% 水平上显著，括号内为 p 值。

4.4.3　控制审计委员会整体特征

考虑到审计委员会的整体特征可能影响风险承担，本文补充会议次数、任期以及审计委员会规模 3 个审计委员会特征数据对模型（6）重新进行回归，其中通过审计委员会会议召开次数衡量会议次数（Meet），通过主任委员担任该职的月份数衡量任期（Period），通过审计委员会成员数衡量审计委员会规模（AC_size）。

回归结果见表 8，可以看到 LnDis_O 与 RT$_1$ 和 RT$_2$ 均在 1% 的显著水平上正相关，审计委员会主任地理距离对公司风险承担的影响在控制了审计委员会整体特征后依然成立，假设 H1 再次得到验证。

表8　　　　　　　　　　　　**控制审计委员会整体特征**

变量	RT$_1$		RT$_2$	
	（1）	（2）	（3）	（4）
截距	0.5536***	1.0238***	1.2618***	2.3701***
	（0.000）	（0.000）	（0.000）	（0.000）
LnDis_O	0.0061***	0.0054***	0.0142***	0.0125***
	（0.000）	（0.001）	（0.000）	（0.001）
Size		-0.0240***		-0.0570***
		（0.000）		（0.000）
Lev		0.1473***		0.3496***
		（0.000）		（0.000）
Cashflow		-0.1319***		-0.3125***
		（0.000）		（0.000）
Growth		0.0066		0.0149
		（0.149）		（0.154）
Dual		-0.0017		-0.0041
		（0.803）		（0.793）
Board		-0.0274*		-0.0610*
		（0.088）		（0.096）

续表

变量	RT₁		RT₂	
	（1）	（2）	（3）	（4）
Indep		−0.0374		−0.0762
		（0.514）		（0.560）
TobinQ		0.0126***		0.0297***
		（0.000）		（0.000）
Listage		0.0251***		0.0575***
		（0.000）		（0.000）
Top1		−0.0054		−0.0138
		（0.772）		（0.745）
SOE		−0.0251***		−0.0584***
		（0.000）		（0.000）
Market		−0.0006		−0.0013
		（0.722）		（0.732）
Meet		0.0002		0.0005
		（0.867）		（0.832）
Period		−0.0008***		−0.0018***
		（0.000）		（0.000）
AC_size		0.0024		0.0057
		（0.226）		（0.215）
N	15431	15431	15431	15431
调整的 R^2	0.1658	0.1852	0.1643	0.1850
F 值	96.851	75.641	95.796	75.532

注：*、**、*** 分别表示在 10%、5% 和 1% 水平上显著，括号内为 p 值。

4.4.4 控制内生性问题

（1）固定效应模型。为了缓解公司层面不随时间变化而变化的遗漏变量所导致的内生性问题，本文通过固定效应模型对模型（6）重新进行回归。由表 9 可以看出，LnDis_O 对 RT₁ 和 RT₂ 均在 1% 的显著水平上正相关。说明审计委员会主任地理距离仍能使公司风险承担提高。结果表明遗漏变量问题没有影响本文的研究结论，主任地理距离对公司风险承担的影响在控制了公司层面的固定效应后依然成立。

表9	固定效应模型	
变量	RT$_1$	RT$_2$
	（1）	（2）
截距	1. 5023***	3. 5778***
	（0. 000）	（0. 000）
LnDis_O	0. 0169***	0. 0390***
	（0. 000）	（0. 000）
Control	Yes	Yes
Firm	Yes	Yes
Year	Yes	Yes
N	17359	17359
组内 R^2	0. 0325	0. 0306
F 值	112. 529	111. 003

注：*、**、***分别表示在10%、5%和1%水平上显著，括号内为 p 值。

（2）解释变量滞后检验。对原模型的解释变量 LnDis_O 滞后一期重新回归，结果见表10。可以看到滞后一期的 LnDis_O 系数依然在1%的显著水平上为正，LnDis_O 显著影响未来一期的 RT，前文结论稳健，同时该检验也一定程度上证明了 LnDis_O 和 RT 的因果方向。

表10	解释变量滞后检验	
变量	RT$_1$	RT$_2$
	（1）	（2）
截距	1. 0445***	2. 4342***
	（0. 000）	（0. 000）
L. LnDis_O	0. 0070***	0. 0165***
	（0. 000）	（0. 000）
Control	Yes	Yes
Year	Yes	Yes
Ind	Yes	Yes
N	15148	15148
调整的 R^2	0. 1843	0. 1833
F 值	80. 567	80. 068

注：*、**、***分别表示在10%、5%和1%水平上显著，括号内为 p 值。

（3）动态效应模型。如果公司风险承担的提高是由审计委员会主任地理距离的增加带来的，那么样本期间内不更换主任的公司，其风险承担不会发生变化；而更换了地理距离较远的审计委员会主任后，公司的风险承担应当显著上升。为了验证上述因果方向，参考刘斌等（2019）的做法，本文构建如下动态效应模型：

$$RT_1(RT_2) = b_0 + b_1 \times Before2 + b_2 \times Before1 + b_3 \times Current + b_4 \times After1 + b_5 \times After2 + b_6 \times After3 + b_7 \times After4 + b_8 \times Controls + b_9 \times Ind + b_{10} \times Year + \varepsilon \tag{7}$$

其中，当更换远距离主任的样本处于更换主任的前 2 年、前 1 年、当年、后 1 年、后 2 年、后 3 年、后 4 年时，Before2、Before1、Current、After1、After2、After3、After4 分别取值为 1，否则为 0。检验结果见表 11，可以看到在更换主任前，公司的风险承担没有发生变化（Before 系数不显著），在更换远距离的主任当年及后 1 年，公司的风险承担显著提高。After2、After3、After4 依然保持不显著为正，说明即使任期变长，主任也并不能克服远距离办公对其履职效果的损害。该检验再次证明了前文结论稳健，主任地理距离和公司风险承担的因果关系是成立的。

表 11　　　　　　　　　　　　　　动态效应模型

变量	RT$_1$	RT$_2$
	（1）	（2）
截距	1.5566***	3.7029***
	(0.000)	(0.000)
Before2	0.0043	0.0117
	(0.743)	(0.699)
Before1	0.0174	0.0422
	(0.154)	(0.135)
Current	0.0309**	0.0737***
	(0.012)	(0.009)
After1	0.0241*	0.0586*
	(0.070)	(0.056)
After2	0.0126	0.0298
	(0.370)	(0.357)
After3	0.0117	0.0283
	(0.449)	(0.426)
After4	0.0213	0.0507
	(0.196)	(0.184)
Control	Yes	Yes
Year	Yes	Yes
N	17359	17359

续表

变量	RT$_1$	RT$_2$
	（1）	（2）
调整的 R^2	0.1497	0.1480
F 值	89.441	88.249

注：＊、＊＊、＊＊＊分别表示在 10%、5% 和 1% 水平上显著，括号内为 p 值。

（4）两阶段工具变量法。为进一步解决遗漏变量和测量误差导致的内生性问题，本文采取工具变量法重新进行回归检验。由于交通便利性会影响独董履职效用（张洪辉和平帆，2019），本文以交通便利性作为工具变量，并选取经营地所在地级市公路里程数的自然对数（Traffic）来衡量。同时考虑到部分地区能担任独董人员数量不足而上市公司过多的问题，借鉴原东良和周建（2021）的做法，选取公司经营地所在省份高校数量（College）和所在省份上市公司数量（Company）作为工具变量。

采用两阶段最小二乘法（2SLS）控制可能的回归偏误，其结果如表 12 所示。列（1）表示第一阶段的估计结果。其中工具变量 Traffic 的估计系数为 0.0176 并在 1% 的水平上显著，即公司经营地所在地级市公路里程数越多，交通越便利，公司选取距离越远的审计委员会主任的概率越大，与理论预期一致。College 则在 1% 的显著性水平上和主任地理距离负相关，其相关系数为 -0.8348，说明本省高校越多，公司更有可能选取近距离的审计委员会主任，即主任地理位置越近，与理论预期一致。同时，有关 Company 的相关系数为 0.3116，且在 1% 的水平上显著，表明本省上市公司数量越多，可选择的主任数量越少，公司更有可能选取远距离主任，主任地理距离越远，这也与理论一致。

此外，在工具变量的选择上，Anderson LM 检验显著拒绝原假设，说明所选取的工具变量 Traffic、College、Company 和内生解释变量相关；同时 Cragg-Donald Wald F 值为 35.65，明显大于 Stock-Yogo 弱工具变量检验的临界值，拒绝了弱工具变量的原假设，说明不存在弱工具变量问题；Sargan 检验也表明所选取的工具变量是合适的。

表 12 中列（2）和列（3）为第二阶段结果，根据回归结果，LnDis_O 对 RT$_1$ 和 RT$_2$ 均呈现 1% 的显著水平，其相关系数分别为 0.1656 和 0.3992，其系数的方向与显著性和前文无明显差别，说明审计委员会主任地理距离与公司盈利波动性的正向相关关系，即主任地理距离越远，公司风险承担越高。在控制可能存在的内生变量后，假设 H1 依然成立，进一步表明其稳健性。

表 12　　　　两阶段工具变量法

估计方法 变量	第一阶段	第二阶段	
	LnDis_O	RT$_1$	RT$_2$
	（1）	（2）	（3）
LnDis_O		0.1656＊＊＊	0.3992＊＊＊
		（0.000）	（0.000）

续表

估计方法 变量	第一阶段	第二阶段	
	LnDis_O	RT$_1$	RT$_2$
	（1）	（2）	（3）
Traffic	0.0176 ***		
	（0.001）		
College	−0.8348 ***		
	（0.000）		
Company	0.3116 ***		
	（0.000）		
Control	Yes	Yes	Yes
Year	Yes	Yes	Yes
Ind	Yes	Yes	Yes
N	17359	17359	17359
仅包含工具变量的联合检验 F 统计量		35.65	35.65
		（0.000）	（0.000）
工具变量识别不足检验：Anderson Canon. LM		106.386	106.386
		（0.000）	（0.000）
弱工具变量检验：Cragg-Donald Wald F 统计量		35.65	35.65
Stock-Yogo Weak ID Test Critical Values：10% Maximal IV		9.08	9.08
工具变量过度识别检验：Sargan 统计量		0.727	0.886
		（0.6952）	（0.6423）

注：* 、** 、*** 分别表示在 10% 、5% 和 1% 水平上显著，括号内为 p 值。

5. 进一步分析

5.1 外部监督机制影响

公司风险承担除了受到审计委员会主任的影响，还受到一定外部监督机制的影响。研究发现，机构投资者比普通个体投资者拥有更多的专业知识，同时作为比债权人更喜欢冒险的大股东，监督动机更强，极为关注外部审计师提供信息的可信度（Myers，1977；Chan et al.，2021）。证券分析师往往更关注审计委员会选聘财务专家的公司（Farber et al.，2018）。而分析师关注度更高的公司，其真实面貌会被更全面地解读（潘越等，2011）。不仅如此，陈辉发等（2012）提到，会计师事务所往往为维护自身声誉会有更加规范化的审计体系，保持更高的谨慎态度，更准确地评判客户的风险，使公司维持一个相对合适的风险承担水平。而大型会计师事务所又会因其违规行为的损失更高而选择提供比小型事务所更高审计质量的服务（DeAngelo，1981）。

因此，本文选取机构投资者持股比例（INST）、分析师关注度（Analyst）和十大会计师事务所审计（Big10）作为外部监督的代表变量，检验外部监督机制是否调节审计委员会主任地理距离对公司风险承担的影响作用。其中机构投资者持股比例（INST）指机构投资者持股占公司全部股份的百分比，其比例越高表示机构投资者对公司影响越大；分析师关注度（Analyst）通过对关注同一家上市公司的证券分析师人数加1后取自然对数进行衡量，其数字越大表示分析师关注度越高；十大会计师事务所审计（Big10）代表公司是否在当年选择十大会计师事务所进行外部审计，是为1，否则为0。回归结果见表13。

表13　　　　　　　　　　　　　　　　　考虑外部监督约束

变量	RT$_1$			RT$_2$		
	（1）	（2）	（3）	（4）	（5）	（6）
截距	0.9140***	0.8587***	0.9023***	2.1398***	2.0067***	2.1190***
	（0.000）	（0.000）	（0.000）	（0.000）	（0.000）	（0.000）
LnDis_O	0.0185***	0.0133***	0.0127***	0.0429***	0.0312***	0.0294***
	（0.000）	（0.000）	（0.000）	（0.000）	（0.000）	（0.000）
INST	0.1020***			0.2321***		
	（0.002）			（0.003）		
LnDis_O×INST	−0.0232***			−0.0533***		
	（0.005）			（0.005）		
Analyst		0.0078			0.0179	
		（0.242）			（0.244）	
LnDis_O×Analyst		−0.0031*			−0.0074**	
		（0.055）			（0.050）	
Big10			0.0256*			0.0580*
			（0.081）			（0.088）
LnDis_O×Big10			−0.0077**			−0.0172**
			（0.040）			（0.047）
Control	Yes	Yes	Yes	Yes	Yes	Yes
Year	Yes	Yes	Yes	Yes	Yes	Yes
Ind	Yes	Yes	Yes	Yes	Yes	Yes
N	17359	17359	17359	17359	17359	17359

续表

变量	RT$_1$			RT$_2$		
	（1）	（2）	（3）	（4）	（5）	（6）
调整的 R^2	0.2159	0.2157	0.2157	0.2150	0.2148	0.2148
F 值	104.909	104.781	104.767	104.351	104.241	104.209

注：*、**、***分别表示在 10%、5% 和 1% 水平上显著，括号内为 p 值。

由表 13 可知，地理距离与机构投资者的交乘项 LnDis_O×INST 的系数均在 1% 的水平上显著为负，表明机构投资者能够起到外部监督作用，其在 LnDis_O 和 RT 的关系中起到了负向调节作用。交乘项 LnDis_O×Analyst 的系数分别在 10% 和 5% 的水平上显著为负，表明分析师关注度同样起到外部监督作用，其在 LnDis_O 和 RT 的关系中起到了负向调节作用。交乘项 LnDis_O×Big10 的系数均在 5% 的水平上显著为负，这说明大型会计师事务所在一定程度上能够更好地监督审计工作，促使审计委员会主任更好地履职，在 LnDis_O 和 RT 的关系中也起到了负向调节作用。因此，有效的外部监督机制能够降低公司风险承担，从而缓解了审计委员会主任地理距离对公司风险承担的正向影响作用。

5.2 作用机制检验

前文已证实了审计委员会主任地理距离对公司风险承担的正向影响关系，即地理距离增加，公司风险承担也会随之提高。根据《上市公司治理准则》，审计委员会的职责包括审查公司内部控制制度，监督内部与外部审计工作，以及审核公司财务信息与披露，确保公司对外披露的盈余信息质量。同时，已有文献表明，内部控制质量和盈余质量会显著地影响其风险承担（黄华，2019；Li et al.，2013）。因此，本文将进一步检验地理距离是否通过影响审计委员会主任的履职行为，导致公司内部控制质量和盈余质量降低，进而提高公司风险承担。

5.2.1 内部控制

为检验地理位置对公司风险承担的影响中内部控制是否存在中介作用，本文构建模型（8）至（10）进行验证。其中，内部控制质量以迪博内部控制指数的自然对数（LnIC）表示。

$$\text{LnIC} = \beta_0 + \beta_1 \times \text{LnDis\_O} + \beta_2 \times \text{Controls} + \beta_3 \times \text{Year} + \beta_4 \times \text{Ind} + \varepsilon \tag{8}$$

$$\text{RT} = \beta_0 + \beta_1 \times \text{LnIC} + \beta_2 \times \text{Controls} + \beta_3 \times \text{Year} + \beta_4 \times \text{Ind} + \varepsilon \tag{9}$$

$$\text{RT} = \beta_0 + \beta_1 \times \text{LnDis\_O} + \beta_2 \times \text{LnIC} + \beta_3 \times \text{Controls} + \beta_4 \times \text{Year} + \beta_5 \times \text{Ind} + \varepsilon \tag{10}$$

回归结果见表 14。列（1）结果显示 LnDis_O 的系数在 1% 显著性水平上为负，说明地理距离的增加会导致内部控制水平的减弱。列（2）、列（4）结果显示 LnIC 的系数在 1% 显著性水平上为负，说明企业内控水平越高，其公司风险承担越低，证实了黄华等（2019）关于内控会显著地负向影响其风险承担的结论。列（3）、列（5）结果显示，LnDis_O 的系数分别为 0.0084 和 0.0195，低于表 5 中 LnDis_O 的系数（分别为 0.0090 和 0.0210）。被解释变量分别为 RT$_1$ 和 RT$_2$ 时，Sobel 检验的 p 值皆为 0.000，证明部分中介效应显著存在，部分中介占比分别为 6.76% 和 6.96%。因此，地理距离能够直接影响公司的风险承担，又通过影响审计委员会主任对内部控制的监督，降低了内控质量，而进一步提高了公司风险承担。

表 14　　　　　　　　　　　　　　内部控制中介作用

变量	LnIC	RT$_1$		RT$_2$	
	（1）	（2）	（3）	（4）	（5）
截距	1.0487***	0.9682***	0.9435***	2.2724***	2.2146***
	（0.000）	（0.000）	（0.000）	（0.000）	（0.000）
LnDis_O	-0.0278***		0.0084***		0.0195***
	（0.000）		（0.000）		（0.000）
LnIC		-0.0221***	-0.0218***	-0.0533***	-0.0526***
		（0.000）	（0.000）	（0.000）	（0.000）
Control	Yes	Yes	Yes	Yes	Yes
Year	Yes	Yes	Yes	Yes	Yes
Ind	Yes	Yes	Yes	Yes	Yes
Sobel 检验		Sobel 检验 p 值 0.000 部分中介占比 6.76%		Sobel 检验 p 值 0.000 部分中介占比 6.96%	
N	17359	17359	17359	17359	17359
调整的 R^2	0.0995	0.2192	0.2201	0.2187	0.2195
F 值	44.607	111.777	109.832	111.439	109.510

注：*、**、***分别表示在 10%、5%和 1%水平上显著，括号内为 p 值。

5.2.2 盈余质量

为检验地理位置对公司风险承担的影响中盈余质量是否存在中介作用，本文构建模型（11）至（13）进行验证。参考 Dechow 和 Dichev（2002）的模型，运用营运资本应计对滞后一期、本期和未来一期的经营活动现金流分行业和年度进行线性回归作为盈余质量的衡量指标（DD）。

$$DD = \beta_0 + \beta_1 \times LnDis\_O + \beta_2 \times Controls + \beta_3 \times Year + \beta_4 \times Ind + \varepsilon \qquad (11)$$

$$RT = \beta_0 + \beta_1 \times DD + \beta_2 \times Controls + \beta_3 \times Year + \beta_4 \times Ind + \varepsilon \qquad (12)$$

$$RT = \beta_0 + \beta_1 \times LnDis\_O + \beta_2 \times DD + \beta_3 \times Controls + \beta_4 \times Year + \beta_5 \times Ind + \varepsilon \qquad (13)$$

回归结果见表 15。列（1）结果显示，LnDis_O 的系数在 1%的水平上显著为正，说明地理距离的增加使盈余质量变差。列（2）、列（4）结果显示 DD 的系数在 1%的水平上显著为正，证实了 Li 等（2013）关于盈余质量会影响风险承担的结论，盈余质量越差，公司风险承担越高。与此同时，列（3）、列（5）结果显示，LnDis_O 的系数分别为 0.0086 和 0.0202，低于表 5 中 LnDis_O 的系数

（分别为 0.0090 和 0.0210）。被解释变量分别为 RT$_1$ 和 RT$_2$ 时，Sobel 检验的 p 值皆为 0.013，证明部分中介效应显著存在，部分中介占比分别为 3.79% 和 3.87%。因此，地理距离能够直接影响公司的风险承担，同时通过审计委员会主任对公司盈余质量的影响，降低了盈余质量，从而进一步提高了公司风险承担。

表 15   盈余质量中介作用

变量	DD	RT$_1$		RT$_2$	
	（1）	（2）	（3）	（4）	（5）
截距	0.2603 ***	0.8964 ***	0.8717 ***	2.1004 ***	2.0424 ***
	（0.000）	（0.000）	（0.000）	（0.000）	（0.000）
LnDis_O	0.0018 ***		0.0086 ***		0.0202 ***
	（0.010）		（0.000）		（0.000）
DD		0.1899 ***	0.1881 ***	0.4539 ***	0.4496 ***
		（0.000）	（0.000）	（0.000）	（0.000）
Control	Yes	Yes	Yes	Yes	Yes
Year	Yes	Yes	Yes	Yes	Yes
Ind	Yes	Yes	Yes	Yes	Yes
Sobel 检验		Sobel 检验 p 值 0.013 部分中介占比 3.79%		Sobel 检验 p 值 0.013 部分中介占比 3.87%	
N	17359	17359	17359	17359	17359
调整的 R^2	0.2078	0.2184	0.2192	0.2177	0.2186
F 值	104.455	111.206	109.307	110.773	108.895

注：* 、** 、*** 分别表示在 10% 、5% 和 1% 水平上显著，括号内为 p 值。

6. 结论与政策建议

本文以 2007—2018 年我国 A 股上市公司为样本，从审计委员会主任地理距离的角度出发，研究其与公司风险承担之间的关系，并探讨了其中的影响机制。研究结果表明：

（1）审计委员会主任地理距离能显著提高企业盈余的波动性，提高公司风险承担，即审计委员会主任工作地离公司越远，公司风险承担越高；

（2）公司机构投资者持股比例越高，分析师关注度越强，或聘任大型会计师事务所进行外部审计，审计委员会主任地理距离对公司风险承担的正向影响作用越少；

（3）内部控制和盈余质量在审计委员会主任距离对公司风险承担的正向影响关系中起到部分中

介的作用。

本文的研究结论具有一定的政策启示：

第一，审计委员会主任地理距离的增大会提高公司风险承担，公司如果想要控制其风险承担，可以在选聘审计委员会主任的决策上选择聘用地理位置更近的审计委员会主任，通过距离的减小提高审计委员会的履职效率，有效发挥审计委员会的监督效能，以此防止管理层的不当行为，提高内控质量和盈余质量，控制公司风险承担。

第二，如果公司由于其经营所在省份独董数量受限或上市公司数量过多等客观原因选聘了地理位置较远的审计委员会主任，可以通过选择大型会计师事务所进行审计减弱其对公司风险承担的正向影响。

第三，投资者可以从审计委员会主任地理距离等履职特征中得到有关公司风险信息迹象，从而进一步核实，将有助于提高其决策效率。

第四，相关监管部门应当加强对审计委员会的监管，完善审计委员会制度，同时改善外部环境，使公司外部监督机制能够有效发挥作用。

◎ 参考文献

[1] 曹春方，林雁．异地独董、履职职能与公司过度投资 [J]．南开管理评论，2017，20（1）．

[2] 陈辉发，蒋义宏，王芳．发审委身份公开、会计师事务所声誉与 IPO 公司盈余质量 [J]．审计研究，2012（1）．

[3] 董竹，张欣．会计信息可比性与企业风险承担的关系研究 [J]．外国经济与管理，2021，43（2）．

[4] 洪金明，林润雨，崔志坤．企业风险承担水平、审计投入与审计意见 [J]．审计研究，2021（3）．

[5] 黄华．企业风险承担与内部控制：从"灵丹妙药"到"机会主义" [J]．经济与管理研究，2019，40（7）．

[6] 李文贵，余明桂．所有权性质、市场化进程与企业风险承担 [J]．中国工业经济，2012（12）．

[7] 罗进辉，黄泽悦，朱军．独立董事地理距离对公司代理成本的影响 [J]．中国工业经济，2017（8）．

[8] 刘斌，黄坤，酒莉莉．独立董事连锁能够提高会计信息可比性吗？[J]．会计研究，2019（4）．

[9] 刘文军．审计师的地理位置是否影响审计质量？[J]．审计研究，2014（1）．

[10] 潘越，戴亦一，林超群．信息不透明、分析师关注与个股暴跌风险 [J]．金融研究，2011（9）．

[11] 青木昌彦，张春霖．对内部人控制的控制：转轨经济中公司治理的若干问题 [J]．改革，1994（6）．

[12] 孙天法．内部人控制的形式、危害与解决措施 [J]．中国工业经济，2003（7）．

[13] 吴有昌．国有企业内部人控制问题的成因及对策 [J]．改革，1995（4）．

[14] 向锐，杨雅婷．审计委员会主任背景特征与公司盈余管理——基于应计与真实盈余管理的研究

［J］. 审计与经济研究, 2016, 31（3）.

［15］ 向锐, 林融玉. 审计委员会—审计师连锁关系与公司盈余质量——来自中国 A 股上市公司的经验证据［J］. 当代会计评论, 2020, 13（4）.

［16］ 向锐, 徐玖平, 杨雅婷. 审计委员会主任背景特征与公司内部控制质量［J］. 审计研究, 2017（4）.

［17］ 谢德仁, 汤晓燕. 审计委员会主任委员本地化与公司盈余质量［J］. 审计研究, 2012（6）.

［18］ 余明桂, 李文贵, 潘红波. 管理者过度自信与企业风险承担［J］. 金融研究, 2013（1）.

［19］ 原东良, 周建. 地理距离对独立董事履职有效性的影响——基于监督和咨询职能的双重视角［J］. 经济与管理研究, 2021, 42（2）.

［20］ 张洪辉, 平帆, 章琳一. 独立董事地理距离与财务报告质量——来自上市公司的经验证据［J］. 审计研究, 2019（1）.

［21］ 张洪辉, 平帆. 独立董事地理距离、高铁开通与财务重述［J］. 会计与经济研究, 2019, 33（5）.

［22］ 周泽将, 马静, 刘中燕. 独立董事政治关联会增加企业风险承担水平吗？［J］. 财经研究, 2018, 44（8）.

［23］ Abernathy, J., Beyer, B., Masli, A., Stefaniak, C. The association between characteristics of audit committee accounting experts, audit committee chairs, and financial reporting timeliness［J］. Advances in Accounting, 2014, 30（2）.

［24］ Acharya, V. V., Amihud, Y., Litov, L. Creditor rights and corporate risk-taking［J］. Journal of Financial Economics, 2011, 102（1）.

［25］ Bargeron, L. L., Lehn, K. M., Zutter, C. J. Sarbanes-Oxley and corporate risk-taking［J］. Journal of Accounting and Economics, 2010, 49（1-2）.

［26］ Chan, D. K., Li, X., Xin, Q. Institutional investor inattention and audit quality［J］. Journal of Accounting and Public Policy, 2021, 40（3）.

［27］ Cheng, C. S. A., Huang, Y., Sun, D., Yu, Y. Geographic location of audit committee chairs and accruals quality: Evidence from China［J］. Review of Quantitative Finance and Accounting, 2021, 57（4）.

［28］ Coles, J. L., Daniel, N. D., Naveen, L. Managerial incentives and risk-taking［J］. Journal of Financial Economics, 2006, 79（2）.

［29］ Coval, J. D., Moskowitz, T. J. The geography of investment: Informed trading and asset prices［J］. Journal of Political Economy, 2001, 109（4）.

［30］ DeAngelo, L. E. Auditor size and audit quality［J］. Journal of Accounting and Economics, 1981, 3（3）.

［31］ Dechow, P. M., Dichev, I. D. The quality of accruals and earnings: The role of accrual estimation errors［J］. The Accounting Review, 2002, 77（s-1）.

［32］ Dong, B. , Robinson, D. Auditor-client geographic proximity and audit report timeliness ［J］. Advances in Accounting, 2018, 40.

［33］ Faccio, M. , Marchica, M. T. , Mura, R. Large shareholder diversification and corporate risk-taking ［J］. The Review of Financial Studies, 2011, 24 （11）.

［34］ Faccio, M. , Marchica, M. , Mura, R. CEO gender, corporate risk-taking, and the efficiency of capital allocation ［J］. Journal of Corporate Finance, 2016, 39.

［35］ Farber, D. B. , Huang, S. X. , Mauldin, E. Audit committee accounting expertise, analyst following, and market liquidity ［J］. Journal of Accounting, Auditing & Finance, 2018, 33 （2）.

［36］ Grinblatt, M. , Keloharju, M. How distance, language, and culture influence stockholdings and trades ［J］. The Journal of Finance, 2001, 56 （3）.

［37］ Hilary, G. , Hui, K. W. Does religion matter in corporate decision making in America? ［J］. Journal of Financial Economics, 2009, 93 （3）.

［38］ Jensen, M. C. Agency costs of free cash flow, corporate finance, and takeovers ［J］. The American Economic Review, 1986, 76 （2）.

［39］ Jo, H. , Na, H. Does CSR reduce firm risk? Evidence from controversial industry sectors ［J］. Journal of Business Ethics, 2012, 110 （4）.

［40］ Liberti, J. M. , Petersen, M. A. Information: Hard and soft ［J］. Review of Corporate Finance Studies, 2019, 8 （1）.

［41］ Li, K. , Griffin, D. , Yue, H. , Zhao, L. How does culture influence corporate risk-taking? ［J］. Journal of Corporate Finance, 2013, 23.

［42］ Liu, X. , Miao, M. , Liu, R. Litigation and corporate risk taking: Evidence from Chinese listed firms ［J］. International Review of Law and Economics, 2020 （105879）.

［43］ Myers, S. Determinants of corporate borrowing ［J］. Journal of Financial Economics, 1977, 5 （2）.

［44］ Oxelheim, L. , Randøy, T. The impact of foreign board membership on firm value ［J］. Journal of Banking & Finance, 2003, 27 （12）.

［45］ Sinnott, R. Virtues of the haversine ［J］. Sky and Telescope, 1984, 68 （2）.

Audit Committee Chair's Geographic Distance and Corporate Risk-taking

Xiang Rui[1]　Tang Jinghan[2]　Lin Rongyu[3]

(1, 2, 3　Business School, Sichuan University, Chengdu, 610064)

Abstract: Using a sample of A-share listed companies in China from 2007 to 2018, this paper empirically examines the relationship between geographic distance of the audit committee chair (ACC) and corporate risk-taking. The result shows that, the farther the ACC is from the company, the higher risk-taking level of the company. Meanwhile, the diligence and reputation of the ACC can mitigate this effect. Further analyses show that, the extent to which geographic distance plays a role in the level of corporate risk-taking is also influenced by the shareholding of institutional investors, the size of audit firms and analysts' attention. Moreover, both the internal control quality and earning quality play a part of mediating role in the relationship between ACC' geographic distance and corporate risk-taking. The findings provide new empirical evidence for companies to select ACCs and have important implications for improving the performance level of audit committee and protecting the interests of investors.

Key words：Audit committee chair；Geographic distance；Corporate risk taking；Influencing mechanism

专业主编：潘红波

高管的监管经历与公司违规[*]

● 孔东民¹　　金一帆²

（1　华中科技大学经济学院　武汉　430074；2　暨南大学管理学院　广州　510632）

【摘　要】本文考察上市公司聘用前监管部门离任官员对公司违规行为的影响。基于手工收集的高管的监管经历和公司违规数据，研究发现公司高管的监管经历显著降低了公司的违规行为。研究结果支持"治理改善"假说，有监管经历的高管在加入受监管公司后，能帮助公司降低盈余管理的程度。进一步分析表明，在有会计违规行为以及高管曾在监管机构任较高职位的公司中，上述效应更为显著。基于中组部"18 号文"这一外生政策冲击控制研究中可能的内生性，结果依然稳健。本研究为更好地理解公司违规行为、促进公司治理提供了政策建议。

【关键词】监管经历　证监会　公司违规　公司治理
中图分类号：F271；F832　　　　文献标识码：A

1. 引言

一直以来，政府机构和受监管公司之间的员工流动问题受到公众广泛关注。例如，高盛聘用了纽约联邦储备银行前主席西奥·卢布克（Theo Lubke）和曾在美国证券交易委员会和纽约司法部长办公室任职的戴维·马科维茨。Shive 和 Forster（2017）指出，公司聘用具有监管部门工作经历的管理者，有助于监管机构和公司之间的知识及专业技能转移。一系列文献研究了监管者在离任后加入受监管公司是否对监管行业有利（Bar-Isaac and Shapiro，2011；Blanes et al.，2012；Schwert，1977）。在这些研究的基础上，本文考察公司是否会通过聘请与监管机构具有社会关系的高管来享受优惠待遇，或者利用其专业知识和方法来帮助公司提升治理水平。

本文在 DeHaan 等（2015）研究的基础上，进一步检验上市公司高管的监管经历是否会增加或减

————————————————

　* 基金项目：国家社会科学基金重大项目"创新驱动发展战略下全面塑造发展新优势的路径研究"（项目批准号：21ZDA010）。

　通讯作者：孔东民，E-mail：kongdm@ mail. hust. edu. cn。

少公司违规行为的可能性。一方面，具有监管经历的高管可能会基于"优惠待遇"和"智慧博弈"帮助公司规避监管，增加实际违规行为的可能性（"监管规避"假说）。另一方面，具有监管经历的高管可能会基于"声誉担忧"和"教育作用"帮助公司提高治理水平，从而降低违规行为的可能性（"治理改善"假设）。中国资本市场为我们考察上述问题提供了合适的场景。

在研究中，我们从国泰安数据库（CSMAR）中收集高管任职历史的信息、中国证监会执法行动数据和公司层面的财务数据。最终样本包含 17001 个公司—年度观察值以及 2009—2019 年期间来自 3635 个执法行动的 4228 个公司违规行为年度观察结果。我们发现，高管的监管经历减少了公司违规行为的可能性，支持"治理改善"假说。进一步，我们将公司的违规行为划分为会计违规、经营违规和其他违规，其中高管的监管经历对公司的会计违规行为影响最为显著。为了进一步探究潜在的机制，本文检验了高管的监管经历对公司盈余管理的影响，发现高管的监管经历能显著降低公司的盈余管理程度，尤其是降低正向盈余管理程度。考虑高管在监管机构任职级别与其相关知识和能力的联系，本文据此进行了横截面分析，并发现高管曾在监管机构任较高级别的职位会增强本文的主要结果。上述发现支持了具有监管经历的高管可以将其关于证监会和交易所如何运作的私人知识传授给公司，并帮助公司完善相关的法规，提高公司的治理水平，从而降低公司的违规行为。总体而言，证据表明具有监管经历的高管基于"声誉担忧"和"教育作用"，提高了公司的治理水平，从而降低了违规行为，这是本文发现的主要渠道。

同时，本文进行了一系列的稳健性检验，采用高管团队中有监管经历的高管比例作为替代指标，结果保持不变。此外，为了缓解内生性问题，本文采取了几种方法。首先，在回归中应用固定效应模型，以解决无法观察到的异质性；其次，为了确保控制组公司与处理组公司具有可比性，采用倾向得分匹配法（PSM）匹配没有监管经历高管的年度观察值作为控制组；最后，采用双重差分倾向得分匹配模型（PSM-DID）建立因果关系。2013 年 10 月 19 日，中共中央组织部正式颁布《关于进一步规范党政领导干部在企业兼职（任职）问题的意见》（简称中组部"18 号文"），规定任何级别以上的党政官员（现任或三年内退休）禁止在公共公司从事全职或兼职工作。本文采用"18 号文"的发布作为一个自然实验，在匹配的样本中进行双重差分，结果表明政策冲击增加了公司违规事件的发生。

本文考察了高管的监管经历而非政治关系对公司违规行为的影响。与已有研究相比，本文可能的贡献是：

第一，补充了当前文献对于高管经历对公司行为影响的研究。目前，已有文献探究高管经历对企业的影响，包括高管的受教育背景（柳光强和孔高文，2021；陈传明和孙俊华，2008）、从军经历（权小锋等，2019；赖黎等，2017）、海外经历（柳光强和孔高文，2018；代昀昊和孔东民，2017）等。高管的职业经历也会对企业行为产生影响：钟腾等（2020）发现高管公职经历为公司提供了进入管制性行业和获得长期贷款的便利；张琦等（2019）以《环境空气质量标准（2012）》的实施为准自然实验，发现该新标准实施后，高管具有公职经历企业的环保投资提升程度显著高于其他企业。然而，鲜有文献探究高管的监管经历对企业违规行为的影响。具有监管经历的高管一方面可能从监管机构获得良好待遇或利用监管漏洞，另一方面可以发挥咨询和教育作用。因此，具有监管经历的高管会直接影响公司的违规行为。

第二，拓宽了政治关联对于公司经济后果的研究。已有文献主要从如下几个方面探究政治关联对公司的影响：企业融资（毛新述和周小伟，2015；李维安等，2015）、技术创新（苏屹和陈凤妍，2017；陈德球等，2016）、并购重组（颉茂华等，2021；蔡庆丰等，2017）以及企业绩效（张天舒等，2015；唐松和孙铮，2014）。但鲜有文献探究政治关联对企业违规的影响，也鲜有文献探究与证监会或交易所有关联的高管如何影响公司的违规行为。证监会与交易所参与公司违规的监督和处罚，对公司的违规行为产生直接影响。相应地，具有任职证监会与交易所经历的高管与公司违规行为间的联系紧密。

第三，增加了对公司违规行为影响因素的研究。一方面，监管机构的监管措施会显著影响公司的违规行为：滕飞等（2022）发现证监会随机抽查能提高证券监管效率，降低公司再次实施违规行为的概率；中注协约谈监管对抑制企业违规产生了溢出效应，能改善企业的内部控制（李晓慧等，2022）。另一方面，高管经历也会对公司违规产生显著影响：杜兴强和张颖（2021）研究发现，被原上市公司返聘后的独立董事会发挥"学习效应"而非"关系效应"，从而抑制公司违规；身兼数职的"忙碌"独董的存在会降低企业违规行为发生的可能及频率。本文探究了高管的监管经历对公司违规行为的影响，这联结了监管机构与高管经历的研究，补充了公司违规的影响因素。

本文的其余部分安排如下：第二部分总结了研究的制度背景，第三部分是文献综述与假设提出，第四部分说明了本文的数据样本构造，第五部分展示了部分实证结果，第六部分描述了稳健性检验，第七部分进行总结。

2. 制度背景

为了维护证券期货市场秩序，确保其合法运行，中国证监会依照法律、法规和国务院授权，统一监督管理全国证券期货市场，并在省、自治区、直辖市和计划单列市设立 36 个证券监管局，以及上海、深圳证券监管专员办事处①。《证券法》第十二章赋予了证监会权力查处发生违规行为（如征用资产损害中小投资者利益、财务披露虚假和不充分、公司管理人员挪用资金等）的公司和个人。证监会可以从投资者、员工、内部人士、报纸、证券交易所、法律程序和政治调查等多个渠道收集信息定期对上市公司进行审查和检查，如果发现违规行为，将向公众披露其调查信息。同时，证监会可以选择将部分工作委托给深圳证券交易所和上海证券交易所，对于委托工作，交易所必须在完成后向证监会报告。自 2013 年交易所信息披露直通车改革措施实施以来，交易所对上市公司发布问询函的频率明显增多，在 2007—2018 年的所有问询函中，深交所发函数量最多，达到 4373 份，其次是上交所的 2954 份，证监会所属证监局发放的问询函最少，仅有 47 份，不足 1%，说明问询函性质的一线监管集中在证券交易所。②

在强政府干预的制度环境下，公司有动机构建"政商关系"，来寻求政治庇护和获取管制资金

---

① 中国证券监督管理委员会官方网站：http：//www.csrc.gov.cn/pub/newsite/zjhjs/zjhjj/.
② 新华网：http：//www.xinhuanet.com/fortune/2019-05/17/c_1210136760.htm.

（叶青等，2016）。现有文献表明，具有政治关联的公司可以从政府获得优惠利益，如关键资源的获取和税收优惠待遇（Adhikari et al.，2006；Dinc，2005；Faccio，2006；Leuz and Oberholzer-Gee，2006；Khawaja and Mian，2005；Wu et al.，2016）。政治关联可能只是公司雇用与政府有联系的人，然而监管者更具有其特质，因为有政治关系的公司高管不一定有专业技能或对该行业的具体知识。有关雇用前监管者的文献强调了前监管者在之前所监管特定行业方面的专业知识。Duchin 和 Sosyura（2014）对银行业的研究表明，具有财政部、银行监管机构或国会经验的董事会成员倾向于将知识和专业技能转移到银行，以促进银行资本购买计划申请的批准。DeHaan 等（2015）研究表明，美国证交会（SEC）的辩护律师促进更积极的监管监督，以展示其执法专长。

3. 文献综述与假设提出

近年来，雇用前监管者的研究不断发展。Schwert（1977）发现，在 1926—1972 年美国证交会（SEC）法规变更期间，没有证据表明其成员通过监管机构的控制权获得收益。研究审计师成为客户高管的文献表明，"旋转门现象"并未伴随着审计质量的减损（Geiger，2005；Geiger and North，2006；Geiger et al.，2008）。Blanes 等（2012）发现，在美国参议员办公室有工作经验的游说者在该参议员离任后的收入潜力会降低。Bond 和 Glode（2014）提出了一个劳动力市场模型，模型中年轻的监管者积累人力资本，最好的监管者在职业生涯中期转向银行业。此外，Agarwal 等（2014）发现宽松监管机构的员工在金融领域不太可能找到职业机会。Cornaggia 等（2016）通过调查离开评级机构为之前评级公司工作的信用分析师，发现在过渡之后，转型分析师对未来的雇主更有利。Shive 和 Forster（2017）的研究表明，当公司需要前监管者的专业知识来降低风险时，会雇用监管机构的前员工。

我们预期公司雇用有监管部门经历的高管会影响公司的违规行为。直觉上来说，公司的违规行为激励取决于公司从违规行为中获得的预期收益（Jayachandran，2006；Aggarwal et al.，2012）、预期成本即公司需要支付的法律处罚（Karpoff et al.，2008）以及被发现的概率。

一方面，公司可以雇用前监管者来建立社会关系。前证监会或交易所官员可能与现任官员保持联系，并监督或管理过前同事。Acemoglu 等（2016）发现社会关系对监管决策有显著影响。监管者很可能会受到所认识的人的影响，尤其是当做出监管决策时（Bertrand et al.，2014；Blanes et al.，2012）。该机制是 POGO 2013 年报告的主要关注点（Smallberg，2013）。因此，雇用有监管经历高管的公司有可能从监管机构获得良好的待遇，从而降低了违规行为的成本。Correia（2014）研究发现，平均而言，具有政治关联的公司不太可能被 SEC 诉讼，即便被 SEC 诉讼，面临的处罚也更少。Yu 和 Yu（2011）的研究也支持了"优惠待遇"的假设，发现企业通过游说降低了被 SEC 诉讼的可能性和被惩罚的力度。此外，具有监管经历的高管可能对证监会和交易所用于调查公司违规行为的程序有深入了解（例如了解证监会如何选择财务报表进行详细测试），也可能非常熟悉引发调查的问题并且处于利用监管漏洞的独特地位。同时，高管的监管经历可以帮助公司确定未来的发展方向，从而更好地预测并为未来做好准备（Luechinger and Moser，2014）。因此，具有监管经历的高管在加入公司后，可能会帮助公司在监管系统中博弈（Menon and Williams，2004；Shive and Forster，2017）。这一前提意味着，前监管者帮助规避监管，降低了公司违规行为被发现的概率。面对更低的预期违规行为成本和更低的被发现概率，无论因为"优惠待遇"还是"智慧博弈"，雇用前监管者的公司可能有更多的动机去从事违规行为，本文称之为"监管规避"假说。因此，提出以下假设：

H1a：雇用有监管经历高管的公司发生违规行为的可能性更大。

另一方面，Salant（1995）提出，监管者离职后加入被监管公司会成为腐败行为的自然观察对象，降低了受监管公司的短视机会主义行为，通过"旋转门"提高了其公用事业项目的投资表现。Fahlenbrach 等（2010）发现独立董事在董事会成员表现不佳或披露负面消息时，为了保护自己的声誉或避免工作量的增加而辞职。具有财务专业知识的独立董事会从由于管理层操纵利润而财务表现不佳的公司辞职，此类公开辞职可以作为董事会表现不佳的纪律手段（Dewally and Peck，2010）。正如美国证券交易委员会委员保罗·阿特金斯（Paul Atkins）所提出的，由于先前在监管机构获得的经验和专业知识，具有监管经历的高管也可能提高监管合规性（Atkins，2005，2007）。Beasley（1996）研究了董事会组成与会计违规行为之间的关系。研究发现，较低的违规行为可能性与较小的董事会规模或较高的董事会独立性有关。前证监会和交易所官员可能由于公司造假等负面事件对其声誉造成损害，从而提高对董事会的监督水平，降低首席执行官的违规行为激励。Krishnan 等（2011）发现，具有法律和财务专业知识的董事通过更好的监督提高了财务报表质量。Litov 等（2013）发现具有法律教育背景的董事在监督高管方面发挥着重要作用。Agrawal 和 Chadha（2005）发现，如果公司的董事会或审计委员会有一名具有财务专业知识的独立董事，则违规的可能性较低。Morse 等（2016）指出具有法律背景的高管在遏制监管不合规方面很重要。具有监管经历的高管能够发挥其专业知识和能力，在公司违规行为相关的政策法规方面更好地发挥咨询和教育作用，从而减少公司的违规行为。Heese 等（2017）认为公司的政治关联是增加审查的标志。证监会和交易所的官员辞职后进入公司，担忧违规事件的发生损害其声誉，会更好地发挥其咨询和教育作用，降低公司的违规行为激励，本文称之为"治理改进"假说。因此，提出以下相互矛盾的假设：

H1b：雇用有监管经历高管的公司发生违规行为的可能性更小。

4. 数据和样本选择

本文从国泰安（CSMAR）数据库收集了 2008 年 1 月至 2021 年 11 月中国证监会对上市公司的执法行动信息。最初的违规行为样本包括来自 10745 项执法行动的 17789 个公司年度观察结果①，通过三种方式衡量了公司的违规情况，分别是 Misconduct（公司是否发生违规行为）、Misconduct_num（公司违规行为数量加 1 后取对数值）以及 Misconduct_ratio（公司违规行为占比）。而后从 CSMAR

---

① 本文从执行行动的公告追溯了公司实施违规行为的年份。如果数据显示该公司在该年发生了违规行为，将违规公司年度观察纳入违规样本。例如，如果 2013 年的执法行动表明该公司在 2008 年、2009 年、2011 年和 2012 年有违规行为，则在违规样本中包括 2008 年、2009 年、2011 年和 2012 年的公司年度观察结果。

数据库中收集公司高管的职业道路信息，CSMAR 于 2008 年开始报告高管的职业道路，为避免 2008 年金融危机的影响，本文的高管样本跨度为 2009 年至 2019 年①。高管类型采用广义的定义，包括董事、监事、经理、总裁、董秘、负责人、主管、顾问、CEO、总监等②。通过追踪高管的职业路径，定义了虚拟变量 MisFirm③ 来描述有无监管经历高管公司类型。同时，本文从 CSMAR 数据库中收集了公司的所有权和财务数据。根据文献，剔除了 2012 年中国证监会《上市公司行业分类指引》中编号为"J"的金融行业公司和所有变量有所缺失的观察值。所有连续变量均以 1% 和 99% 的水平进行 Winsorized 处理。最终获得了 2009—2019 年 17001 个公司年度观察值和 3635 个违规行为公司年度观察值。在样本中，一个随机公司的无条件违规行为的可能性是 21.38%（3635/17001 = 21.38%）。变量定义和描述性统计以及 Pearson 相关系数在附表 1 中列出。

表 1 显示了样本中按行业和年份的公司年度层面上违规行为的描述性统计情况。违规比例是每个行业/年的违规公司年度观察数除以样本中违规公司年度观察总数。违规率是每个行业/年的违规公司年度观察数除以整个样本中每个行业/年的公司年度观察总数。按照 2012 年中国证监会行业分类标准进行行业分类。我们根据第一位行业代码对行业进行分类，由于制造业观测值较多，我们使用两位数的行业代码对属于制造业的公司进行分类。Panel A 显示了违规行为在各行业的分布情况。制造业的公司（例如计算机、通信和其他电子设备，电气机械及器材，医药）更容易出现违规行为。Panel B 按年度显示公司违规的分布情况。违规行为的发生率最初每年都在增加，2011 年和 2012 年达到峰值，而后在 2013 年、2014 年急剧下降。这种情况与 Zhang（2018）的研究结果一致，即中央政府在 2012 年末发起的反腐运动降低了公司层面上违规行为的可能性。

表 1　　　　　　　公司年度水平的违规行为描述性统计

Panel A：按行业划分的违规行为公司年度观测值

行　业	违规数量	违规比例（%）	违规率（%）
农、林、牧、渔业	92	2.53	38.17
采矿业	125	3.44	21.66
农副食品加工业	61	1.68	24.50
食品制造业	51	1.40	20.00
酒、饮料和精制茶制造业	59	1.62	18.21
纺织业	43	1.18	24.71
纺织服装、服饰业	40	1.10	17.94

①　在本文的样本中，发生违规行为第一年到证监会执法年之间的平均时间大约为两年，为了尽量减少未发现的违规事件，违规样本截至提前两年（即 2019 年），以确保平均而言从样本期开始的欺诈行为在本文的样本中被发现。

②　具有监管经历的高管在公司的任职职位等信息详见文末附表 2。

③　事实上，63.11% 的公司只雇用一名具有监管经历的高管，可能是聘用一名具有监管经历的高管的成本非常高。对于公司与监管机构建立联系而言，拥有一名或多名有监管经历的高管的性质几乎没有什么不同。

续表

行　业	违规数量	违规比例（%）	违规率（%）
皮革、毛皮、羽毛及其制品和制鞋业	11	0.30	19.30
木材加工及木、竹、藤、棕、草制品业	13	0.36	37.14
家具制造业	18	0.50	20.45
造纸及纸制品业	40	1.10	25.00
印刷和记录媒介复制业	9	0.25	15.52
文教、工美、体育和娱乐用品制造业	13	0.36	17.81
石油加工、炼焦及核燃料加工业	16	0.44	17.39
化学原料及化学制品制造业	218	6.00	21.39
医药制造业	205	5.64	19.90
化学纤维制造业	31	0.85	19.02
橡胶和塑料制品业	54	1.49	20.45
非金属矿物制品业	106	2.92	23.61
黑色金属冶炼及压延加工业	44	1.21	15.55
有色金属冶炼及压延加工业	101	2.78	21.72
金属制品业	61	1.68	19.81
通用设备制造业	95	2.61	19.08
专用设备制造业	146	4.02	22.50
汽车制造业	127	3.49	19.87
铁路、船舶、航空航天和其他运输设备制造业	54	1.49	19.57
电气机械及器材制造业	244	6.71	25.36
计算机、通信和其他电子设备制造业	309	8.50	23.27
仪器仪表制造业	20	0.55	24.69
其他制造业	17	0.47	27.87
废弃资源综合利用业	12	0.33	36.36
电力、热力、燃气及水生产和供应业	127	3.49	17.79
建筑业	132	3.63	25.48
批发和零售业	193	5.31	19.24
交通运输、仓储和邮政业	75	2.06	11.13
住宿和餐饮业	12	0.33	17.65
信息传输、软件和信息技术服务业	258	7.10	27.39

续表

行　业	违规数量	违规比例（%）	违规率（%）
房地产业	141	3.88	16.26
租赁和商务服务业	67	1.84	24.28
科学研究和技术服务业	14	0.39	14.58
水利、环境和公共设施管理业	61	1.68	20.82
教育	17	0.47	42.50
卫生和社会工作	20	0.55	32.26
文化、体育和娱乐业	64	1.76	24.43
综合	19	0.52	26.39
合计	3635	100	21.38

Panel B：按年份划分的违规行为公司年度观测值

年份	违规数量	违规比例（%）	违规率（%）
2009	205	5.64	17.52
2010	224	6.16	15.88
2011	336	9.24	21.19
2012	315	8.67	20.67
2013	283	7.79	20.70
2014	277	7.62	19.18
2015	389	10.70	23.98
2016	485	13.34	26.75
2017	466	12.82	24.50
2018	373	10.26	23.53
2019	282	7.76	17.88
合计	3635	100	21.38

　　表 2 显示了样本中证监会执法行动的特征。Panel A 按违规行为类型报告执法行动。Panel B 报告从违规行为的第一年到被发现年份之间的时间。公司更有可能在披露问题（例如推迟披露、重大遗漏、虚假记载、披露不实）、会计问题（例如一般会计处理不当和虚构利润）、利益侵占问题（违规买卖股票、侵占公司资产）和其他方面发生违规行为①。Panel B 显示，从公司发生违规行为开始，证监会平均用约两年的时间公布其执法行动。

---

　　①　一次监管执法行动可以解决公司实施的多种违规行为。因此，违规行为的数量大于表 1 Panel A 中的执法行动数量。

表2　　　　　　　　　　　　　　执法行动的特征

Panel A：按违规行为类型划分的执法行动

违规类型	# of violations	% of violations
虚构利润	390	3.17
虚列资产	77	0.63
虚假记载（误导性陈述）	1513	12.29
推迟披露	2243	18.22
重大遗漏	1722	13.99
披露不实（其他）	293	2.38
欺诈上市	2	0.02
擅自改变资金用途	135	1.10
占用公司资产	443	3.60
内幕交易	131	1.06
违规买卖股票	1008	8.19
操纵股价	14	0.11
违规担保	327	2.66
一般会计处理不当	689	5.60
其他	3326	27.01
合计	12313	100

Panel B：从违规行为的第一年到被发现年份之间的时间

间隔年数	Obs	Percentage
0	1140	26.96
1	1210	28.62
2	678	16.04
3	487	11.52
4	356	8.42
5	212	5.01
6	87	2.06
7	28	0.66
8	9	0.21
9	8	0.19
10	9	0.21
11	1	0.02
12	3	0.07
合计	4228	100

接着，我们考察违规行为公司样本和无违规行为公司样本之间主要变量的差异。表 3 Panel A 显示了单变量比较的结果。可以看到，在单变量差异检验中，违规公司存在监管经历高管的比例与未违规公司没有显著差异。此外，违规公司往往在分析师关注（Analyst）和机构投资者持股（Instown）上的均值较低，这与公司治理不善增加公司违规行为可能性的观点一致（Beasley，1996；Agrawal and Chadha，2005）。规模（Size）较大的公司由于受到更严格的公众审查，往往具有较低的违规行为可能性（Yu and Yu，2011；Wang，2013）。违规行为样本的财务杠杆（Lev）显著高于无违规行为样本。Dechow 等（1996）在研究中提到杠杆率经常被认为是反映契约紧密程度的指标。前人研究表明，接近债务契约的公司更有可能管理收益（Healy and Wahlen，1999），说明杠杆较高的公司可能更倾向于实施违规行为。表 3 的 Panel B 报告了有无监管经历高管公司的单变量比较。结果表明，样本中约有 8.96%（1524/17001＝8.96%）是具有监管经历高管的公司。此外，有监管经历高管公司往往拥有更大的董事会（Board）、更大的规模（Size）和更多的机构投资者持股（Instown），同时也有更多的分析师关注（Analyst）。

表 3 样本公司特征

Panel A：违规行为公司样本与非违规行为公司样本之间的单变量比较

	Misconduct	Obs	Non-Misconduct	Obs	Difference t-statistics
MisFirm	0.083	3635	0.091	13366	−0.008
MisFirm%	0.007	3635	0.007	13366	0.000
BM	0.621	3635	0.640	13366	−0.019***
Size	22.320	3635	22.492	13366	−0.172***
ROA	0.033	3635	0.050	13366	−0.017***
Lev	0.472	3635	0.447	13366	0.025***
Board	8.815	3635	8.910	13366	−0.095***
Ceodual	0.279	3635	0.224	13366	0.055***
Analyst	8.215	3635	10.419	13366	−2.204***
Instown	0.446	3635	0.514	13366	−0.068***
Exeown	0.081	3635	0.077	13366	0.004***
Relate	0.269	3635	0.247	13366	−0.021***

Panel B：有监管经历高管公司样本与无监管经历高管公司样本之间的单变量比较

	MisFirm	Obs	Non-MisFirm	Obs	Difference t-statistics
Misconduct	0.199	1524	0.215	15477	−0.016
Misconduct_num	0.337	1524	0.357	15477	−0.021
Misconduct_ratio	0.000	1524	0.000	15477	−0.000
BM	0.657	1524	0.634	15477	0.023***

	MisFirm	Obs	Non-MisFirm	Obs	Difference t-statistics
Size	22.792	1524	22.422	15477	0.371***
ROA	0.045	1524	0.046	15477	−0.001
Lev	0.481	1524	0.449	15477	0.032***
Board	9.240	1524	8.855	15477	0.384***
Ceodual	0.199	1524	0.239	15477	−0.040***
Analyst	11.241	1524	9.820	15477	1.421***
Instown	0.533	1524	0.497	15477	0.036***
Exeown	0.061	1524	0.080	15477	−0.019***
Relate	0.270	1524	0.250	15477	−0.020*

注：＊、＊＊和＊＊＊分别表示在 10%、5% 和 1% 水平上显著。

5. 实证结果

5.1　主回归分析

为了研究公司高管的监管经历与公司违规行为之间的关系，本文在基准回归中，采用如下固定效应模型进行分析和检验，具体设定如下式所示：

$$\text{Misconduct}_{i,t} = \alpha + \beta_1 \text{MisFirm}_{i,t-2} + \gamma \text{Controls}_{i,t} + \text{Industry} + \text{Year} + \varepsilon_{i,t} \qquad (1)$$

其中 t 表示年份，i 表示公司，ε_{it}，是误差项。$\text{MisFirm}_{i,t-2}$ 是衡量公司是否有监管经历高管的虚拟变量。$\text{Controls}_{i,t}$ 是公司层面的控制变量。本文首先在回归中加入了一系列财务变量即资产收益率（ROA）、账面市值比（BM）、公司规模（Size）和财务杠杆率（Lev）。资产收益率（ROA）是公司绩效的一个代理指标，管理者可能会选择违规行为来掩盖恶化的绩效（Dechow et al., 1996; Dechow et al., 2011; Beneish, 1997, 1998），更好的公司业绩可能与更低的公司违规行为相关联；账面市值比（BM）作为公司成长机会的代理指标，成长机会与信息不对称负相关（Smith and Watts, 1992），预期较高的市值与账面值比率能降低违规行为的可能性；公司规模（Size）较大的公司可能面临更严格的监管监督，发生违规行为的可能性较低；财务杠杆率（Lev）与公司接近债务契约的程度成正比，增加了公司实施违规行为的动机，以避免面临更高的违约风险。同时，公司治理可以显著降低公司违规行为的可能性（Beasley, 1996; Dechow et al., 1996），本文包含了控制内部治理机制（董事会规模（Board））和外部治理机制（分析师覆盖率（Analyst）、机构投资者持股（Instown））的变量。基于激励的管理层薪酬通常与公司业绩挂钩，管理者有动机通过违规行为获取个人利益（Bergstresser and Philippon, 2006; Burns and Kedia, 2006），加入高管持股（Exeown）控制其实施违规行为的管理动机。此外，考虑其他政治关联对本文结果的影响，参考蔡庆丰等（2017），我们加入了控制变量其他政治关联（Relate），将高管简历中包含人大代表或政协委员的定义为 1，否则设定为 0。为缓解遗漏变量偏差，本文在所有回归模型中加入了行业虚拟变量 Industry 和年度虚拟变量 Year，以控制行业固定效应和年度固定效应。其中，行业划分基于 2012 年中国证监会《上市公司行业分类指引》，制造业保留 2 位代码（如 C1），其他行业保留 1 位代码（如 A）。

表 4 列出了基准回归的结果，列（1）、列（2）和列（3）所涉及模型中的被解释变量依次为 Misconduct（公司是否发生违规行为）、Misconduct_num（公司违规行为数量加 1 后取对数值）以及 Misconduct_ratio（公司违规行为占比）。总体而言，表 4 中解释变量高管监管经历 MisFirm 的系数均在 5% 显著性水平上显著为负，表明高管的监管经历会降低公司的违规行为可能性。这一发现与"治理改进"假说相一致。本文还发现，公司规模与违规行为的可能性负相关，因为更大的公司面临更多的公众监督（Dyck et al.，2010；Yu and Yu，2011）。此外，财务杠杆率系数显著为正，表明公司有更大的动机去实施违规行为，以避免违反债务契约。同时，分析师覆盖率在降低公司违规行为的可能性方面起着重要作用。

表 4　　　　　　　　　　　　　　　高管监管经历与公司违规行为

变量	（1） Logit Misconduct	（2） Tobit Misconduct_num	（3） Tobit Misconduct_ratio
MisFirm	-0.203^{**} (-2.30)	-0.139^{**} (-2.26)	-0.010^{**} (-2.28)
BM	-0.504^{***} (-2.94)	-0.372^{***} (-3.08)	-0.028^{***} (-3.20)
Size	-0.074^{**} (-2.01)	-0.061^{**} (-2.34)	-0.005^{**} (-2.39)
ROA	-4.144^{***} (-7.26)	-3.181^{***} (-8.44)	-0.227^{***} (-8.27)
Lev	1.217^{***} (6.71)	0.916^{***} (7.32)	0.068^{***} (7.53)
Board	0.034^{**} (2.37)	0.025^{**} (2.45)	0.002^{***} (2.69)
Ceodual	0.286^{***} (4.88)	0.213^{***} (5.22)	0.015^{***} (5.09)
Analyst	-0.014^{***} (-4.16)	-0.010^{***} (-4.14)	-0.001^{***} (-4.12)
Instown	-1.133^{***} (-7.41)	-0.776^{***} (-7.40)	-0.053^{***} (-7.06)

续表

变量	(1) Logit Misconduct	(2) Tobit Misconduct_num	(3) Tobit Misconduct_ratio
Exeown	−0.550** (−2.30)	−0.396** (−2.38)	−0.024** (−2.03)
Relate	0.109** (1.97)	0.079** (2.04)	0.006** (2.02)
Constant	1.360* (1.91)	1.068** (2.15)	0.096*** (2.68)
行业效应	控制	控制	控制
年份效应	控制	控制	控制
观测值	10778	10778	10778
Pseudo R^2	0.0588	0.0486	0.2911

注：*、**、***分别表示在10%、5%、1%的水平上显著。

证监会的执法行动数据指明了15种违规行为，这有助于调查高管监管经历的作用是否因违规行为的类型而有所不同。为了便于实证检验，本文将15类违规行为分为三大类：第一类违规行为是与会计有关的违规行为，包括虚报利润、伪造资产、虚假陈述、延迟披露、遗漏重大信息、重大的信息披露失误、IPO的违规行为和一般会计处理违规问题。第二类是与经营有关的违规行为，包括未经授权变更资金使用、挪用公款、内幕交易、非法回购股份、操纵股价、非法提供贷款担保等。第三类违规行为是证监会规定的"其他"类的违规行为。相关结果如表5所示，有监管经历高管可以帮助公司利用其监管经验和专业知识，减少虚假财务报表和信息披露等会计违规。

表5　　　　高管监管经历与公司违规类型

变量	Misconduct			Misconduct_num			Misconduct_ratio		
	(1) 会计违规	(2) 经营违规	(3) 其他违规	(1) 会计违规	(2) 经营违规	(3) 其他违规	(1) 会计违规	(2) 经营违规	(3) 其他违规
MisFirm	−0.171 (−0.80)	0.324 (0.94)	−0.986** (−2.16)	−0.200** (−2.19)	−0.098 (−1.00)	−0.156** (−2.12)	−0.042** (−2.30)	−0.055 (−1.03)	−0.046** (−2.04)
BM	−0.800** (−2.08)	−0.254 (−0.33)	0.189 (0.32)	−0.480*** (−2.65)	−0.395** (−2.06)	−0.253* (−1.78)	−0.104*** (−2.74)	−0.224** (−2.13)	−0.071 (−1.64)
Size	0.038 (0.46)	−0.209 (−1.38)	−0.132 (−1.04)	−0.108*** (−2.77)	−0.076* (−1.82)	−0.010 (−0.32)	−0.021*** (−2.64)	−0.043* (−1.90)	−0.005 (−0.52)
ROA	−3.169*** (−2.86)	0.604 (0.22)	−4.926*** (−3.34)	−5.052*** (−9.17)	−2.984*** (−5.20)	−4.106*** (−9.47)	−1.089*** (−9.06)	−1.606*** (−5.14)	−1.231*** (−9.27)

续表

变量	Misconduct			Misconduct_num			Misconduct_ratio		
	（1）	（2）	（3）	（1）	（2）	（3）	（1）	（2）	（3）
	会计违规	经营违规	其他违规	会计违规	经营违规	其他违规	会计违规	经营违规	其他违规
Lev	1.547***	0.142	0.898	1.647***	0.794***	0.763***	0.341***	0.431***	0.243***
	(3.90)	(0.19)	(1.52)	(8.92)	(4.02)	(5.10)	(8.81)	(4.01)	(5.32)
Board	0.002	−0.026	−0.069	0.025	−0.007	0.021*	0.006*	−0.004	0.007*
	(0.04)	(−0.39)	(−1.21)	(1.64)	(−0.43)	(1.70)	(1.84)	(−0.46)	(1.86)
Ceodual	0.254*	0.425*	0.329*	0.281***	0.199***	0.225***	0.056***	0.101***	0.068***
	(1.91)	(1.80)	(1.70)	(4.64)	(3.12)	(4.67)	(4.55)	(2.90)	(4.63)
analyst	−0.026***	−0.007	−0.022*	−0.018***	−0.008**	−0.011***	−0.003***	−0.004**	−0.003***
	(−2.88)	(−0.51)	(−1.75)	(−4.83)	(−2.13)	(−3.76)	(−4.43)	(−2.07)	(−3.54)
Instown	−1.352***	−0.866	−0.551	−1.116***	−0.631***	−0.901***	−0.227***	−0.338***	−0.275***
	(−3.72)	(−1.41)	(−0.99)	(−7.09)	(−3.83)	(−7.22)	(−7.06)	(−3.76)	(−7.15)
Exeown	0.008	−0.229	−1.011	−0.646***	0.191	−0.725***	−0.133***	0.109	−0.219***
	(0.01)	(−0.26)	(−1.17)	(−2.58)	(0.75)	(−3.58)	(−2.62)	(0.78)	(−3.52)
Relate	0.288**	0.330	−0.039	0.149***	0.210***	0.003	0.028**	0.117***	−0.000
	(2.28)	(1.51)	(−0.19)	(2.64)	(3.52)	(0.07)	(2.48)	(3.59)	(−0.03)
Constant	−2.766*	1.263	−0.380	1.609**	0.126	−0.280	0.334**	0.191	−0.034
	(−1.73)	(0.45)	(−0.16)	(2.20)	(0.16)	(−0.48)	(2.21)	(0.44)	(−0.19)
行业效应	控制	控制	控制	控制	控制	控制	控制	控制	控制
年份效应	控制	控制	控制	控制	控制	控制	控制	控制	控制
观测值	10575	9959	10394	10778	10778	10778	10778	10778	10778
Pseudo R^2	0.0601	0.0696	0.0617	0.0455	0.0528	0.0542	0.1054	0.048	0.0774

注：*、**、***分别表示在 10%、5%、1%的水平上显著。

5.2 机制分析

在本节中，我们探究了聘用前监管部门离任官员对公司违规行为产生影响的潜在机制。从理论上讲，如果有监管经历的高管发挥了"治理改善"的作用，公司的盈余管理程度会下降。反之，如果有监管经历的高管发挥的是"监管规避"的作用，即政治关系只是降低了"被发现的违规行为"，并非公司的实际违规行为，则公司的盈余管理程度不会下降。本文使用如下模型（2）对机制展开检验：

$$\mathrm{EM}_{i,t} = \alpha + \beta_1 \mathrm{MisFirm}_{i,t} + \gamma \mathrm{Controls}_{i,t} + \mathrm{Industry} + \mathrm{Year} + \varepsilon_{i,t} \tag{2}$$

这里，$\mathrm{EM}_{i,t}$ 表示公司的盈余管理程度。具体而言，参考 Fang 等（2016），依据修正 Jones 模型（Dechow et al.，1995）得到的残差用于衡量公司的盈余管理程度。具体而言，我们参考路军伟等（2022），将盈余管理程度的指标取绝对值，用于衡量公司整体的盈余管理程度，记为 EM_all。进一步，我们设定了向上盈余管理指标 EM_pos，计算方式为将盈余管理为负的值替换为 0，对于盈余管理为正的值保持不变。类似地，我们计算了向下盈余管理指标 EM_neg，即将盈余管理为正的值替换为 0，对盈余管理为负的值取绝对值。模型（2）中其他变量定义同模型（1）。

表 6 呈现的是回归模型（2）的结果。表 6 列（1）报告的是高管监管经历对公司盈余管理绝对值的影响，发现高管监管经历 MisFirm 显著为负，回归系数为 −0.004，说明有监管经历的高管会降低公司的盈余管理程度。表 6 列（2）报告的是高管监管经历对向上盈余管理的影响，我们关注的变量 MisFirm 在 1% 显著性水平上显著为负，说明有监管经历的高管在降低公司向上盈余管理中发挥着重要作用。而表 6 列（3）则是向下盈余管理对高管监管经历回归得到的结果，此时变量 MisFirm 并不显著。结合表 6 各列结果可知，有监管经历的高管对公司盈余管理的降低作用主要集中于向上盈余管理。

表 6　　　　　　　　　　　　　　高管监管经历与公司盈余管理

	（1）	（2）	（3）
	EM_all	EM_pos	EM_neg
MisFirm	−0.004**	−0.004***	−0.000
	（−2.70）	（−3.62）	（−0.20）
BM	−0.015***	0.004	−0.020***
	（−3.39）	（0.87）	（−6.14）
Size	−0.004*	−0.001	−0.002**
	（−1.98）	（−0.75）	（−2.84）
ROA	0.026	0.269***	−0.239***
	（0.56）	（10.55）	（−8.97）
Lev	0.030***	0.012**	0.018***
	（7.63）	（2.81）	（6.56）
Board	−0.002***	−0.001**	−0.001***
	（−4.86）	（−2.65）	（−3.11）
Ceodual	0.002*	0.002	−0.000
	（1.80）	（1.43）	（−0.04）
Analyst	0.000	−0.000	0.000***
	（0.95）	（−1.30）	（2.94）
Instown	0.008**	0.001	0.007**
	（2.23）	（0.18）	（2.61）
Exeown	0.019**	0.014	0.004
	（2.55）	（1.59）	（1.21）
Relate	−0.001	0.000	−0.001
	（−1.25）	（0.17）	（−1.35）

续表

	（1）	（2）	（3）
	EM_all	EM_pos	EM_neg
Constant	0.156***	0.064*	0.091***
	(4.37)	(2.07)	(5.57)
行业效应	控制	控制	控制
年份效应	控制	控制	控制
观测值	15708	15708	15708
R-squared	0.073	0.109	0.113

注：*、**、*** 分别表示在 10%、5%、1% 的水平上显著。

综上所述，有监管经历的高管会显著降低公司的盈余管理，尤其是降低公司的向上盈余管理。这一结论支持了有监管经历的高管发挥了"监管规避"作用的假说，排除了我们的结论是由"被发现的违规行为"导致的竞争性假说。

5.3 横截面分析

考虑到本文结果因高管在监管机构任职级别的不同而产生差异，本文据此进行了横截面分析。直觉上，高管在监管机构任职级别越高，对监管的要求越熟悉，即拥有更多监管方面的知识和能力，故能更好地发挥咨询和教育作用。因此，我们预计，高管曾在监管机构任较高级别的职位会增强本文的主要结果。我们通过如下模型（3）进行横截面分析：

$$\text{Misconduct}_{i,t} = \alpha + \beta_1 \text{MisFirm}_{i,t-2} \times \text{RankHigh}_{i,t-2} + \beta_2 \text{MisFirm}_{i,t-2} \times \text{RankLow}_{i,t-2} +$$
$$\gamma \text{Controls}_{i,t} + \text{Industry} + \text{Year} + \varepsilon_{i,t} \quad (3)$$

其中，$\text{RankHigh}_{i,t-2}$ 和 $\text{RankLow}_{i,t-2}$ 为高管是否在监管机构任较高级别的虚拟变量①。当高管曾在监管机构任较高级别时 $\text{RankHigh}_{i,t-2}$ 取值为 1，反之取值为 0。相应地，当高管曾在监管机构任较低级别时 $\text{RankLow}_{i,t-2}$ 取值为 1，反之取值为 0。模型（3）中其他的变量定义同模型（1）。

表 7 呈现的是高管监管经历对公司违规行为的整体影响。表 7 各列中交乘项 MisFirm×RankHigh 均在 5% 的显著性水平上显著为负，而交乘项 MisFirm×RankLow 均不显著，说明高管监管经历对公司违规的降低作用在高管曾于监管机构任较高职位时更显著，这与本文的猜想一致。进一步，我们将被解释变量依次替换为会计违规、经营违规和其他违规，结果如表 8 所示。由表 8 可知，在会计违规和其他违规中，整体而言，交乘项 MisFirm×RankHigh 显著为负，而交乘项 MisFirm×RankLow 不显著，这与表 7 的结果相一致。如表 8 所示，当被解释变量为经营违规时，交乘项 MisFirm×RankHigh 和 MisFirm×RankLow 都不显著，这与表 5 主回归的结果相一致，即高管监管经历对公司经营违规行为的影响不显著。

---

① 本文将处长、理事长、秘书长、总监、所长、主任、经理、局长设定为较高级别的任职。

表 7　　　　　　　　　　　　　高管在监管机构任职级别与公司违规

	（1）	（2）	（3）
	Misconduct	Misconduct_num	Misconduct_ratio
MisFirm×RankHigh	−0. 304 **	−0. 235 **	−0. 017 **
	（−2. 18）	（−2. 45）	（−2. 55）
MisFirm×RankLow	−0. 139	−0. 080	−0. 005
	（−1. 26）	（−1. 04）	（−0. 99）
BM	−0. 500 ***	−0. 369 ***	−0. 028 ***
	（−2. 91）	（−3. 05）	（−3. 17）
Size	−0. 075 **	−0. 061 **	−0. 005 **
	（−2. 01）	（−2. 35）	（−2. 39）
ROA	−4. 129 ***	−3. 167 ***	−0. 226 ***
	（−7. 23）	（−8. 40）	（−8. 24）
Lev	1. 221 ***	0. 920 ***	0. 069 ***
	（6. 73）	（7. 35）	（7. 57）
Board	0. 035 **	0. 025 **	0. 002 ***
	（2. 38）	（2. 46）	（2. 69）
Ceodual	0. 287 ***	0. 214 ***	0. 015 ***
	（4. 90）	（5. 25）	（5. 12）
Analyst	−0. 014 ***	−0. 010 ***	−0. 001 ***
	（−4. 15）	（−4. 13）	（−4. 11）
Instown	−1. 138 ***	−0. 781 ***	−0. 054 ***
	（−7. 44）	（−7. 46）	（−7. 12）
Exeown	−0. 553 **	−0. 400 **	−0. 025 **
	（−2. 32）	（−2. 40）	（−2. 05）
Relate	0. 108 *	0. 078 **	0. 005 **
	（1. 95）	（2. 01）	（2. 00）
Constant	1. 364 *	1. 070 **	0. 096 ***
	（1. 92）	（2. 15）	（2. 69）
行业效应	控制	控制	控制
年份效应	控制	控制	控制
观测值	10778	10778	10778
Pseudo R^2	0. 0589	0. 0487	0. 2919

注： *、**、*** 分别表示在 10%、5%、1%的水平上显著。

表 8　　　　　　　　　　　　高管在监管机构任职级别与公司违规类型

变量	Misconduct			Misconduct_num			Misconduct_ratio		
	（1）	（2）	（3）	（1）	（2）	（3）	（1）	（2）	（3）
	会计违规	经营违规	其他违规	会计违规	经营违规	其他违规	会计违规	经营违规	其他违规
MisFirm×RankHigh	0.009	0.120	−1.614	−0.294**	−0.193	−0.194*	−0.063**	−0.114	−0.062*
	(0.03)	(0.20)	(−1.61)	(−2.05)	(−1.25)	(−1.65)	(−2.20)	(−1.36)	(−1.72)
MisFirm×RankLow	−0.304	0.427	−0.742	−0.141	−0.044	−0.132	−0.029	−0.021	−0.036
	(−1.09)	(1.05)	(−1.44)	(−1.23)	(−0.36)	(−1.44)	(−1.27)	(−0.32)	(−1.28)
BM	−0.811**	−0.244	0.197	−0.476***	−0.391**	−0.252*	−0.103***	−0.222**	−0.071
	(−2.10)	(−0.32)	(0.34)	(−2.63)	(−2.04)	(−1.77)	(−2.72)	(−2.11)	(−1.63)
Size	0.039	−0.208	−0.133	−0.108***	−0.076*	−0.010	−0.021***	−0.043*	−0.005
	(0.46)	(−1.38)	(−1.04)	(−2.77)	(−1.82)	(−0.32)	(−2.64)	(−1.90)	(−0.52)
ROA	−3.205***	0.640	−4.909***	−5.036***	−2.969***	−4.100***	−1.085***	−1.597***	−1.229***
	(−2.89)	(0.23)	(−3.33)	(−9.14)	(−5.17)	(−9.45)	(−9.03)	(−5.12)	(−9.26)
Lev	1.542***	0.151	0.908	1.652***	0.798***	0.764***	0.342***	0.434***	0.244***
	(3.89)	(0.20)	(1.54)	(8.94)	(4.05)	(5.11)	(8.83)	(4.04)	(5.33)
Board	0.001	−0.025	−0.069	0.025*	−0.007	0.021*	0.006*	−0.004	0.007*
	(0.04)	(−0.38)	(−1.20)	(1.65)	(−0.43)	(1.69)	(1.85)	(−0.46)	(1.86)
Ceodual	0.252*	0.425*	0.332*	0.282***	0.201***	0.226***	0.056***	0.101***	0.069***
	(1.90)	(1.80)	(1.72)	(4.66)	(3.14)	(4.68)	(4.58)	(2.92)	(4.65)
Analyst	−0.026***	−0.007	−0.022*	−0.018***	−0.008**	−0.011***	−0.003***	−0.004**	−0.003***
	(−2.89)	(−0.50)	(−1.74)	(−4.82)	(−2.13)	(−3.76)	(−4.42)	(−2.07)	(−3.53)
Instown	−1.346***	−0.880	−0.560	−1.121***	−0.637***	−0.903***	−0.228***	−0.341***	−0.276***
	(−3.70)	(−1.43)	(−1.01)	(−7.13)	(−3.86)	(−7.23)	(−7.09)	(−3.80)	(−7.17)
Exeown	0.014	−0.238	−1.021	−0.650***	0.187	−0.727***	−0.134***	0.106	−0.220***
	(0.03)	(−0.27)	(−1.18)	(−2.60)	(0.73)	(−3.59)	(−2.64)	(0.76)	(−3.53)
Relate	0.291**	0.327	−0.042	0.148***	0.209***	0.003	0.028**	0.116***	−0.001
	(2.29)	(1.49)	(−0.21)	(2.62)	(3.50)	(0.06)	(2.46)	(3.56)	(−0.05)
Constant	−2.773*	1.243	−0.370	1.612**	0.128	−0.280	0.334**	0.192	−0.034
	(−1.74)	(0.44)	(−0.16)	(2.20)	(0.16)	(−0.48)	(2.22)	(0.45)	(−0.19)
行业效应	控制	控制	控制	控制	控制	控制	控制	控制	控制
年份效应	控制	控制	控制	控制	控制	控制	控制	控制	控制
观测值	10575	9959	10394	10778	10778	10778	10778	10778	10778
Pseudo R^2	0.0603	0.0698	0.0621	0.0597	0.0456	0.0542	0.1055	0.0481	0.0775

注：*、**、***分别表示在 10%、5%、1%的水平上显著。

综上所述，当高管曾在监管机构任较高职位时，高管监管经历对公司违规行为（包括会计违规和其他违规）的降低作用更为显著。

6. 稳健性检验

6.1 高管监管经历的替代测度

为了检验本文对高管的监管经历测度的稳健性，本文定义了一个连续变量来衡量高管团队中具有监管经历的高管的比例，作为有监管经历高管的替代测度，记为 MisFirm%。将核心解释变量从虚拟变量 MisFirm 替换为连续变量 MisFirm%，对模型（1）重新进行回归，得到的结果如表 9 所示。其中，列（1）、列（2）和列（3）涉及模型中的被解释变量依次为 Misconduct（公司是否发生违规行为）、Misconduct_num（公司违规行为数量加 1 后取对数值）以及 Misconduct_ratio（公司违规行为占比）。对比表 9 和主回归结果（见表 4）可知，在使用高管监管经历的替代测度时，本文的研究结论保持稳健。

表 9　　　　　　　　　　　　　　高管监管经历的替代测度

变量	（1）	（2）	（3）
	Logit	Tobit	Tobit
	Misconduct	Misconduct_num	Misconduct_ratio
MisFirm%	−3.653**	−2.692**	−0.198**
	（−2.05）	（−2.17）	（−2.25）
BM	−0.494***	−0.366***	−0.028***
	（−2.88）	（−3.02）	（−3.15）
Size	−0.076**	−0.062**	−0.005**
	（−2.05）	（−2.36）	（−2.41）
ROA	−4.113***	−3.156***	−0.226***
	（−7.21）	（−8.39）	（−8.23）
Lev	1.226***	0.922***	0.069***
	（6.75）	（7.37）	（7.59）
Board	0.034**	0.024**	0.002***
	（2.33）	（2.39）	（2.63）

续表

变量	（1） Logit Misconduct	（2） Tobit Misconduct_num	（3） Tobit Misconduct_ratio
Ceodual	0.288 ***	0.215 ***	0.015 ***
	(4.92)	(5.26)	(5.13)
Analyst	−0.014 ***	−0.010 ***	−0.001 ***
	(−4.15)	(−4.14)	(−4.12)
Instown	−1.142 ***	−0.784 ***	−0.054 ***
	(−7.46)	(−7.48)	(−7.13)
Exeown	−0.553 **	−0.399 **	−0.024 **
	(−2.32)	(−2.40)	(−2.05)
Relate	0.107 *	0.077 **	0.005 **
	(1.93)	(1.99)	(1.98)
Constant	1.392 **	1.080 **	0.097 ***
	(1.96)	(2.18)	(2.71)
行业效应	控制	控制	控制
年份效应	控制	控制	控制
观测值	10778	10778	10778
Pscudo R^2	0.0587	0.0485	0.2911

注：* 、** 、*** 分别表示在10%、5%、1%的水平上显著。

6.2 高管监管经历的内生性

6.2.1 倾向得分匹配回归

本文的研究结果中可能存在潜在的选择偏差，因为公司聘用具有监管经历高管的决定是非随机的，而未做出的选择的结果是不可观察的。如表 3 所示，有监管经历高管公司不同于无监管经历高管公司。为了确保控制组与处理组具有可比性，本文采用倾向分数匹配的方法寻找没有监管经历高管的控制组。匹配标准包括以下公司特征：董事会规模、总资产回报率、市值与账面值比率、公司规模、杠杆率、机构持股、高管持股和分析师覆盖率。匹配结果如图 1 所示，表 10 给出了倾向分数匹配回归的结果，与基准回归结果一致。

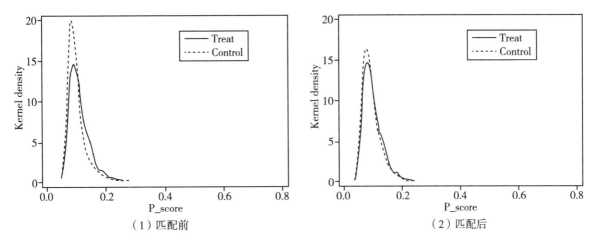

（1）匹配前　　　　　　　　　　　　　（2）匹配后

图 1　倾向得分值概率分布密度函数图

表 10　　　　　　　　　　　　　　　倾向得分匹配回归

变量	（1）	（2）	（3）
	Logit	Tobit	Tobit
	Misconduct	Misconduct_num	Misconduct_ratio
MisFirm	-0.338***	-0.244***	-0.019***
	(-2.89)	(-3.01)	(-3.14)
BM	-0.850***	-0.623***	-0.045***
	(-2.62)	(-2.69)	(-2.62)
Size	-0.201***	-0.158***	-0.012***
	(-2.79)	(-3.08)	(-3.10)
ROA	-4.049***	-2.812***	-0.194***
	(-3.58)	(-3.68)	(-3.42)
Lev	1.493***	1.096***	0.084***
	(3.98)	(4.18)	(4.45)
Board	0.036	0.031	0.003*
	(1.31)	(1.61)	(1.88)
Ceodual	0.358***	0.272***	0.020***
	(2.82)	(3.02)	(3.02)
Analyst	-0.019***	-0.014***	-0.001***
	(-2.83)	(-3.02)	(-3.13)

续表

变量	(1)	(2)	(3)
	Logit	Tobit	Tobit
	Misconduct	Misconduct_num	Misconduct_ratio
Instown	-0.557*	-0.379*	-0.021
	(-1.74)	(-1.68)	(-1.29)
Exeown	0.335	0.259	0.026
	(0.67)	(0.72)	(1.00)
Relate	0.267**	0.185**	0.013**
	(2.45)	(2.39)	(2.37)
Constant	4.015***	3.061***	0.242***
	(2.91)	(3.14)	(3.42)
行业效应	控制	控制	控制
年份效应	控制	控制	控制
观测值	2890	2891	2891
Pseudo R^2	0.0765	0.0621	0.3011

注：*、**、***分别表示在 10%、5%、1%的水平上显著。

6.2.2 倾向得分匹配方法和双重差分法（DID）

2012 年，习近平就任国家主席后发起了力度大、范围广泛的反腐败运动。2013 年 10 月 19 日，中共中央组织部正式颁布《关于进一步规范党政领导干部在企业兼职（任职）问题的意见》（简称中组部"18 号文"）。"18 号文"对此前通过聘请具有监管经历高管来获得证监会优惠待遇的公司造成了外生冲击。已有研究发现，"18 号文"促使大量上市公司"官员"独立董事辞职（乐菲菲等，2020）。一方面，本文的研究对象是广义上的高管，其中 82.83% 具有监管经历的高管在公司任独立董事①。另一方面，虽然已有研究大多使用"18 号文"展开对独立董事的研究，但文件本身未将在企业兼职（任职）的职位限定于独立董事。因此，结合本文的样本情况和"18 号文"政策的内容，本文采用"18 号文"的发布作为一个自然实验，以调查高管的监管经历对公司违规行为可能性的因果影响②。

按照 Lemmon 和 Roberts（2010）的观点，在事件年（2013 年）前后确定一个平衡的时间范围，

---

① 具有监管经历的高管在公司的任职情况详见文末附表 2。
② 事实上，我们剔除具有监管经历的高管未就任独立董事的观测值，得到的结果与未剔除时一致。

并避免在冲击前（2011—2013 年）和冲击后（2014—2018 年）人为扭曲自由度。由于公司存在自选择行为，本文使用 PSM 方法对每个实验组公司年度观测值确定与其匹配的全部控制组公司年度观测值，以确保控制组与实验组具有可比性，满足平行趋势假设，最终得到处理组的 877 个公司年度观测值和对照组的 8003 个公司年度观测值。

表 11 给出了使用匹配样本进行 DID 估计的结果（表 11 Panel A），发现"18 号文"发布后，实验组较对照组的违规行为显著增加。表 11 的结果说明，"18 号文"发布促使有监管经历的高管离职，使有监管经历高管发挥的"治理改善"作用随之消失，从而增加了公司的违规行为。本文就该 DID 进行了安慰剂检验（表 11 Panel B），与"18 号文"无关的一些不可观察的冲击可能会推动本文的发现。为解决这一问题，本文人为地选择 2017 年为"伪事件"年，即将 2016—2017 年设定为事件发生前的年份，将 2018—2019 年设定为事件发生后的年份，进行了相同的 PSM-DID 分析，发现双重差分结果的系数变得不显著。

表 11　　　　　　　　　　　　　　　　　　　　**PSM-DID**

Panel A：PSM-DID

	Misconduct			Misconduct_num			Misconduct_rate		
	政策前实验组与控制组差分	政策后实验组与控制组差分	双重差分结果	政策前实验组与控制组差分	政策后实验组与控制组差分	双重差分结果	政策前实验组与控制组差分	政策后实验组与控制组差分	双重差分结果
差分值	−0.051	−0.017	**0.035**	−0.046	−0.009	**0.037**	−0.005	−0.000	**0.005**
标准误	0.013	0.011	**0.017**	0.013	0.011	**0.017**	0.001	0.001	**0.001**
T 值	−3.84	1.54	**2.01**	−3.44	0.81	**2.16**	−4.72	0.32	**3.46**
P 值	0.000***	0.123	**0.045****	0.001***	0.418	**0.031****	0.000***	0.750	**0.001****

Panel B：安慰剂检验

	Misconduct			Misconduct_num			Misconduct_rate		
	政策前实验组与控制组差分	政策后实验组与控制组差分	双重差分结果	政策前实验组与控制组差分	政策后实验组与控制组差分	双重差分结果	政策前实验组与控制组差分	政策后实验组与控制组差分	双重差分结果
差分值	−0.019	−0.032	**−0.013**	−0.012	−0.028	**−0.016**	−0.000	−0.001	**−0.001**
标准误	0.017	0.018	**0.025**	0.018	0.019	**0.026**	0.001	0.001	**0.001**
T 值	−1.13	1.77	**0.53**	−0.68	1.44	**0.59**	−0.54	1.14	**0.47**
P 值	0.257	0.078*	**0.599**	0.496	0.150	**0.553**	0.592	0.255	**0.638**

注：*、**、*** 分别表示在 10%、5%、1%的水平上显著。

7. 研究结论

尽管《中华人民共和国证券法》明确规定，"国务院证券监督管理机构工作人员在任职期间，或者离职后在《中华人民共和国公务员法》规定的期限内，不得到与原工作业务直接相关的企业或者其他营利性组织任职，不得从事与原工作业务直接相关的营利性活动"，但仍然有不少监管机构官员离职后担任公司高管，本文的样本中 8.96% 的公司拥有具有监管经历的高管。大量文献研究了监管者加入被监管公司后对监管行业的影响，但是少有研究考察监管者加入监管公司后对公司行为的影响。作为对 DeHaan 等（2015）的补充，本文研究了高管的监管经历与公司违规行为可能性之间的关系，结果支持"治理改善"假说。进一步分析表明，在会计违规行为以及高管曾在监管机构任较高职位的公司中，高管监管经历对公司违规行为的影响更为显著。结果说明，具有监管经历的高管由于"声誉担忧"和"教育作用"，利用其专业知识和技能，通过监督和教育提高了公司的治理水平，降低了公司的盈余管理程度，显著减少了公司的违规行为。本文为公司聘用前监管部门离任官员提高公司治理水平减少违规行为提供了证据。

本文的研究结果不仅增进了上市公司发生违规事件影响因素的文献积累，同时也对证监会、交易所等监管机构如何加强和改进对上市公司的监管执法提供了启发。一方面，从违规类型来看，监管部门可能在会计违规方面的监管漏洞较多，需要进一步规范监管流程。另一方面，监管部门加强对监管官员业务能力的提高，有利于监管官员离任加入公司后更好地发挥监督和教育作用，以提升公司治理水平，促进公司发展。除此之外，这也为公司提升治理水平、降低违规行为提供了新的思路，即在合法的情况下，引进具有监管经历的高管，从而享受"治理改善"的红利。

◎ 参考文献

[1] 蔡庆丰，田霖，郭俊峰. 民营企业家的影响力与企业的异地并购——基于中小板企业实际控制人政治关联层级的实证发现 [J]. 中国工业经济，2017 (3).

[2] 陈传明，孙俊华. 企业家人口背景特征与多元化战略选择——基于中国上市公司面板数据的实证研究 [J]. 管理世界，2008 (5).

[3] 陈德球，金雅玲，董志勇. 政策不确定性、政治关联与企业创新效率 [J]. 南开管理评论，2016，19 (4).

[4] 陈信元，李莫愁，芮萌，夏立军. 司法独立性与投资者保护法律实施——最高人民法院"1/15通知"的市场反应 [J]. 经济学（季刊），2010，9 (1).

[5] 代昀昊，孔东民. 高管海外经历是否能提升企业投资效率 [J]. 世界经济，2017，40 (1).

[6] 邓川，高雅琴，杨文莺. CFO 审计师经历、旋转门现象与会计稳健性 [J]. 财经论丛，2017 (3).

[7] 杜兴强，张颖. 独立董事返聘与公司违规："学习效应"抑或"关系效应"？[J]. 金融研究，2021（4）.

[8] 颉茂华，王娇，刘铁鑫，施诺. 反腐倡廉、政治关联与企业并购重组行为 [J]. 经济学（季刊），2021，21（3）.

[9] 赖黎，巩亚林，夏晓兰，马永强. 管理者从军经历与企业并购 [J]. 世界经济，2017，40（12）.

[10] 乐菲菲，张金涛，魏震昊. 独立董事辞职、政治关联丧失与企业创新效率 [J]. 科研管理，2020，41（2）.

[11] 李维安，王鹏程，徐业坤. 慈善捐赠、政治关联与债务融资——民营企业与政府的资源交换行为 [J]. 南开管理评论，2015，18（1）.

[12] 李晓慧，王彩，孙龙渊. 中注协约谈监管对抑制公司违规的"补台"与"合奏"效应研究 [J]. 会计研究，2022（3）.

[13] 柳光强，孔高文. 高管经管教育背景与企业内部薪酬差距 [J]. 会计研究，2021（3）.

[14] 柳光强，孔高文. 高管海外经历是否提升了薪酬差距 [J]. 管理世界，2018，34（8）.

[15] 路军伟，王舒慧，刘瑶瑶. 年报审计师声誉会影响中报会计信息质量吗？[J/OL]. 南开管理评论.

[16] 毛新述，周小伟. 政治关联与公开债务融资 [J]. 会计研究，2015（6）.

[17] 权小锋，醋卫华，尹洪英. 高管从军经历、管理风格与公司创新 [J]. 南开管理评论，2019，22（6）.

[18] 苏屹，陈凤妍. 企业家地方政治关联对技术创新绩效影响研究 [J]. 系统工程理论与实践，2017，37（2）.

[19] 唐松，孙铮. 政治关联、高管薪酬与企业未来经营绩效 [J]. 管理世界，2014（5）.

[20] 滕飞，夏雪，辛宇. 证监会随机抽查制度与上市公司规范运作 [J]. 世界经济，2022，45（8）.

[21] 叶青，赵良玉，刘思辰. 独立董事"政商旋转门"之考察：一项基于自然实验的研究 [J]. 经济研究，2016，51（6）.

[22] 余玉苗，胡媛媛. 财务负责人"旋转门"现象与公司盈余管理行为 [J]. 审计与经济研究，2018，33（5）.

[23] 张琦，郑瑶，孔东民. 地区环境治理压力、高管经历与企业环保投资——一项基于《环境空气质量标准（2012）》的准自然实验 [J]. 经济研究，2019，54（6）.

[24] 张天舒，陈信元，黄俊. 政治关联、风险资本投资与企业绩效 [J]. 南开管理评论，2015，18（5）.

[25] 钟腾，汪昌云，祝继高. 房地产抵押价值、高管公职经历与资源重配——基于公司层面的经验证据 [J]. 经济学（季刊），2020，19（3）.

[26] Acemoglu, D., Johnson, S., Kermani, A., et al. The value of connections in turbulent times: Evidence from the United States [J]. Journal of Financial Economics, 2016, 121（2）.

[27] Adhikari, A., Derashid, C., Zhang, H. Public policy, political connections, and effective tax rates: Longitudinal evidence from Malaysia [J]. Journal of Accounting and Public Policy, 2006, 25 (5).

[28] Agarwal, S., Lucca, D., Seru, A., et al. Inconsistent regulators: Evidence from banking [J]. The Quarterly Journal of Economics, 2014, 129 (2).

[29] Aggarwal, R. K., Meschke, F., Wang, T. Y. Corporate political donations: Investment or agency? [J]. Business and Politics, 2012, 14 (1).

[30] Agrawal, A., Chadha, S. Corporate governance and accounting scandals [J]. The Journal of Law and Economics, 2005, 48 (2).

[31] Aggarwal, R. K., Evans, M. E., Nanda, D. Nonprofit boards: Size, performance and managerial incentives [J]. Journal of Accounting and Economics, 2012, 53 (1-2).

[32] Atkins, P. S. Speech by SEC commissioner: Charles Hamilton Houston lecture [EB/OL]. (2005-4-4) [2022-4-25]. https://www.sec.gov/news/speech/spch040405psa.htm.

[33] Atkins, P. S. Speech by SEC commissioner: American society and the SEC's mission [EB/OL]. (2007-10-15) [2022-4-25]. https://www.sec.gov/news/speech/2007/spch101507psa.htm.

[34] Bar-Isaac, H., Shapiro, J. Credit ratings accuracy and analyst incentives [J]. American Economic Review, 2011, 101 (3).

[35] Blanes, I., Vidal, J., Draca, M., Fons-Rosen, C. Revolving door lobbyists [J]. The American Economic Review, 2012, 102 (7).

[36] Beasley, M. S. An empirical analysis of the relation between the board of director composition and financial statement fraud [J]. Accounting Review, 1996, 71 (4).

[37] Beneish, M. D. Detecting GAAP violation: Implications for assessing earnings management among firms with extreme financial performance [J]. Journal of Accounting and Public Policy, 1997, 16 (3).

[38] Beneish, M. D. Discussion of "Are accruals during initial public offerings opportunistic?" [J]. Review of Accounting Studies, 1998, 3 (1).

[39] Bergstresser, D., Philippon, T. CEO incentives and earnings management [J]. Journal of Financial Economics, 2006, 80 (3).

[40] Bertrand, M., Bombardini, M., Trebbi, F. Is it whom you know or what you know? An empirical assessment of the lobbying process [J]. American Economic Review, 2014, 104 (12).

[41] Bond, P., Glode, V. The labor market for bankers and regulators [J]. The Review of Financial Studies, 2014, 27 (9).

[42] Burns, N., Kedia, S. The impact of performance-based compensation on misreporting [J]. Journal of Financial Economics, 2006, 79 (1).

[43] Chen, C. J. P., Li, Z., Su, X., et al. Rent-seeking incentives, corporate political connections,

and the control structure of private firms：Chinese evidence ［J］. Journal of Corporate Finance, 2011, 17（2）.

［44］ Clarke, D., Murrell, P., Whiting, S. The role of law in China's economic development ［J］. China's Great Economic Transformation, 2008, 11.

［45］ Cornaggia, J., Cornaggia, K. J., Xia, H. Revolving doors on Wall Street ［J］. Journal of Financial Economics, 2016, 120（2）.

［46］ Correia, M. M. Political connections and SEC enforcement ［J］. Journal of Accounting and Economics, 2014, 57（2-3）.

［47］ Dechow, P. M., Sloan, R. G., Sweeney, A. P. Detecting earnings management ［J］. Accounting Review, 1995, 70（2）.

［48］ Dechow, P. M., Ge, W., Larson, C. R., et al. Predicting material accounting misstatements ［J］. Contemporary Accounting Research, 2011, 28（1）.

［49］ Dechow, P. M., Sloan, R. G., Sweeney, A. P. Causes and consequences of earnings manipulation： An analysis of firms subject to enforcement actions by the SEC ［J］. Contemporary Accounting Research, 1996, 13（1）.

［50］ Dewally, M., Peck, S. W. Upheaval in the boardroom：Outside director public resignations, motivations, and consequences ［J］. Journal of Corporate Finance, 2010, 16（1）.

［51］ DeHaan, E., Kedia, S., Koh, K., et al. The revolving door and the SEC's enforcement outcomes： Initial evidence from civil litigation ［J］. Journal of Accounting and Economics, 2015, 60（2-3）.

［52］ Dinç, I. S. Politicians and banks：Political influences on government-owned banks in emerging markets ［J］. Journal of Financial Economics, 2005, 77（2）.

［53］ Dyck, A., Morse, A., Zingales, L. Who blows the whistle on corporate fraud? ［J］. The Journal of Finance, 2010, 65（6）.

［54］ Faccio, M., Masulis, R. W., McConnell, J. J. Political connections and corporate bailouts ［J］. The Journal of Finance, 2006, 61（6）.

［55］ Fahlenbrach, R., Low, A., Stulz, R. M. The dark side of outside directors：Do they quit when they are most needed? ［R］. National Bureau of Economic Research, 2010.

［56］ Fang, V. W., Huang, A. H., Karpoff, J. M. Short selling and earnings management：A controlled experiment ［J］. The Journal of Finance, 2016, 71（3）.

［57］ Geiger, M. A., North, D. S., O'Connell, B. T. The auditor-to-client revolving door and earnings management ［J］. Journal of Accounting, Auditing & Finance, 2005, 20（1）.

［58］ Geiger, M. A., North, D. S. Does hiring a new CFO change things? An investigation of changes in discretionary accruals ［J］. The Accounting Review, 2006, 81（4）.

［59］ Geiger, M. A., Lennox, C. S., North, D. S. The hiring of accounting and finance officers from audit firms：How did the market react？［J］. Review of Accounting Studies，2008，13（1）.

［60］ Gong, T. Dependent judiciary and unaccountable judges：Judicial corruption in contemporary China ［J］. China Review, 2004, 64（1）.

［61］ Healy, P. M., Wahlen, J. M. A review of the earnings management literature and its implications for standard setting ［J］. Accounting Horizons, 1999, 13（4）.

［62］ Heese, J., Khan, M., Ramanna, K. Is the SEC captured? Evidence from comment-letter reviews ［J］. Journal of Accounting and Economics, 2017, 64（1）.

［63］ Jayachandran, S. The Jeffords effect ［J］. The Journal of Law and Economics, 2006, 49（2）.

［64］ Karpoff, J. M., Lee, D. S., Martin, G. S. The cost to firms of cooking the books ［J］. Journal of Financial and Quantitative Analysis, 2008, 43（3）.

［65］ Khwaja, A. I., Mian, A. Do lenders favor politically connected firms? Rent provision in an emerging financial market ［J］. The Quarterly Journal of Economics, 2005, 120（4）.

［66］ Krishnan, C. N. V., Ivanov, V. I., Masulis, R. W., et al. Venture capital reputation, post-IPO performance, and corporate governance ［J］. Journal of Financial and Quantitative Analysis, 2011, 46（5）.

［67］ Lemmon, M., Roberts, M. R. The response of corporate financing and investment to changes in the supply of credit ［J］. Journal of Financial and Quantitative Analysis, 2010, 45（3）.

［68］ Leuz, C., Oberholzer-Gee, F. Political relationships, global financing, and corporate transparency：Evidence from Indonesia ［J］. Journal of Financial Economics, 2006, 81（2）.

［69］ Li, M., Makaew, T., Winton, A. Cheating in China：Corporate fraud and the role of financial markets ［R］. Available at SSRN：http：//ssrn. com/abstrcut=3757949, 2020.

［70］ Litov, L. P., Sepe, S. M., Whitehead, C. K. Lawyers and fools：Lawyer-directors in public corporations ［J］. Geo. LJ, 2013, 102.

［71］ Luechinger, S., Moser, C. The value of the revolving door：Political appointees and the stock market ［J］. Journal of Public Economics, 2014, 119.

［72］ Menon, K., Williams, D. D. Former audit partners and abnormal accruals ［J］. The Accounting Review, 2004, 79（4）.

［73］ Morse, A., Wang, W., Wu, S. Executive lawyers：Gatekeepers or strategic officers? ［J］. The Journal of Law and Economics, 2016, 59（4）.

［74］ Salant, D. J. Behind the revolving door：A new view of public utility regulation ［J］. The Rand Journal of Economics, 1995, 26（3）.

［75］ Schwert, G. W. Public regulation of national securities exchanges：A test of the capture hypothesis ［J］. The Bell Journal of Economics, 1977, 8（1）.

［76］ Shive, S. A., Forster, M. M. The revolving door for financial regulators ［J］. Review of Finance,

2017, 21 (4).

[77] Smallberg, M. Dangerous liaisons: Revolving door at SEC creates risk of regulatory capture [EB/ OL]. (2013-02-11) [2022-04-25]. https://www. page. org/report/2013/02/dangerous-liaisons-revolving-door-at-sec-creates-risk-of-regulatory-capture.

[78] Smith, Jr. C. W. , Watts, R. L. The investment opportunity set and corporate financing, dividend, and compensation policies [J]. Journal of Financial Economics, 1992, 32 (3).

[79] Wang, T. Y. Corporate securities fraud: Insights from a new empirical framework [J]. The Journal of Law, Economics, & Organization, 2013, 29 (3).

[80] Wu, W. , Johan, S. A. , Rui, O. M. Institutional investors, political connections, and the incidence of regulatory enforcement against corporate fraud [J]. Journal of Business Ethics, 2016, 134 (4).

[81] Yu, F. , Yu, X. Corporate lobbying and fraud detection [J]. Journal of Financial and Quantitative Analysis, 2011, 46 (6).

[82] Zhang, J. Public governance and corporate fraud: Evidence from the recent anti-corruption campaign in China [J]. Journal of Business Ethics, 2018, 148 (2).

Executives' Regulatory Experience and Corporate Fraud

Kong Dongmin[1]　Jin Yifan[2]

(1　School of Economics, Huazhong University of Science and Technology, Wuhan, 430074;

2　School of Management, Jinan University, Guangzhou, 510632)

Abstract: This paper examines the impact of the employment of former regulators by listed companies on the corporate fraud. Based on hand-collected data on executives' regulatory experience and the corporate fraud, we find that executives' regulatory experience significantly reduces the corporate fraud. The findings support the governance improvement hypothesis, that executives with regulatory experience can help companies reduce the degree of earnings management. Further analyses show that these effects are more stronger in companies with accounting fraud and executives who had held senior positions in regulators. Using the quasi-natural experiment of the exogenous policy of "Document No. 18" issued by the Organization Department of the Central Committee of the CPC, the results are robust. This study provides policy recommendations for better understanding corporate fraud and promoting corporate governance.

Key words: Regulatory experience; China Securities Regulatory Commission; Corporate fraud; Corporate governance

专业主编：潘红波

附表 1

Panel A：变量定义表

变　量	定　义
MisFirm	公司当年度至少有一名高管具有监管经历，则定义为 1，否则为 0
MisFirm%	公司当年度具有监管经历的高管比例
Misconduct	公司当年度发生违规行为，则定义为 1，否则为 0
Misconduct_num	公司当年度发生违规行为的次数加 1 后取对数值
Misconduct_ratio	公司当年度发生违规行为的次数在该年度全部违规行为次数中的占比
ROA	公司资产回报率
BM	公司的账面市值比
Size	总资产的对数
Lev	总负债与总资产的比率
Board	公司的董事会规模
Ceodual	公司当年度 CEO 和董事长两职合一，则定义为 1，否则为 0
Analyst	当年度跟踪该公司的分析师数量
Instown	公司当年度机构投资者持股比例
Exeown	高管当年度高管持股比例
Relate	高管简历中包含人大代表或政协委员，则定义为 1，否则为 0

Panel B：描述性统计表

变量	样本量	均值	标准差	最小值	最大值	中位值
Misconduct	17001	0.214	0.410	0	1	0
Misconduct_num	17001	0.355	0.868	0	8	0
Misconduct_ratio	17001	0.000	0.000	0	0.003	0
MisFirm	17001	0.090	0.286	0	1	0
MisFirm%	17001	0.007	0.023	0	0.111	0
BM	17001	0.636	0.241	0.125	1.142	0.642
Size	17001	22.45	1.317	20.020	26.300	22.270
ROA	17001	0.046	0.052	−0.225	0.197	0.042
Lev	17001	0.452	0.203	0.062	0.906	0.451
Board	17001	8.890	1.766	5	15	9
Ceodual	17001	0.236	0.424	0	1	0
Analyst	17001	9.948	9.754	1	43	6
Instown	17001	0.500	0.240	0.007	0.918	0.534
Exeown	17001	0.078	0.159	0	0.661	0
Relate	17001	0.252	0.434	0	1	0

续表

Panel C：变量的 Pearson 相关系数

变量	Misconduct	MisFirm	MB	Size	ROA	Lev	Board	Ceodual	Analyst	Instown	Exeown	Relate
MisFirm	−0. 011	1. 000										
MB	−0. 032 ***	0. 027 ***	1. 000									
Size	−0. 053 ***	0. 080 ***	0. 571 ***	1. 000								
ROA	−0. 132 ***	−0. 007	−0. 251 ***	−0. 093 ***	1. 000							
Lev	0. 051 ***	0. 045 ***	0. 386 ***	0. 516 ***	−0. 433 ***	1. 000						
Board	−0. 022 ***	0. 062 ***	0. 143 ***	0. 243 ***	−0. 015 **	0. 140 ***	1. 000					
Ceodual	0. 053 ***	−0. 027 ***	−0. 103 ***	−0. 165 ***	0. 056 ***	−0. 145 ***	−0. 181 ***	1. 000				
Analyst	−0. 093 ***	0. 042 ***	−0. 077 ***	0. 323 ***	0. 360 ***	−0. 020 **	0. 100 ***	0. 007	1. 000			
Instown	−0. 116 ***	0. 043 ***	0. 152 ***	0. 416 ***	0. 077 ***	0. 200 ***	0. 206 ***	−0. 194 ***	0. 212 ***	1. 000		
Exeown	0. 01	−0. 034 ***	−0. 050 ***	−0. 313 ***	0. 136 ***	−0. 301 ***	−0. 176 ***	0. 236 ***	−0. 005	−0. 646 ***	1. 000	
Relate	0. 020 ***	0. 013 *	0. 025 ***	0. 016 **	0. 016 **	−0. 017 **	0. 039 ***	0. 032 ***	0. 047 ***	−0. 023 ***	0. 059 ***	1. 000

附表2　　　　　　　　　　　**具有监管经历高管在公司中的职位类别统计表**

职位类别	频数	占比	职位类别	频数	占比
00300000N0	45	0. 89	10303000NN	1	0. 02
00303300NN	60	1. 18	10303300NN	7	0. 14
00303800NA	8	0. 16	10303800NA	13	0. 26
00303800NM	5	0. 1	10320000N0	23	0. 45
00320000N0	34	0. 67	10323200NN	1	0. 02
00323000NN	1	0. 02	10323300NN	1	0. 02
00323300NN	46	0. 9	10330000N0	8	0. 16
00330000N0	85	1. 67	10333000NN	5	0. 1
00333000NN	10	0. 2	10333800NA	13	0. 26
00333200NN	3	0. 06	10380000A0	2	0. 04
00333300NN	8	0. 16	10383300AN	1	0. 02
00333800NA	3	0. 06	1100000000	57	1. 12
00380000A0	7	0. 14	1100004400	6	0. 12
00380000I0	9	0. 18	11300000N0	13	0. 26
00380000M0	5	0. 1	11330000N0	3	0. 06
00383000AN	4	0. 08	1200000000	4211	82. 83
00383200IN	1	0. 02	2000000000	82	1. 61
00383300AN	6	0. 12	2100000000	16	0. 31

续表

职位类别	频数	占比	职位类别	频数	占比
1000000000	262	5.15	2200000000	2	0.04
10300000N0	17	0.33	合计	5084	100

注：职位类别采用 10 位编码。一至二位表示董事会监事会任职情况，10＝董事（常务、代理等），11＝董事长（副），12＝独立董事，13＝董事局主席（副），14＝其他；20＝监事（副），21＝监事会主席（副），22＝职工监事，23＝其他；三至六位表示高级管理层任职情况，30＝总经理（副），31＝经理（副），32＝总裁（副），33＝董秘，34＝负责人，35＝主管（副），36＝顾问，37＝CEO，38＝总监，39＝其他；七至八位表示企业任职情况，40＝部长（副），41＝局长（副），42＝处长（副），43＝主任（副），44＝书记（副），45＝工会主席（副），46＝其他；最后两位表示具体管理方向，A＝财务，B＝工程，C＝技术，D＝信息，E＝法律，F＝人力资源，G＝市场，H＝运营，I＝行政，J＝投资，K＝生产，L＝质量，M＝其他，N＝无具体管理方向，空位用"0"表示。例如：董事、副总经理、总会计师、董事会秘书表示为 10303300AN。"频数"为样本期间内有监管经历的高管在各公司各年任职的数量之和。"占比"为该职位类别的频数除以所有职位的频数之和。

数据来源：原始数据来自国泰安数据库，"频数"及"占比"为自行统计的结果。

珞珈管理评论
2022 年卷第 5 辑（总第 44 辑）

Luojia Management Review
No. 5，2022（Sum. 44）

谦逊 vs. 威权：领导风格对新生代员工主动—顺从行为影响的比较研究[*]

● 陶厚永[1]　陈邵嘉[2]　杨天飞[3]　李　薇[4]

（1，2，3，4　武汉大学经济与管理学院　武汉　430072）

【摘　要】基于内隐领导理论，对比研究了谦逊领导和威权领导风格对新生代员工的主动行为与顺从行为的影响效应，并探讨了积极追随和消极追随在其中发挥的中介作用。通过对多行业的共 60 个团队的领导—员工配对问卷调查，研究发现：（1）谦逊领导对新生代员工的主动行为有显著的正向影响，而威权领导对新生代员工的顺从行为影响不显著。（2）谦逊领导会激发新生代员工的积极追随，进而间接影响新生代员工的主动行为，积极追随在谦逊领导和新生代员工的主动行为之间起到显著的中介作用。（3）威权领导对消极追随的影响是正向的，而消极追随对新生代员工顺从行为的影响却是负向的，消极追随遮掩了威权领导对新生代员工的顺从行为的直接作用，进而产生遮掩效应。

【关键词】谦逊领导　积极追随　主动行为　消极追随　遮掩效应

中图分类号：F272.92　　文献标志码：A

1. 引言

VUCA（Volatility，易变性；Uncertainty，不确定性；Complexity，复杂性；Ambiguity，模糊性）的世界使经济环境越发不可预测。这种环境要求企业持续创新，增强核心竞争力以应对外部竞争压力，而创新是企业发展的核心竞争力。创新的压力进一步要求员工发挥主动性并做出主动行为

---

* 基金项目：国家自然科学基金面上项目"数智化转型期中小企业逆势拼凑二元模式的形成机理及节俭式创新的追踪研究"（项目批准号：72272116）；国家自然科学基金面上项目"玩时不忘初心：团队中玩兴的多重影响效应及其应对策略研究"（项目批准号：71872134）；四川省科技厅软科学研究项目（面上）"四川省科技创业扶贫长效机制构建研究"（项目编号：21RKX0354）。得到武汉大学研究生研究学分课程"行为科学理论前沿与方法论"、武汉大学研究生精品课程"行为科学研究方法"、武汉大学核心通识课程"组织行为与管理"资助。

通讯作者：陶厚永，E-mail：taohouyong@whu.edu.cn。

（Parker et al.，2006）。

主动行为是持续创造价值、引起创新的必要条件（Matsuo，2021），指挑战现状以主动改善当前环境的行为，而不是被动地适应现状（Crant，2000）。过往研究发现，主动行为对个人和组织都会产生积极的影响，如提高个人创新（Montani et al.，2015），提高组织创新绩效（Escrig-Tena et al.，2018）。顺从行为则会引起与主动行为相反的结果。顺从行为指的是员工无异议地完全遵从领导的命令，而不做出主动的行为（Cheng et al.，2004）。顺从行为与创造力负相关（Kim et al.，2015），会削弱企业创新能力，从而影响企业在不可预测环境中的竞争优势。同时探索主动行为和顺从行为的影响因素，对企业保持竞争力而言很重要。

当下的职场中，新生代员工正大放异彩，并逐渐成为组织的中流砥柱，对推动组织发展起着重要作用。新生代员工与老一代员工在心理需求和主动性等方面存在差异（李燕萍和徐嘉，2013），如何激发新生代员工做出符合组织需求的行为是现阶段的组织在发展中需要考虑的问题。因而，在不可预测的经济环境下，找出有效的领导风格以引导更多的新生代员工在工作中做出符合组织需求的行为意义重大（Ye et al.，2020）。

基于内隐领导理论，本文认为新生代员工对领导风格有着符合其价值观的期待和认知，他们希望能以不同于以往的方式被领导（Schein & Schein，2018），与新生代员工特点契合的领导风格能够有效地影响新生代员工的行为（杨艳和胡蓓，2009）。据此，本文提出了一个理论模型以验证领导风格与新生代员工行为之间的关系，通过对比研究两种完全相反的领导风格——谦逊领导和威权领导，来更有力地描述领导风格对新生代员工行为的影响效应。

作为一种自下而上的领导方式，谦逊领导虚心纳谏、谦逊待人，以平易近人之态对待员工（Owens & Hekman，2012），是与更个人化、更加信任和开放的文化紧密联系的一种模式（Schein & Schein，2018）。而作为一种自上而下的领导方式，威权领导往往会刻意与其下属保持较大距离，漠视下属的建议，不尊重下属的努力，以彰显社会关系中上下之间的权力距离（李锐和田晓明，2014）。相较之下，谦逊领导更可能引发新生代员工的主动行为，而威权领导更可能引发新生代员工的顺从行为。

同时，没有下属的追随也就没有领导力（祝振兵等，2019），领导力的有效性依赖于追随的形成。因此，本文也探讨了员工追随在领导风格和员工行为之间的中介机制。通过引入追随原型和反原型作为中介机制，本文提出谦逊领导能够引起员工的积极追随，进而影响员工的主动行为；威权领导能够引起员工的消极追随，进而影响员工的顺从行为。本研究希望能够进一步揭示领导—新生代员工交互的黑箱，验证由威权领导转向谦逊领导的必要性，以期为塑造适合新生代员工的领导风格提供理论指导。

2. 理论基础与假设推导

根据内隐领导理论（implicit leadership theory），员工对于领导者应该具备的特质和行为会形成一种认知图式或者认知结构，即内隐领导原型（Lord et al.，1984），这将作为员工评判领导者的内在参照标准。通过比较领导者的行为或者特质与自己心目中的领导原型，员工进而做出不同的反应。

如果二者匹配，员工会更加相信领导发挥的影响力，而更可能激发其积极的工作态度和行为（Van Quaquebeke et al.，2011）。

2.1 谦逊领导与新生代员工的主动行为

新生代员工性格鲜明、思维活跃，渴望打破权威，追求平等，难以用传统的方式对他们进行约束和管理（楼旭明等，2021）。他们希望领导更具人性化，真诚地对待自己，并对自己的行为和绩效表示肯定和赞赏（李燕萍和徐嘉，2013）。这要求新生代员工的领导者愿意建立人际关系，倾听、关注、信任员工，与员工保持良好的沟通（Putriastuti & Stasi，2019）。谦逊领导恰与新生代员工的领导图式相契合。

谦逊领导作为一种可教性的领导方式（Owens & Hekman，2012），在与下级互动过程中，能通过三个方面去影响新生代员工：坦承自己的不足，勇于承担责任；欣赏员工的长处，认可员工的价值观和所做的贡献；乐于向员工学习并愿意接受员工的建议，听取员工的意见，以开放的态度对待新知识、新观点。

谦逊领导能激励员工主动参与到更广泛的工作角色中（谢清伦和郜涛，2018），主动地实现想法、解决问题（Parker et al.，2006）。通过客观认知自我，承认自己在工作上的过失与不足，也愿意为员工的错误承担责任，谦逊领导向员工传递了信号：错误是可以存在的（Hu & Erdogan，2018）。员工不会因领导的过错而承担并不属于自己的责任。这不仅增加了新生代员工的心理安全感（Zhang & Song，2020），还使其对领导有更高的认同度。当谦逊领导鼓励员工展现其主动性时，新生代员工会更加乐意表现出主动行为。对于新生代员工而言，领导的认同和尊重十分重要（李燕萍和侯烜方，2012）。当能力得到领导的认同、贡献受到领导的赞赏时，新生代员工一方面会出于印象管理动机维持积极期望的连续性（Morier & Seroy，1994）；另一方面，新生代员工得到谦逊领导的激励，产生积极情绪，从而促进其积极工作行为。此外，谦逊领导者对变革的新想法观念持积极的态度，为新生代员工创造了开放的建言和创新环境，使其感受到较强的组织支持，拥有较高的工作自主性。在这种情境下，新生代员工的心理安全得到保障，更容易采取主动行为（Parker et al.，2006）。因此，本文提出如下假设：

H1：谦逊领导与新生代员工的主动行为正相关。

2.2 威权领导与新生代员工的顺从行为

首先，威权领导是家长式领导的一个维度，强调领导的权威和控制，要求员工无条件地接受指派、服从领导（郑伯埙等，2000）。"术"和"势"是威权领导的文化基础，其中"术"指权术，强调领导对员工的控制；"势"指权势，强调领导的权威（周婉茹等，2010）。威权领导通过运用权术实现对员工的控制，通过权势使员工对领导者的威严产生害怕情绪，进而达到控制员工并使员工严格遵守组织规范的目的（周婉茹等，2010）。这一结果是员工顺从行为的具体表现。

根据 Etzoni（1961）的观点，员工对领导的顺从出于三点考量：一是害怕领导惩罚而表现出顺从行为；二是对领导顺从有利于自身利益；三是因认同领导而产生顺从行为。当威权领导使用权势要求员工必须遵守组织规范，并按照其要求完成工作任务，不希望员工对自己的决策有任何异议时，往往会采取严厉的方式对待员工，新生代员工因而会基于领导威严感到压力进而产生恐慌心理（张兰霞和孙琪恒，2020），迫于领导威严，新生代员工表现出顺从行为。

其次，威权领导者往往会严密控制其追随者并要求追随者绝对服从的态度和行为，使新生代员工感知到领导的掌控力。出于自身利益考虑，新生代员工往往会选择收缩策略，努力约束与控制自我，为避免被领导剥夺利益而对威权领导顺从。虽然新生代员工漠视权威，但碍于领导者掌握关键资源，不得不依赖于领导者（孙国强等，2019），新生代员工自利性的本质仍会驱使他们表现出利益导向，在没有找到最优解的情况下，他们仍可能表现出表面顺从行为。

同时由于在人际互动过程中，个体对自我角色的认知，会受到组织中他人期望的影响（周如意等，2019），威权领导对员工的要求也会转化为员工的角色认知。基于对自我角色定位的理解，新生代员工可能会表现出更多符合威权领导期望的行为。依据上下位者角色规范进行人际互动，作为下位者的员工服从于作为上位者的领导，会展现出顺从行为（郑伯埙等，2000）。Farh 和 Cheng（2000）研究表明，威权领导会引起员工的顺从行为。由此，本文认为威权领导会引起新生代员工的顺从行为。基于以上分析与论证，提出假设：

H2：威权领导与新生代员工的顺从行为正相关。

2.3　积极追随和消极追随的中介作用

内隐领导理论指出，员工对领导者有着一套内在的评价标准，包括领导者应该具备的特质和行为图式，并以此作为评价领导者的依据（Lord et al.，1984）。当目标领导的行为和特质符合自己理想的领导原型时，员工对领导者有更高的认同，更可能激发员工积极的工作态度和行为（张祥润等，2017），其中包括员工对领导的追随。Sy（2010）提出追随既包含追随"原型"，即积极追随（勤劳，industry；热情，enthusiasm；好公民，good citizen），也包含追随"反原型"，即消极追随（从众，conformity；反抗，insubordination；不胜任，incompetence）。在面对不同风格的领导时，由于内隐领导的影响，员工的追随可能会有差异。

李燕萍等（2013）提出新生代员工对领导的期望包括人性化、待人真诚、会赞赏和肯定自己的员工。这是新生代员工对领导的认知图式，与谦逊领导对待员工的方式吻合。当领导者采取谦逊领导方式时，更可能激发新生代员工的积极追随。其虚怀若谷、勇于纳谏的品质，认可和表扬员工的举动，向新生代员工展示了尊重与信任。新生代员工对领导的认同从而产生或增强（崔遵康等，2021）。当谦逊领导对新想法、新知识、新技术表现出积极开放的态度时，对喜欢新鲜感、易接受新事物和新知识的新生代员工（李燕萍和侯烜方，2012）而言，谦逊领导的开放态度给足了安全感，新生代员工工作偏好得以满足，正向促进其积极努力学习，提高知识能力水平。在谦逊领导者所营造出的和谐积极的组织环境中，新生代员工能够专注于工作本身。研究证明，谦逊领导能够有效促进员工的工作投入（Aarons et al.，2017），也能够通过提高新生代员工工作满意度而有效降低员工的自发离职（Owens et al.，2013），达到提高新生代员工积极追随的目的。新生代员工表现出积极追随态度，同时会做出积极主动的行为，进而实现从愿意追随到实际追随的转变。

威权领导则强调员工对自己要绝对服从，要求员工严格按照自己的指示和命令行动（Harms et al.，2021），更可能引起员工的消极追随（即从众、反抗、不信任）。威权领导不允许员工质疑自己，而要求员工无条件遵从命令、服从权威，以此在领导者和追随者之间建立起"控制—服从"关系（Zhang et al.，2011）。面对威权领导的新生代员工更可能因被迫屈服于威权领导的权势而消极追随（周婉茹等，2010），并意识到在与领导的互动中顺从是预期的行为，而做出违背自己意愿的顺从行为（Karakitapolu et al.，2011）。在威权领导的严苛要求下，新生代员工不愿意过多展示自己的能力和态度，而是通过与其他人对标，做出从众行为，以弱化自己在威权领导心中的存在感。同时，由于新生代员工十分重视人际公平且自我导向（李燕萍和侯烜方，2012），漠视权威（楼旭明等，2021），威权领导的作为甚至会引起他们的反抗。但是新生代员工同样也是自利导向的，因此在离开该领导之前，很可能不会明显表现出反抗，而是对威权领导展示表面的顺从。基于以上分析，提出如下假设：

H3：积极追随在谦逊领导和新生代员工主动行为之间起到显著的中介作用。

H4：消极追随在威权领导和新生代员工顺从行为之间起到显著的中介作用。

本文研究模型见图1。

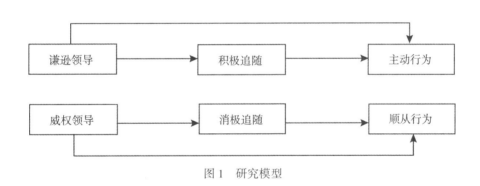

图 1　研究模型

3. 数据分析与假设检验

3.1　数据样本与程序

本研究采用问卷调查的方法，在广州、桂林、济南等地的不同性质的单位（包括民企、国企、事业单位）发放问卷，行业涵盖制药、物流、机械制造。为避免出现同源问题，本研究分别收集了来自领导和员工的数据，其中，领导评价员工的追随和行为，员工评价领导者的风格。研究通过领导—员工配对的方式进行数据收集，鉴于此种方式的复杂性，选择以团队为基本调查单位进行调研。在与被调查单位沟通达成合意后，通过随机抽样的方式，在单位内部选取团队作为调查单位，然后请团队领导者根据成员花名册，按编号顺序选取花名册中编号为奇数的3~5名年龄在20~40岁范围内的员工进行编码和评价，调研人员对员工问卷进行编码，并将对应编码的问卷发放给对应员工填写。在填写完成后，由员工自己将问卷放入信封并进行密封，以团队为单位交给调研人员。最后调研人员收集整理完成的问卷。

本次调查共发放 60 份团队领导问卷和 300 份员工问卷，剔除未完成的问卷，最终获得 52 组（52 份领导问卷，221 份员工问卷）有效问卷，有效回收率 86.7%。在本研究的员工样本中，年龄均在 40 岁以下，男性为 75.6%，女性为 24.4%，与当前领导平均共事时间在 1~5 年的员工有 69.7%，本科及以上学历的员工有 34.1%。在领导者样本方面，男性领导者占 86.5%，90.4%拥有专科及以上的学历。

3.2　测量工具

本研究的测量量表均来自国内外主流期刊文献。为了保证英文量表在中国情境下测量的信度和效度，研究采用标准的双盲回译方法，将量表翻译为中文。变量测量均采用李克特 5 点量表计分（1 代表非常不同意，5 代表非常同意）。具体测量方法如下：

（1）谦逊领导。测量采用 Owens（2013）编制的三维度量表，分别测量领导者的自我认知、迎谏纳言和欣赏他人，每个维度各 3 个测量条目，举例条目为"我的领导能积极寻求反馈，即使是批评性的反馈""我的领导经常赞美别人的长处""我的领导乐于倾听他人的想法"。由员工对领导进行评价。$\alpha = 0.898$。

（2）威权领导。测量采用郑伯埙、周丽芳及樊景立（2000）开发的 5 条目威权领导量表。举例条目为"在我们面前，我的领导表现出威严的样子"。由员工对领导进行评价。$\alpha = 0.793$。

（3）下属追随。采用 Sy（2010）开发的 IFTs 量表。该量表由 18 个条目组成。其中积极追随包括勤劳、热情、好公民 3 个维度，消极追随包括从众、反抗和不胜任 3 个维度。例如，"该员工辛勤工作，直至完成工作任务""该员工能完成所有本职工作"等。由领导对员工进行评价。$\alpha = 0.759$。

（4）主动行为。采用 Parker 等（2006）开发的 8 条目主动行为量表。如"该员工会给主管、领导者及其他人提建议，提高工作效率"" 该员工会给其他相关人员提建议，解决工作效率降低问题"。由领导对员工进行评价。$\alpha = 0.866$。

（5）顺从行为。测量采用 Cheng 等（2004）整理的 5 条目员工顺从行为量表。由领导对员工行为进行评价。具体条目包括："他会遵从我的工作指示""即使意见不一致，他也会遵从我的决定""他会切实遵循我的工作理念与做事方法""有新做法要推行时，他愿意配合我的要求""他会无条件服从我的命令"。$\alpha = 0.785$。

控制变量包括人口统计学变量，如员工的性别、年龄和学历。

3.3　数据分析

3.3.1　信效度检验

本研究采用 SPSS 和 Amos 软件对数据进行分析。其中，SPSS 软件及其插件 Process 用于主要变量间的相关性分析以及路径分析等；Amos 软件则用于验证性因子分析，本研究采用构念的潜变量形式对所有的研究假设进行检验。首先对数据进行验证性因子分析，分析结果如表 1 所示，六因子模型的拟合效果最为理想（x^2（116）= 200.027，RMSEA = 0.060，CFI = 0.950，TLI = 0.934），且显著优于 1 因子模型、2 因子模型、3 因子模型、4 因子模型和 5 因子模型。由于 x^2/df 值小于 3，CFI、TLI 值大于 0.9，RMSEA 值小于 0.08，由表 1 可知，六因子模型均符合建议值标准。

表1 验证性因子分析结果

模型	χ^2	df	χ^2/df	RMSEA	GFI	CFI	NFI	TLI
6 因子模型	200.027	116	1.724	0.060	0.904	0.950	0.891	0.934
5 因子模型	248.534	121	2.054	0.073	0.883	0.924	0.865	0.904
4 因子模型	337.603	125	2.701	0.092	0.827	0.874	0.816	0.845
3 因子模型	420.556	128	3.286	0.107	0.793	0.826	0.771	0.792
2 因子模型	681.330	130	5.241	0.146	0.710	0.673	0.629	0.615
1 因子模型	689.939	131	5.236	0.146	0.711	0.668	0.624	0.612

注：6 因子模型（谦逊领导，威权领导，主动行为，顺从行为，积极追随，消极追随）；5 因子模型（谦逊领导+威权领导，主动行为，顺从行为，积极追随，消极追随）；4 因子模型（谦逊领导+威权领导，主动行为+顺从行为，积极追随，消极追随）；3 因子模型（谦逊领导+威权领导，主动行为+顺从行为，积极追随+消极追随）；2 因子模型（谦逊领导+威权领导+主动行为+顺从行为，积极追随+消极追随）；1 因子模型（谦逊领导+威权领导+主动行为+顺从行为+积极追随+消极追随）。

此外，本文对同源方差进行了检验。经计算，所抽取的第一个因子的方差解释量占比 24.76%，不及总体 65.45% 的一半，同源方差在可接受范围内。

3.3.2 描述性统计

描述性统计分析结果如表 2 所示。从表中可以看出，谦逊领导与主动行为（$r = 0.304$，$p < 0.01$）、积极追随（$r = 0.326$，$p<0.01$）之间皆存在显著的正相关关系；威权领导与顺从行为（$r = 0.104$，$p>0.05$）之间不存在显著的正相关关系，而与消极追随（$r=0.387$，$p<0.01$）存在显著的正相关关系。初步验证了本文的部分研究假设。

表2 变量描述性统计与相关系数 （$N=221$）

	变量	谦逊领导	威权领导	主动行为	顺从行为	积极追随	消极追随
1	谦逊领导	1					
2	威权领导	0.067	1				
3	主动行为	0.304**	0.037	1			
4	顺从行为	0.246**	0.104	0.466**	1		

	变量	谦逊领导	威权领导	主动行为	顺从行为	积极追随	消极追随
5	积极追随	0.326**	−0.024	0.735**	0.478**	1	
6	消极追随	−0.108	0.387**	−0.353**	−0.184**	−0.337**	1
7	平均值	4.1644	3.1466	3.9344	4.0516	4.0709	2.3147
8	标准差	0.52100	0.75115	0.48376	0.44237	0.4708	0.6505

注：* 代表 $p<0.05$，** 代表 $p<0.01$。

3.3.3 假设检验

本研究使用 Process 对问卷的数据进行处理和分析，遵循中介效应分析程序，通过使用 bootstrap 方法（Hayes，2013）进行中介效应检验。样本量为 5000，95% 置信区间下，直接效应和中介效应检验的结果如表 3 至表 7 所示。

表 3 的结果表明，谦逊领导对新生代员工的主动行为有显著的正向影响，威权领导对新生代员工的顺从行为不存在显著的影响，假设 H1 得到验证，H2 未得到验证。

表 4 的结果表明，积极追随中介了谦逊领导与新生代员工主动行为之间的正向关系，中介效应显著，间接效应值为 0.22，95% 置信区间为 [0.13，0.33]，不含 0。假设 H3 成立。

表 5 的结果表明，威权领导通过消极追随对新生代员工的顺从行为存在显著的间接效应。但是在表 3 中显示的威权领导对顺从行为的总效应实际上是不显著的。根据温忠麟和叶宝娟（2014）以及 Kenny、Korchmaros 和 Bolger（2003）提出的中介效应和遮掩效应（suppressing effects）的判定流程，本文发现在该路径中 $c'=0.12$ 与 $ab=-0.06$ 的符号相反，从而判定消极追随起到了遮掩效应。因此，假设 H4 不成立。

表 3　谦逊领导、威权领导对积极追随力、消极追随力、主动行为和顺从行为的总效应

变量	积极追随	消极追随	主动行为	顺从行为
谦逊领导	0.294**	−0.135	0.283**	0.209**
威权领导	−0.015	0.335**	0.024	0.061

注：* 代表 $p<0.05$，** 代表 $p<0.01$。

表 4　积极追随在谦逊领导与主动行为之间的中介效应

	β	Boot SE	T	P	95%置信区间	
					LLCI	ULCI
直接效应						
谦逊领导	0.07	0.04	1.50	0.13	−0.02	0.16
积极追随	0.73	0.05	14.71	0.00	0.63	0.83

续表

	β	Boot SE	T	P	95%置信区间	
					LLCI	ULCI
间接效应						
谦逊领导→积极追随→主动行为	0.22	0.05			0.13	0.33

表5　　　　　　　　　　消极追随在威权领导与顺从行为之间的遮掩效应

	β	Boot SE	T	P	95%置信区间	
					LLCI	ULCI
直接效应						
威权领导	0.12	0.04	2.91	0.00	0.04	0.20
消极追随	-0.18	0.05	-3.73	0.00	-0.27	-0.08
间接效应						
威权领导→消极追随→顺从行为	-0.06	0.02			0.04	0.20
遮掩效应值（$|ab/c'|$）	50%					

表6　　　　　　　　　　积极追随在谦逊领导与顺从行为之间的中介效应

	β	Boot SE	T	P	95%置信区间	
					LLCI	ULCI
直接效应						
谦逊领导	0.09	0.05	1.61	0.11	-0.02	0.19
积极追随	0.42	0.06	7.12	0.00	0.30	0.53
间接效应						
谦逊领导→积极追随→顺从行为	0.12	0.03			0.07	0.19

表7　　　　　　　　　　消极追随在威权领导与主动行为之间的遮掩效应

	β	Boot SE	T	P	95%置信区间	
					LLCI	ULCI
直接效应						
威权领导	0.13	0.04	3.03	0.00	0.05	0.22
消极追随	-0.32	0.05	-6.42	0.00	-0.42	-0.22
间接效应						
威权领导→消极追随→主动行为	-0.11	0.03			-0.16	-0.07
遮掩效应值（$|ab/c'|$）	84.62%					

3.4　补充分析

为了验证两条对比路径之间的交叉效应，本文同样检验了谦逊领导与顺从行为之间的中介效应，由于谦逊领导与消极追随以及威权领导和积极追随之间并不存在显著相关关系，借鉴温忠麟和叶宝娟（2014）提出的检验中介效应的做法，本文进一步检验了对应的系数乘积 ab 的显著性，排除了消极追随作为谦逊领导的中介变量的可能性和积极追随作为威权领导的中介变量的可能性。经由数据分析，本文发现消极追随在威权领导和主动行为之间同样存在遮掩效应，遮掩效应值为 84.62%，如表 7 所示。此外，通过同样的方式，本文发现威权领导不能通过积极追随去影响新生代员工的主动行为和顺从行为。

研究模型和补充分析的显著路径系数见图 2。

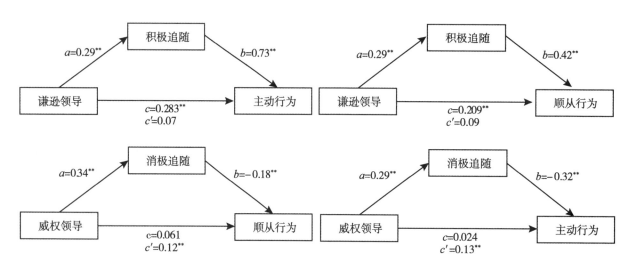

图 2　研究模型和补充分析的显著路径系数

注：a 为 X（自变量）对 M（中介变量）的效应；b 为 M 对 Y（结果变量）的效应；c 为 X 对 Y 的总效应；c' 为 X 对 Y 的直接效应。* 代表 $p<0.05$，** 代表 $p<0.01$。

3.5　结果分析

数据分析结果证明，谦逊领导与新生代员工的主动行为之间存在着显著的正向相关关系，新生代员工积极追随在两者之间发挥中介作用。谦逊领导作为一种自下而上的领导风格，有助于员工产生心理安全感（Zhang & Song，2020），引起员工的积极追随，从而使新生代员工主动投入工作。谦逊领导会欣赏并表扬员工的优点与长处，能够虚心学习，会鼓励新生代员工，使他们愿意积极建言、勇于创新。谦逊领导符合新生代员工的内隐领导图式，使员工愿意积极追随，而对谦逊领导的积极回应也会得到领导的关注和表扬，正面印证领导所期望的追随力原型。

威权领导主张权威不容挑战，严格控制下属，要求下属绝对服从领导（郑伯埙等，2000）。威权领导者既会展现专断独权的作风，又会严密监控下属、要求下属有良好的行为表现。这种领导风格与新生代员工的领导原型相悖，新生代员工一般不会积极追随威权型领导者，但是受限于高权力距离的文化情境等因素，他们往往会被迫选择消极追随。消极追随与新生代员工顺从行为之间存在负相关关系，即威权领导通过消极追随影响新生代员工顺从行为的间接路径会削弱威权领导对新生代员工顺从行为的直接效应，最终呈现出"遮掩效应"。

新生代员工对威权领导的顺从行为被消极追随所遮掩，这与 Cheng 等（2004）的研究有不一样的结果。可能原因在于新生代员工不同于传统体制下成长起来的老员工，他们在工作中漠视权威，追求上下级的平等，具有很高的成就导向，渴望得到尊重，喜欢独立自主地工作（李燕萍和徐嘉，2013）。因此，他们对威权领导嗤之以鼻，不愿意真心实意地追随威权领导，从而不会展现出顺从领导的行为。

通过交叉分析，本文进一步发现，谦逊领导同样会通过积极追随提高新生代员工的顺从行为。这可能是因为谦逊领导以其独特的人格魅力赢得了新生代追随者的尊重，出于一种"良禽择木而栖"的心态，追随者心甘情愿地接受谦逊领导的引导，是真心实意地顺从，而非表面顺从，这与顺从的第三个动机——出于认同领导的动机（Etzoni，1961）相符。此外，新生代员工对威权领导的主动行为同样被消极追随所遮掩，且在此种遮掩效应下，威权领导对主动行为有着正向影响，这可能是因为威权领导会对新生代员工的工作绩效提出高要求，引发了新生代员工对自我的高要求（张兰霞和孙琪恒，2020），从而表现出主动行为以更好地完成工作任务。

4. 研究结果与讨论

4.1 研究结果

本文基于内隐领导理论，探讨了新生代员工面对谦逊领导和威权领导的不同行为表现及其机制。为了分析检验本文的研究模型，对来自多行业的 60 个团队的领导—员工展开配对问卷调查。研究发现，谦逊领导与新生代员工的主动行为正向相关，员工积极追随在其中发挥了中介作用；威权领导与新生代员工的顺从行为之间的关系被员工消极追随所遮掩。研究结果支持了部分研究构想。

对于未得到检验的假设，本文分析，员工的年龄、新生代员工价值观优先级以及领导者的内隐追随很可能是引起假设 H2 和 H4 不成立的原因。首先，有研究指出，员工的年龄越大越传统，更容易认可威权领导的方式（Vale & Bisconti，2020）。当面对威权领导的全面监管、无条件服从等要求时，年龄越大的员工越能通过自我调节来应对所经历的消极行为（刘豆豆等，2021）。本研究的新生代员工处于组织中居中的年龄段，相比年龄较大的员工，新生代员工通过自我调节应对威权的领导方式的能力较弱，进而表现出消极追随，产生较少的顺从行为。其次，新生代员工的不同价值观念之间可能会存在优先级，从而影响其面对威权领导时的行为选择。当新生代员工认为平等观念更为重要时，他们更可能不会为了满足物质需求而对威权领导产生顺从行为。此外，领导者存在的内隐追随也可能是引起假设 H2 和 H4 不成立的原因。为了减少同源方差，研究中员工的顺从行为由领导评价。而对于互动中的领导者而言，他们有着相应的内隐追随（Sy，2010），当员工的行为和特质符合其追随原型时，领导者对员工的评价会更高，从而更关注符合他们期望的行为。新生代员工的特质与威权领导的追随原型存在差距，这可能会影响威权领导对其顺从行为的评价。

4.2　理论意义

本研究的理论意义主要有以下几点：

首先，本文以上下级互动为关注点，在同一个研究框架中，对比研究了"自下而上"式的领导风格——谦逊领导对新生代员工主动行为的影响，以及"自上而下"式的领导风格——威权领导对新生代员工顺从行为的影响，探究了领导风格和新生代员工的适配性。研究发现谦逊领导能够促进新生代员工的主动行为。而对应路径的威权领导则不会使新生代员工表现出顺从行为。这为谦逊领导风格在新生代员工群体中的有效性提供了实证支持。研究进一步发现谦逊领导同样也能够增加新生代员工的顺从行为，作为一种被动适应环境的行为（Cheng et al.，2004），顺从行为在一定程度上会阻碍组织的变革与发展。这意味着谦逊领导并不总是有效的，正如 Bharanitharan 等（2019）的研究发现的那样，谦逊领导有着两面性，既有正面效应，也会存在负面效应。

其次，本文根据 Sy（2010）的观点，不再将追随视为单一维度，而是同时将追随原型和反原型作为中介机制，揭示了领导风格与新生代员工主动行为和顺从行为关系的黑箱，并发现谦逊领导能够增加新生代员工的积极追随，具体体现为使新生代员工在工作中勤劳、热情，并履行好公民的角色，进而增加其主动行为和顺从行为。与之对应的威权领导则不会使新生代员工表现出积极追随，而是表现出从众、反抗、不胜任的消极追随。其中，消极追随遮掩了威权领导和顺从行为、主动行为之间的直接效应。由威权领导引起的新生代员工的消极追随会削弱威权领导与顺从行为、主动行为之间的关系，从而产生遮掩效应。这一结果证明了遮掩效应存在的可能性，同时也进一步解释了为何新生代员工在面对威权领导时，不会像前辈一样做出顺从行为。

最后，本文重点关注了当下职场中的主力军——新生代员工，并通过实证研究来发掘谦逊领导对新生代员工主动行为的影响效应。新生代员工指的是 20 世纪八九十年代出生的员工，他们有着不同于父辈的价值观。李燕萍和侯烜方（2012）研究发现我国新生代员工重视内在偏好的满足和人际和谐的环境，这种工作诉求与谦逊领导的认可欣赏员工，用开放的心态对待员工和他们的新想法（Schein & Schein，2018）的做法相合，可能产生令人意想不到的化学反应。本文证实了谦逊领导与新生代员工之间的契合度，谦逊领导带领的新生代员工，更可能做出主动行为和顺从行为。

4.3　实践意义

本研究通过实证证明，谦逊领导会引发新生代员工的积极追随，威权领导则会引起新生代员工的消极追随。在充满新生代员工的组织中，领导者应该从过往的威权领导向谦逊领导转变，以适应新生代员工的领导需求。

首先，鉴于谦逊领导对于新生代员工所产生的重要作用，组织应积极倡导谦逊领导风格。一方面，在领导选聘环节，组织可以通过多种方式考察领导候选者的谦逊性。另一方面，对领导者而言，则要在日常生活工作中有意识地培养谦逊的作风，多自省，多倾听员工的意见，为自己的员工营造一个信任、开放、尊重的工作氛围。而那些威权领导风格极为明显的领导者，需要组织对其进行领导力培训，以期能帮助他们改变观念，转变领导风格。组织需要为威权领导与其员工搭建起沟通的桥梁，让领导者能够了解员工心目中理想的领导原型。若仍无法改变领导风格，组织可以将威权领导调任到更适合此类领导风格的岗位上，以达到人员的优化配置。

其次，领导者应该意识到员工追随的重要性，特别是员工的积极追随。作为领导者，要多关注自身与员工之间的关系状况，及时发现与员工的关系问题。当员工的积极追随不高时，领导者应当改进自己的态度和行为，使之与员工的需求相匹配，在与员工的频繁互动中增加他们的积极追随。当员工有较高的消极追随时，领导者应当反思并调整领导方式，多与员工进行沟通，消除员工的抵触情绪，塑造良好的双方关系。

4.4　不足之处与未来研究方向

在选择研究对象时，本研究重点关注了领导风格对新生代员工（即 20 世纪八九十年代出生的员工）的影响。但组织中并非仅有新生代员工。不同年代的员工因为成长背景差异，价值观念天差地别。因此，本文的研究结果可能并不适用于其他年代出生的员工。未来可以研究不同领导风格对不同年代员工的态度和行为产生的影响差异，以探寻不同领导风格在年龄结构差异大的组织中所产生的对比效应。同时，本研究已证实威权领导和消极追随之间的关系，因此，未来也可以关注威权领导对新生代员工的其他行为通过消极追随产生的影响效应。

在数据收集方面，本研究的数据是横截面数据，如果能随时间推移进行多阶段测量，相信变量之间的内在联系会得到更好的展示。尽管领导风格较为稳定，经过一段时间后员工也会对领导风格形成稳定的认知，但本文并未排除"新入职员工"这一因素，因此，未来可以分时段测量获取面板数据，以动态地揭示谦逊领导风格与新入职员工互动的变化规律。

研究只考虑了追随原型和反原型的中介作用，可能的中介机制、边界条件以及控制因素并未在研究中体现。研究已发现，谦逊领导能通过上下级共享关系进而影响员工的组织公民行为（毛江华等，2017），未来可对比研究威权领导能否通过共享关系或交换关系影响员工行为。尽管新生代员工群体具有低权力距离感知，但新生代员工个体之间可能存在差异，因此未来研究在选择调节变量时应充分考虑新生代员工的个体权力距离差异。由于员工的主动—顺从行为会受到多方面因素的影响，在未来研究中也应控制相似领导风格如包容型领导（张光磊等，2021）、个体认知能力（Yeo & Neal，2008）、主动性人格（Parker et al.，2006）等能显著预测员工主动—顺从行为的因素，以增强研究的严谨性。

◎ 参考文献

[1] 崔遵康，刘平青，杨芳，等．领导认同和自我决定整合视角下精神型领导与员工积极追随行为

关系研究 [J]. 管理学报，2021（11）.

[2] 高孟立，李晨曦. 基于内部人身份认知的员工建言行为研究：中介的调节效应模型 [J]. 浙江树人大学学报（人文社会科学），2020，20（5）.

[3] 贺爱忠，高婷. 环保变革型领导对员工亲环境行为的作用机理 [J]. 江南大学学报（人文社会科学版），2021，20（3）.

[4] 胡宇辰，李梦晓，邓晓东，位鹏. 鱼与熊掌不可兼得？员工工作家庭整合的构念与测量 [J]. 江西财经大学学报，2020（6）.

[5] 黄亮，徐辉. 责任型领导对团队绿色行为的影响及其作用机制——基于情感事件理论 [J]. 广东财经大学学报，2021，36（2）.

[6] 李锐，田晓明. 主管威权领导与下属前瞻行为：一个被中介的调节模型构建与检验 [J]. 心理学报，2014（11）.

[7] 李燕萍，侯烜方. 新生代员工工作价值观结构及其对工作行为的影响机理 [J]. 经济管理，2012（5）.

[8] 李燕萍，徐嘉. 新生代员工：心理和行为特征对组织社会化的影响 [J]. 经济管理，2013（4）.

[9] 刘豆豆，胥彦，李超平. 中国情境下家长式领导与员工绩效关系的元分析 [J]. 心理科学进展，2021（10）.

[10] 楼旭明，董影，赵亚楠，等. 新生代员工内部人身份感知对创新绩效的影响——基于建言行为的中介作用 [J]. 华东经济管理，2021（1）.

[11] 毛江华，廖建桥，韩翼，等. 谦逊领导的影响机制和效应：一个人际关系视角 [J]. 心理学报，2017（9）.

[12] 孙国强，石文萍，于燕琴，等. 技术权力、组织间信任与合作行为：基于沁水煤层气网络的领导—追随行为研究 [J]. 南开管理评论，2019（1）.

[13] 田虹，姜春源. 社会责任型人力资源管理对员工创新行为影响的研究——基于劳动关系视角下的链式中介作用 [J]. 广东财经大学学报，2020，35（6）.

[14] 温忠麟，叶宝娟. 中介效应分析：方法和模型发展 [J]. 心理科学进展，2014（5）.

[15] 谢清伦，郗涛. 谦逊型领导与员工主动担责：角色宽度自我效能与目标导向的作用 [J]. 中国软科学，2018（11）.

[16] 杨艳，胡蓓. 基于认知视角的内隐领导理论研究述评 [J]. 外国经济与管理，2009（8）.

[17] 张祥润，王宗水，时勘，等. 内隐领导原型对领导有效性的影响机制——领导信任的中介效应和上下级沟通频率的调节效应 [J]. 管理评论，2017（5）.

[18] 郑伯埙，周丽芳，樊景立. 家长式领导：三元模式的建构与测量 [J]. 本土心理学研究，2000（14）.

[19] 周如意，冯兵，熊婵，等. 角色理论视角下自我牺牲型领导对员工组织公民行为的影响 [J]. 管理学报，2019（7）.

[20] 周婉茹，周丽芳，郑伯埙．专权与尚严之辨：再探威权领导的内涵与恩威并济的效果［J］．本土心理学研究，2010（2）．

[21] 张光磊，祝吟，祝养浩，等．包容型领导与员工主动变革行为：工作投入和主动性人格的影响［J］．珞珈管理评论，2021（4）．

[22] 张兰霞，孙琪恒．双元威权领导对员工建言行为的影响机制研究［J］．预测，2020（6）．

[23] 祝振兵，占小军，李志成．皮格马利翁理论视角下追随原型与团队创新的关系研究［J］．管理学报，2019（10）．

[24] Aarons, G. A., Ehrhart, M. G., Farahnak, L. R., et al. Discrepancies in leader and follower ratings of transformational leadership：Relationship with organizational culture in mental health ［J］. Administration and Policy in Mental Health and Mental Health Services Research, 2017, 44（4）.

[25] Cheng, B. S., Chou, L. F., Wu, T. Y., et al. Paternalistic leadership and subordinate responses：Establishing a leadership model in Chinese organizations ［J］. Asian Journal of Social Psychology, 2004, 7（1）.

[26] Crant, J. M. Proactive behavior in organizations ［J］. Journal of Management, 2000, 26（3）.

[27] Escrig-Tena, A. B., Segarra-Cipres, M., Garcia-Juan, B., et al. The impact of hard and soft quality management and proactive behavior in determining innovation performance ［J］. International Journal of Production Economics, 2018, 200.

[28] Etzoni, A. A comparative analysis of complex organizations ［M］. New York：Free Press, 1961.

[29] Farh, J. L., Cheng, B. S. Acultural analysis of paternalistic leadership in Chinese organizations ［M］// Li, J. T., Tsui, A. S., Weldon, E. Management and organizations in Chinese context. London：McMillam, 2000.

[30] Harms, P. D, Wood, D, Landay, K., et al. Autocratic leaders and authoritarian followers revisited：A review and agenda for the future ［J］. Leadership Quarterly, 2018, 29（1）.

[31] Hayes, A. F. An introduction to mediation, moderation, and conditional process analysis：A regression-based approach ［M］. New York：Guilford Press, 2013.

[32] Hu, J., Erdogan, B., Jiang, K. F., et al. Leader humility and team creativity：The role of team information sharing, psychological safety, and power distance ［J］. Journal of Applied Psychology, 2018, 103（3）.

[33] Karakitapolu-Aygun, Z., Gumusluoglu, L., Erturk, A., et al. Two to tango? A cross-cultural investigation of the leader-follower agreement on authoritarian leadership ［J］. Journal of Business Research, 2021, 128.

[34] Kim, S. H., Weaver, S. J., Yang, T., et al. Managing creativity and compliance in the pursuit of patient safety ［J］. BMC Health Services Research, 2019, 19（1）.

[35] Lord, R. G., Foti, R. J., Devader, C. L. A test of leadership categorization theory：Internal

structure, information processing, and leadership perceptions [J]. Organizational Behavior and Human Performance, 1984, 34 (3).

[36] Matsuo, M. Reflection on success in promoting authenticity and proactive behavior: A two-wave study [J]. Current Psychology, 2021-1-28, DOI: 10. 1007/s12144-021-01352-z.

[37] Montani, F., Battistelli, A., Odoardi, C. Proactive goal generation and innovative work behavior: The moderating role of affective commitment, production ownership and leader support for innovation [J]. Journal of Creative Behavior, 2015, 51 (2).

[38] Morier, D., Seroy, C. The effect of interpersonal expectancies on men's self-presentation of gender role attitudes to women [J]. Sex Roles, 1994, 31 (7-8).

[39] Yeo, G., Neal, A. Subjective cognitive effort: A model of states, traits, and time [J]. Journal of Applied Psychology, 2008, 93 (3).

[40] Owens, B. P., Hekman, D. R. Modeling how to grow: An inductive examination of humble leader behaviors, contingencies, and outcomes [J]. Academy of Management Journal, 2012, 55 (4).

[41] Owens, B. P., Johnson, M. D., Mitchell, T. R. Expressed humility in organizations: Implications for performance, teams, and leadership [J]. Organization Science, 2013, 24 (5).

[42] Parker, S. K., Williams, H. M., Turner, N. Modeling the antecedents of proactive behavior at work [J]. Journal of Applied Psychology, 2006, 91 (3).

[43] Puyriastuti, B. C. K., Stasi, A. How to lead the millennials: A review of 5 major leadership theory groups [J]. Journal of Leadership in Organizations, 2019, 1 (2).

[44] Schein, E. H., Schein, P. A. Humble leadership: The power of relationships, openness and trust [M]. Williston, VT, USA: Berrett-Koehler Publishers, 2018.

[45] Sy, T. What do you think of followers? Examining the content, structure, and consequences of implicit followership theories [J]. Organizational Behavior and Human Decision Processes, 2010, 113 (2).

[46] Vale, M. T., Bisconti, T. L. Age differences in sexual minority stress and the importance of friendship in later life [J]. Clinical Gerontologist, 2020, 44 (3).

[47] Van Quaquebeke, N., Van Knippenberg, D., Brodbeck, F. C. More than meets the eye: The role of subordinates' self-perceptions in leader categorization processes [J]. Leadership Quarterly, 2011, 22 (2).

[48] Ye, B. H., Tung, V. W. S., Li, J. J., et al. Leader humility, team humility and employee creative performance: The moderating roles of task dependence and competitive climate [J]. Tourism Management, 2020, 81 (12).

[49] Zhang, Z., Song, P. Multi-Level effects of humble leadership on employees' work well-being: The roles of psychological safety and error management climate [J]. Frontiers in Psychology, 2020, 11 (11).

［50］ Zhang, A. Y. , Tsui, A. S. , Wang, D. X. Leadership behaviors and group creativity in Chinese organizations: The role of group processes ［J］. Leadership Quarterly, 2011, 22 (5).

Humble vs. Authoritarian: A Comparative Study of the Influence of Leader Style on Proactive Behavior and Compliance Behavior of Millennial Generation

Tao Houyong[1]　Chen Shaojia[2]　Yang Tianfei[3]　Li Wei[4]

(1, 2, 3, 4　Economics and Management School, Wuhan University, Wuhan, 430072)

Abstract: Different leadership styles will have different effects on the behavior of the millennial. It is important to identify leadership styles that lead to organization-friendly behavior of the millennial generation. Based on Implicit leadership theory, this study compares the influence of humble leadership with the influence of authoritarian leadership on proactive behavior and compliance behavior of the millennial generation, and then reveals the mediating effect of positive followership and negative followership. Through leader-member dyad questionnaire research among sixty teams from various industries, this study collects 52 sets of valid data and uses SPSS and Amos to analyze the data, and discovers: (1) Humble leadership has significant positive influence on proactive behavior, and the relationship between them is mediated by positive followership; however, authoritarian leadership has no significant influence on compliance behavior. (2) Humble leadership can stimulate the active followership of the millennial, and then indirectly affect their proactive behavior. Positive followership plays a significant mediating role between humble leadership and proactive behavior. (3) Authoritarian leadership has a positive impact on negative followership, while negative followership has a negative impact on compliance behavior. Negative followership suppresses the direct effect of authoritarian leadership on and compliance behavior, thus produces the suppressing effect. These results mean that humble leadership is more in line with the leadership archetype of the millennial generation and is more responsive to their needs , so as to make the millennial generation to conduct the behavior expected by the organization. In addition, it is necessary to improve the positive followership of employees.

Key words: Leadership style; Positive followership; Proactive behavior; Negative followership; Suppressing effect

专业主编：杜旌

珞珈管理评论
2022 年卷第 5 辑（总第 44 辑）

Luojia Management Review
No. 5，2022（Sum. 44）

新产品试用情境策略对购买意愿的影响研究[*]

● 刘汝萍[1]　郑　爽[2]　胡佳奇[3]　范广伟[4]

（1，2，3　东北大学工商管理学院　沈阳　110169；4　沈阳药科大学工商管理学院　沈阳　110016）

【摘　要】新产品试用是企业广泛采用的重要的促销策略。现有研究从试用动机、时间、经验、次数、价格以及试用质量与时长组合等角度关注试用策略的效果，甚少从试用空间情境角度关注试用的情境策略对消费者购买意愿的影响。基于情境处置框架和心理所有权理论，提出新产品试用情境策略的概念，将其划分为在家试用和店内试用两种类型，并探究这两种试用情境策略对消费者购买意愿的影响机制和边界条件。三个情境实验结果表明：在家试用相较于店内试用能更好地促进购买意愿；心理所有权起到中介作用；产品创新性分别调节新产品试用情境策略对心理所有权和购买意愿的影响；顾客感知支持仅调节新产品试用情境策略对心理所有权的影响。研究结论为企业有效地选择新产品试用情境策略提供理论指导。

【关键词】新产品试用情境策略　心理所有权　产品创新性　顾客感知支持　购买意愿

中图分类号：C93　　　　　文献标识码：A

1. 引言

随着科技的快速发展，新产品层出不穷，市场竞争日益激烈。为了在竞争中获取优势，企业常常采取试用的策略让消费者体验新产品，进而降低消费者的购买风险，促进销售（Bawa & Shoemaker，2004）。试用策略已成为许多企业推广新产品的"营销利器"，在食品、饮料、化妆品、日用品、软件、游戏及家电等很多行业被广泛采用（刘建新和范秀成，2020）。产品试用会引导消费者形成坚定的品牌信念（Smith & Swinyard，1988），提升品牌评价，积极影响短期和长期的产品销量

───────────────

* 基金项目：国家自然科学基金重点项目"经济转型与国际化背景下品牌建设的理论创新研究"（项目批准号：71832015）；国家社科基金面上项目"基本公共服务中人工智能服务的失败归因与补救策略研究"（项目批准号：22BGL256）；辽宁省经济社会发展研究立项课题"辽宁省人工智能服务质量评价及其效应机制研究"（项目批准号：2022lslvzzkt-048）。

通讯作者：刘汝萍，E-mail：rpliu@ mail. neu. edu. cn。

（Kempf & Smith，1998）。

由于消费者对新产品缺乏了解，难以形成积极的产品态度（Yang et al.，2017）。为了解决这一问题，苹果、华为、小米等很多企业精心打造线下体验店，一些创新型企业（例如家用机器人、脑电健康产品等）也在城市大型购物中心开设体验店（孙凯等，2021），为消费者在店内近距离体验新产品提供空间和机会。此外，随着电子商务的快速发展，许多专门提供新产品试用体验的网络平台应运而生，如阿里试用、天猫U先、京东试用、试客联盟、拉趣和琳琅等。这些平台推出服装、数码、家电等多种新上市产品在家试用策略，帮助消费者解决在购买前缺乏体验感的问题。那么，对于消费者而言，在家试用和店内试用这两种不同的试用策略对其购买意愿的影响是否存在差异呢？

以往研究从试用动机、时间、经验、次数、价格以及质量与时长组合等角度关注试用策略的效果。以好奇为动机的新产品探索性试用与以厌恶损失为动机的验证性试用将引起消费者不同的认知与情绪（Kempf & Smith，1998）。功能性IT产品首次试用和重复试用对消费者态度影响存在差异（孙凯等，2021），企业可以根据不同的市场情境，设计试用质量与试用时长组合的最优试用策略，以实现最大收益（彭慧洁和程岩，2022）。但已有研究忽视了试用的空间情境策略对消费者的影响，不同创新程度产品和不同感知支持情境下不同试用情境策略的效果差异问题也尚未得到回答。

根据以上分析，本文基于情境处置框架理论提出新产品试用情境策略的概念，并将新产品试用情境策略划分为在家试用和店内试用两种类型。通过3个情境实验，探究新产品试用情境策略对购买意愿的影响，并检验心理所有权的中介机制以及产品创新程度和感知支持的调节作用，为企业恰当使用新产品试用的情境策略提供理论支持与建议。

2. 文献综述与研究假设

2.1　新产品试用

新产品试用是指消费者通过感官或知识对新产品进行体验的过程（Kempf & Smith，1998）。早期的试用研究发现，产品试用是消费者通过视觉、味觉、触觉等感官组织直接接触产品所形成的感知，而自我感官组织所产生的信息更具可信性，因此试用比广告具有更强的信息可诊断性（Kempf & Smith，1998；Hamilton & Thompson，2007）。

随着试用的广泛应用，不同方式试用策略及其效果的研究也越来越深入。从试用的动机角度出发，新产品试用可以划分为探索性试用与验证性试用，前者的动机是唤醒或好奇，后者的动机是复验或损失厌恶（Hoch & Ha，1986），探索性试用相较于验证性试用更容易让消费者产生冲动性购买（刘建新和范秀成，2020）。

从试用的时间长短或使用经验多少的角度出发，Adya 和 Mascha（2011）发现系统试用的时间能够影响用户对易用性和有用性的感知。对于使用经验较少的用户来说，与系统过多的互动会让他们遇到意料之外的问题，这会降低感知有用性、易用性和系统采纳。在此基础上，孙凯等（2021）依据试用次数划分为首次试用和重复试用，并揭示了功能性IT产品首次试用和重复试用对消费者态度影响的不同。

从试用的成本或价格角度出发，新产品试用可以分为免费试用、成本试用和全价试用。相对于成本或全价试用，免费试用更易被消费者接受（Bednall et al.，2018）。对于线下实体店内的免费试用而言，发放免费试用样品均会促进长短期的销售，但这种促进作用随产品生命周期的推进而递减（Heiman et al.，2001）；对于音乐、软件等线上的信息产品，免费试用能够显著提高产品的评分（Lin et al.，2019），众筹平台免费试用项目对类内其他项目有正向网络外部性，对类外其他项目有负向网络外部性（马昭等，2020）。

从试用质量与试用时长组合策略的角度出发，彭慧洁和程岩（2022）构建软件即服务的试用质量与试用时长组合优化模型，揭示了在何种市场情境采用何种免费试用策略，以实现最大收益。

以往研究从试用动机、时间、经验、次数、价格以及质量与时长组合等角度研究了试用效果，但鲜有学者从试用的空间情境角度考虑试用效果问题。目前线下的体验店试用和在家试用是企业经常采取的策略，对于不同类型的新产品，在不同感知支持情境下，店内试用和在家试用这两种试用策略的效果差异问题尚不明晰。

2.2 新产品试用情境策略和购买意愿

新产品试用存在多种形式与策略（Bednall et al.，2018），其中店内试用和在家试用是常见的两种形式。店内试用是指消费者在店内试用产品，如在小米之家试用智能家居；在家试用是指消费者在家里试用产品，如在电商试用平台申请新品免费邮寄到家试用。

店内试用和在家试用这两种形式的差异在于试用情境具有不同的结构强度特征。依据情境处置框架理论，情境结构强度特征有"强"和"弱"之分，且会影响个体的认知和行为（Mischel，1973）。店内试用是一种"强"结构情境，在某种程度上阻止了个体自由地选择、试用及表达试用效果；在家试用是一种"弱"结构情境，为个体提供更加宽松的试用环境，可以促使个体无拘束地试用、选择及更自由地表达试用效果。例如，消费者计划购买新款的榨汁机，在店内可能只能在一个时间点选择有限种类的食材来进行试用；在家里则可以选择在不同时间段用不同种类的食材自由地进行试用，对产品性能等信息了解也更全面，对产品信息的精细加工程度更高，也更可能产生积极的产品态度（范晓屏等，2013），进而产生更高的购买意愿。基于以上分析，提出如下假设：

H1：相比店内试用，在家试用能够产生更高的新产品购买意愿。

2.3 心理所有权的中介作用

心理所有权是指消费者将企业、品牌、产品、服务等目标物或其一部分视为"自己的"的心理状态，强调消费者对购买目标物的拥有感（Pierce et al.，2001）。心理所有权包括效能感、认同感和归属感三个维度，通过控制、自我投入和亲密了解三条途径来实现（Pierce et al.，2003；朱沆等，2015）。

个体往往将所有权和控制权联系在一起并认为可以从拥有物中获得效能感（Furby，1978）。人们通过对拥有物的了解、控制、使用等互动过程认识自己、展示自己，个体逐渐对拥有物产生依恋感并将其视为自我的一部分（Pierce et al.，2003）。空间需求是人类的基本需求之一，该空间通常指人们居住的地方——家（Jussila et al.，2015），家是如此重要还因为它可以提供安全感、控制感和自我认同（Porteous，1976）。相对于店内试用，在家试用的试用者能够自由地触摸、控制新产品，从而获得效能感；通过对试用品的了解、控制、使用逐渐产生依恋感，甚至视为自我的一部分；由于家是"自己的"，在家试用会有更强的安全感、控制感和自我认同。因此，相对于店内试用，在家试用对试用品会产生更高的心理所有权。

所有权感会激发个人的主人翁感，进而影响其态度和行为（Avey et al.，2009）。具有高心理所有权的顾客更愿意从事亲社会行为（Peck et al.，2020）、参与品牌社区互动（Kumar，2020）、进行口碑推荐（刘建新和范秀成，2020）并积极购买相关产品（Chou et al.，2015）。此外，心理所有权会使个体因"拥有"产生损失厌恶感（Peck & Shu，2009）而提高对感知拥有产品的价值评价，并进一步转化为更高的购买意愿（Chatterjee et al.，2013）。据此，提出如下假设：

H2：相比店内试用，在家试用更能够通过促进消费者对新产品产生更高的心理所有权，进而产生更高的购买意愿。心理所有权在新产品试用情境策略与购买意愿之间起中介作用。

2.4　产品创新性的调节作用

产品创新性指相比同一品类的其他产品，一个新产品拥有新的和独特的属性和功能的程度（Wu et al.，2004）。根据创新程度不同，可划分为渐进性创新和革新性创新两类。渐进性创新是指通过改良和增强技术以提升现有产品功能和属性的创新（Oliveira，2010）；革新性创新是指行业技术实现巨大突破，使产品、性能、工艺和服务都有巨大提升的创新（Sorescu & Chandy，2003）。

新产品的创新程度越高，消费者越需要投入大量的时间、精力等资源学习新产品的原理、功能和特点。革新性创新产品相较于渐进性创新产品需要消费者掌握更多的产品知识并建立使用习惯。例如，相对于便携式榨汁机，折叠手机需要消费者花费更多时间来了解和熟悉产品。在家试用相较于店内试用能够使消费者充分投入大量的时间、学习能力和认知资源体验新产品，个体自我投入的差异会造成心理感知的差异（Pierce et al.，2001），进而使消费者产生更高的心理所有权（Kirk et al.，2015）。相反，对于便携式榨汁机，无论在店内试用还是在家里试用，个体投入的时间和精力可能差不多，因此在心理所有权的感知上差异可能不大。

新产品试用是一个学习的过程，这一过程中会发生学习迁移。学习迁移是指使用过去的经验来理解新事物（Haskell，2000）。旧经验和新情境间相似性很高时，引发近学习迁移；旧经验和新情境间的相似性很低时，引发远学习迁移（Perkins & Salomon，1992）。面对革新性创新产品，消费者难以凭借旧经验评价产品引发远学习迁移，只有通过实际接触、体验产品，才能对新产品做出准确的价值判断（Hoeffler，2003）。因此，相对于店内试用，在家试用能够更好地促进消费者深入接触和体验革新性新产品，进而可能形成积极的产品评价和购买意愿；相反，面对渐进性新产品，消费者无论在家试用还是店内试用，都可以通过近学习迁移的方式达到认识新产品、降低感知风险的目的（Haskell，2000），两种情境下对产品价值评价和购买意愿可能就没有显著差别。基于以上分析，提出如下假设：

H3：产品创新性在新产品试用情境策略与心理所有权之间起调节作用。具体而言，对于革新性创新产品而言，相对于店内试用，在家试用能够促进消费者对新产品产生更高的心理所有权；相反，对于渐进性创新产品而言，在家试用和店内试用对心理所有权的影响无显著差异。

H4：产品创新性在新产品试用情境策略与购买意愿之间起调节作用。具体而言，对于革新性创新产品而言，相对于店内试用，在家试用能够促进消费者对新产品产生更高的购买意愿；相反，对于渐进性创新产品而言，在家试用和店内试用对购买意愿的影响无显著差异。

2.5 顾客感知支持的调节作用

顾客感知支持是指顾客所感知到的企业对其贡献的重视以及对其福利的关心程度（Bettencourt，1993）。基于该定义结合试用情境，本研究中顾客感知支持是指顾客对于试用过程中从企业组织及其员工处获得的帮助或支持程度的感知。根据社会交换理论，个体倾向于采取积极的态度和行动来回报给予者的积极对待（Homans，1958）。当顾客感知到企业为使自己得到良好体验所付出的努力时，顾客也会为实现企业更好的发展和盈利回馈积极的态度和行为。

在高感知支持情境下，顾客在试用过程中可以获得企业或员工较多的支持与帮助。例如，店内试用时企业为试用者提供充足的信息、设施和工具并且有员工及时解答问题；在家试用时企业和顾客能保持畅通的联系，随时通过平台或客服解决试用问题。店内试用时，经常会有其他顾客在场，顾客可能会需要等待员工提供支持服务；而在家试用时，顾客感受不到其他顾客在场，会感觉企业提供的线上支持服务是针对自己的。因此，顾客处于在家试用这种情境中可能会感到更高的控制感，高控制感可增强个体心理所有权（Pierce et al.，2003），进而可能产生更高的购买意愿（Folse et al.，2012）。

在低感知支持情境下，顾客在试用过程中难以获得企业或员工的支持与帮助。例如，店内试用时没有员工帮助解答问题或者忙碌不能及时提供服务；在家试用时顾客无法联系客服，试用问题无法及时解决。由于这两种低感知支持情境都削弱了顾客对试用的控制感，对心理所有权感知和购买意愿的影响可能没有显著差异。根据以上分析，提出如下假设：

H5：顾客感知支持在新产品试用情境策略与心理所有权之间起调节作用。具体而言，当顾客感知支持程度高时，相对于店内试用，在家试用能够促使消费者对新产品产生更高的心理所有权；相反，当顾客感知支持程度低时，在家试用和店内试用对心理所有权的影响无显著差异。

H6：顾客感知支持在新产品试用情境策略与购买意愿之间起调节作用。具体而言，当顾客感知支持程度高时，相对于店内试用，在家试用能够促使消费者对新产品产生更高的购买意愿；相反，

当顾客感知支持程度低时，在家试用和店内试用对购买意愿的影响无显著差异。

综上所述，本研究的理论模型如图 1 所示。

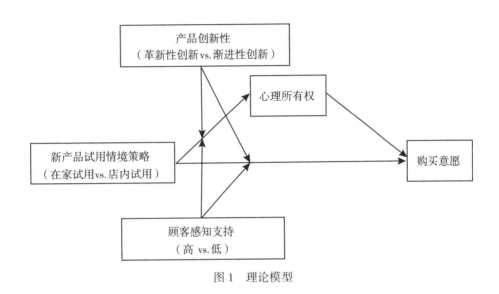

图 1　理论模型

3. 实验一：新产品试用情境策略对购买意愿的影响机制

实验一旨在检验新产品试用情境策略对购买意愿的直接效应以及心理所有权的中介机制，检验假设 H1 和 H2。

3.1　预实验 1

预实验 1 旨在检验产品创新程度，为正式实验选择最佳材料。基于孟陆等（2017）的研究方法，选取了 10 个产品。为了排除无关变量的干扰，将所有图片大小处理成 300 像素×300 像素，并对图片背景进行了纯色处理（见图 2）。

通过网络平台邀请了 29 名被试（其中 13 名男性）对 10 个产品的创新程度打分，创新程度采用 Sorescu 和 Chandy（2003）的分类量表，0 = 完全渐进性创新，100 = 完全革新性创新。得分越高，代表产品创新程度越高。产品创新性程度从低到高依次为：便携式榨汁机（39.14 分）、全掌气垫鞋（41.38 分）、人体工学电脑椅（46.52 分）、掌上阅读器（53.62 分）、蓝牙无线降噪耳机（57.58 分）、智能音箱（63.51 分）、微型手指无线鼠标（67.21 分）、VR 眼镜一体机（69.38 分）、蓝牙摄像眼镜（73.24 分）、折叠手机（82.07 分）。

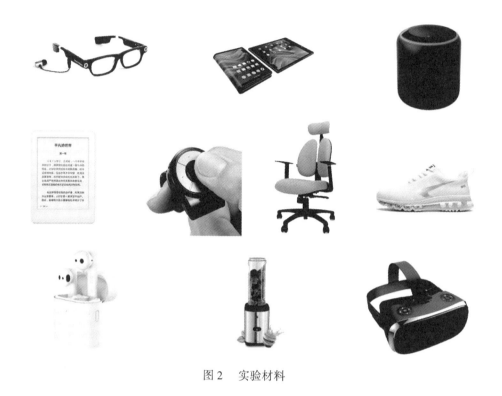

图 2　实验材料

3.2　预实验 2

预实验 2 旨在操纵新产品试用情境策略。基于预实验 1 的产品创新性评价结果，选择产品创新程度适中的掌上阅读器作为实验材料，实验情境设计依据 Hur 等（2015）的方法。通过网络平台招募了 45 名被试（其中 23 名男性）参与新产品试用情境策略（在家试用 vs. 店内试用）组间设计。被试被随机分配到两个组中分别阅读实验材料。为了避免颜色对被试态度产生影响，对图片进行了灰度处理。最后回答新产品试用情境策略检验量表。

3.2.1　实验情境设计

店内试用组中，被试首先阅读一段情境设定文字描述："您走进一家出售掌上阅读器的品牌门店，打算购买一台新款掌上阅读器。您来到这款阅读器旁，一名员工上前向您介绍这款产品，并邀请您体验试用。"然后浏览一组实体店内实际场景图片和产品图片，情境设计见图 3。

在家试用组中，被试同样阅读一段情境设定文字描述："您打算购买一台新款掌上阅读器，该品牌支持消费者在其官网上申请 7 天试用体验。通过在线申请，您收到了这款新品，并开始在家里试用。"然后浏览一组居家实际场景图片和产品图片，情境设计见图 4。

图 3　"店内试用"情境设计　　　　图 4　"在家试用"情境设计

新产品试用情境策略的操纵检验方法借鉴了 Mischel（1973）的量表，共 3 个题项（如"您认为自己能够自由地试用产品而不感到受约束"）。此外，为保证被试对实验情境设计的感知真实性，采用 Liu 和 Mattila（2016）的"您认为上述情景很现实"和"您认为上述情景可以很容易地使您产生身临其境的感觉"以检验对实验场景真实性感知。问项均采用 Likert7 级量表。

3.2.2　结果分析

独立样本 T 检验结果显示，店内试用组被试的情境结构化程度感知显著高于在家试用组（$M_{店内试用} = 3.50$，$M_{在家试用} = 5.86$，$t = -5.53$，$p < 0.001$；得分越高，情境结构化程度越低）；单样本 T 检验结果显示，被试的平均评分显著高于分值中位数（与中位数 3.50 相比，$M = 5.81$，$t = 17.35$，$p < 0.001$），表明实验情境设计较为真实。结果表明，新产品试用情境策略操纵效果显著，可用于正式实验。

3.3　正式实验

3.3.1　实验设计

实验采用单因素（新产品试用情境策略：在家试用 vs. 店内试用）组间设计。80 名被试随机分配，阅读完实验情境之后回答了心理所有权量表（Peck & Shu，2009；Fuchs et al.，2010）和购买意愿量表（Doods et al.，1991）。心理所有权 4 个题项（如"我感觉该产品属于我"），购买意愿 3 个题项（如"我会考虑购买该产品"）。最后完成类似预实验 2 的新产品试用情境策略的操纵检验。测量均采用 Likert7 级量表。共收回有效问卷 69 份，有效回收率 86.25%，男性占 52.2%，女性占 47.8%。

3.3.2　实验结果

首先，使用独立样本 T 检验法验证新产品试用情境策略的操纵有效性，采用单样本 T 检验法验证实验场景真实性。结果显示，店内试用组的被试对情境结构化程度的感知与在家试用组存在显著差异（$M_{店内试用}=2.66$，$M_{在家试用}=5.18$，$t=-9.29$，$p<0.001$），并且两组被试对实验场景真实性的平均评分显著高于分值中位数（与中位数 3.50 相比，$M=4.03$，$t=17.34$，$p<0.01$）。再次验证试用情境的操纵有效。

其次，使用独立样本 T 检验法检验新产品试用情境策略对购买意愿的直接效应。结果显示，相比店内试用，在家试用能够促进消费者产生更高的新产品购买意愿（$M_{店内试用}=2.58$，$M_{在家试用}=5.08$，$t=-9.26$，$p<0.001$）。假设 H1 得到验证。

最后，将自变量、中介变量及因变量标准化后，使用 SPSS 的 Process 插件验证心理所有权的中介作用。在控制人口统计变量后，新产品试用情境策略通过心理所有权影响购买意愿的中介效应值为 0.67，区间（BootLLCI＝0.53，BootULCI＝0.86）在 95% 的置信水平上未包含 0，Sobel 检验的 Z 值为 6.79（$p<0.01$），心理所有权起中介效应。假设 H2 得到验证。

4. 实验二：产品创新程度的调节作用

实验二重点考察产品创新程度在新产品试用情境策略与心理所有权、购买意愿之间的调节效应，即检验假设 H3 和 H4。

4.1　预实验 3

预实验 3 旨在检验产品创新性的操控方法有效性。通过网络平台招募了 85 名被试（其中 40 名男性）随机参与 2（新产品试用情境策略：在家试用 vs. 店内试用）×2（产品创新性：渐进性创新 vs. 革新性创新）的双因素组间实验设计。基于产品创新性评价结果选取得分最高的折叠手机和得分最低的便携式榨汁机分别作为革新性创新和渐进性创新刺激物。

4.1.1　实验情境设计

店内试用组中，被试首先阅读一段情境设定的文字描述，渐进性创新组的内容为："您走进一家出售厨房电器的品牌体验店，打算购买该品牌新推出的一款便携式榨汁机。一名员工上前询问您的需要，并邀请您在店内体验试用"，革新性创新组描述仅更换产品为折叠手机，情境设计见图 5。

在家试用组中，被试首先阅读一段情境设定的文字描述，渐进性创新组的内容为："您打算购买一台新款便携式榨汁机，该品牌支持消费者在其官网申请 7 天免费试用体验。通过在线申请，您收到了该产品，并开始在家里试用"，革新性创新组描述仅更换产品为折叠手机，情境设计见图 6。

4.1.2　结果分析

独立样本 T 检验的结果显示，店内试用组的被试对情境结构化程度的感知与在家试用组存在显著差异（$M_{店内试用}=3.48$，$M_{在家试用}=6.00$，$t=-14.10$，$p<0.001$）；单样本 T 检验的结果显示，被试的平均评分显著高于分值中位数（与中位数 3.50 相比，$M=5.17$，$t=14.17$，$p<0.001$）。因此，试用

图 5　"店内试用"情境设计

图 6　"在家试用"情境设计

情境的操纵有效，可用于正式实验。

4.2　正式实验

4.2.1　实验设计

160 名被试被随机分成 2（新产品试用情境策略：在家试用 vs. 店内试用）×2（产品创新性：渐进性创新 vs. 革新性创新）组。被试阅读完实验情境之后回答了心理所有权和购买意愿量表。最后再完成类似预实验 2 的新产品试用情境策略的操控检验。共收回有效问卷 140 份，有效回收率87.5%，男性占 45%，女性占 55%。

4.2.2　实验结果

首先，使用独立样本 T 检验法验证新产品试用情境策略操纵的有效性，采用单样本 T 检验法验证实验场景真实性。结果显示，店内试用组的被试对情境结构化程度的感知与在家试用组存在显著差异（$M_{店内试用}=4.04$，$M_{在家试用}=5.29$，$t=-7.32$，$p<0.001$），革新性创新组的被试对情境结构化程度的感知与渐进性创新组存在显著差异（$M_{革新性创新}=5.34$，$M_{渐进性创新}=4.93$，$t=2.74$，$p<0.01$），并且两组被试对实验场景真实性的平均评分显著高于分值中位数（与中位数 3.50 相比，$M=5.14$，$t=21.12$，$p<0.01$）。再次验证试用情境操纵的有效性。

其次，使用独立样本 T 检验法检验新产品试用情境策略对购买意愿的直接效应。结果显示，相比店内试用，在家试用能够促进消费者对新产品产生更高的购买意愿（$M_{店内试用}=3.72$，$M_{在家试用}=4.70$，$t=-6.29$，$p<0.001$）。假设 H1 再次得到验证。

再次，将自变量、中介变量及因变量标准化后，使用 SPSS 的 Process 插件验证心理所有权的中介作用。在控制人口统计变量后，新产品试用情境策略通过心理所有权影响购买意愿的中介效应值为 0.37，区间（BootLLCI = 0.23，BootULCI = 0.53）在 95% 的置信水平上未包含 0，Sobel 检验的 Z 值为 5.43（$p<0.01$），心理所有权起中介效应。假设 H2 再次得到验证。

最后，使用 SPSS 的 Process 插件检验产品创新性的调节作用。因变量分别为心理所有权和购买意愿，自变量为新产品试用情境策略，调节变量为产品创新性，控制变量为人口统计变量。调节效应分析结果如表 1 所示。

表 1　　　　　　　　　　　　产品创新性调节效应分析结果

因变量	调节变量	交互作用下的 R^2 增加		不同条件下的直接效应			
		R^2 改变量	p	效应	p	Boot 下限	Boot 上限
心理所有权	革新性创新	0.125	0.000	0.781	0.000	0.603	0.959
	渐进性创新			0.070	0.455	−0.115	0.255
购买意愿	革新性创新	0.102	0.000	0.777	0.000	0.596	0.957
	渐进性创新			0.136	0.153	−0.051	0.323

从表 1 可以看出：（1）产品创新性在新产品试用情境策略和心理所有权之间的调节作用显著（R^2 改变量 = 0.125，$p<0.001$）。对于革新性创新产品，新产品试用情境策略对心理所有权影响显著（$p<0.001$）；对于渐进性创新产品，新产品试用情境策略对心理所有权影响不显著（$p>0.05$），假设 H3 得到验证。（2）产品创新性在新产品试用情境策略和购买意愿之间的调节作用显著（R^2 改变量 = 0.102，$p<0.001$）。对于革新性创新产品，新产品试用情境策略对购买意愿影响显著（$p<0.001$）；对于渐进性创新产品，新产品试用情境策略对购买意愿影响不显著（$p>0.05$），假设 H4 得到验证。调节效应图分别见图 7 和图 8。

5. 实验三：顾客感知支持的调节效应

实验三旨在探究顾客感知支持在新产品试用情境策略与心理所有权、购买意愿之间的调节效应，

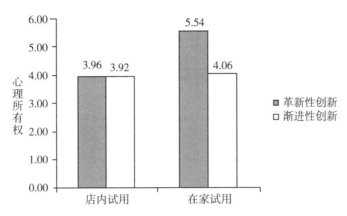

图 7　产品创新性在新产品试用情境策略与心理所有权之间的调节效应

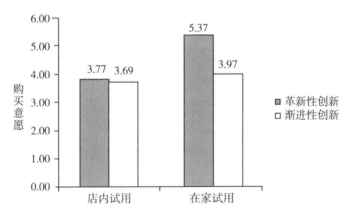

图 8　产品创新性在新产品试用情境策略与购买意愿之间的调节效应

即检验假设 H5 和 H6。

5.1　预实验4

预实验 4 有两个目的：（1）检验新产品试用情境策略操控方法的有效性；（2）检验不同实验情境材料引发顾客感知支持的差异是否显著。通过网络平台招募了 78 名被试（其中男性 46 名）参与 2（新产品试用情境策略：在家试用 vs. 店内试用）×2（顾客感知支持：高 vs. 低）的双因素组间实验设计。选择产品创新程度适中的智能音箱作为刺激物，设计原则同预实验 2。

5.1.1　实验情境设计

店内试用组中，被试首先阅读一段情境设定的文字描述，低支持组的内容为："您打算在实体店购买一款新推出的智能音箱。①进店后，店内员工各自忙碌，无人为您提供引导服务。②试用过程中，没有员工向您详细讲解该产品的功能。③针对您关心的问题，员工不能给出有用的解答和帮助"。高支持组的内容为："您打算在实体店购买一款新推出的智能音箱。①进店后，一名员工上前询问您的需要，并邀请您试用该产品。②试用过程中，该员工向您详细讲解了该产品的功能，并在旁指导您操作。③针对您关心的问题，该员工能够给出有用的解答和帮助"，情境设计见图 9。

在家试用组中，被试同样阅读一段情境设定的文字描述，低支持组的内容为："您打算网购一台新款智能音箱，该品牌支持消费者在平台上申请试用。①平台上缺少关于该产品的详细图文介绍和视频操作教程。②虽然该品牌开通了在线客服，但客服响应缓慢。③当您遇到问题或需要帮助时，客服拒绝或难以为您解决问题或提供建议"。高支持组的内容为："您打算网购一台新款智能音箱，该品牌支持消费者在平台上申请试用。①平台上有关于该产品的详细图文介绍和视频操作教程。②该品牌开通了在线客服和热线电话，响应及时。③当您遇到问题或需要帮助时，客服都能够为您解决问题或提供建议"，情境设计见图 10。

图 9　"店内试用"情境设计

图 10　"在家试用"情境设计

被试在阅读完实验情境后，对新产品试用情境策略和顾客感知支持进行评价。新产品试用情境策略的测量方法同实验一的预实验 2。顾客感知支持的操纵检验方法借鉴了 Bettencourt（1993）和赵晓煜等（2014）的 Likert7 级量表，共 9 个题项（如"该企业的员工能够设身处地为我着想"）。

5.1.2　结果分析

独立样本 T 检验的结果显示，店内试用组的被试对情境结构化程度的感知与在家试用组存在显著差异（$M_{店内试用}=3.87$，$M_{在家试用}=5.25$，$t=-5.13$，$p<0.001$），高支持组的被试由实验情境引发的顾客感知支持也显著高于低支持组（$M_{低支持}=4.54$，$M_{高支持}=5.11$，$t=-3.15$，$p<0.01$）；单样本 T 检验的结果显示，被试的平均评分显著高于分值中位数（与中位数 3.50 相比，$M=4.85$，$t=11.44$，$p<0.001$）。因此，试用情境的操纵有效以及顾客感知支持存在显著差异，可用于正式实验。

5.2　正式实验

5.2.1　实验设计

参与实验的 160 名被试被随机分成 2（新产品试用情境策略：在家试用 vs. 店内试用）×2（顾客

感知支持：高 vs. 低）组。被试阅读完实验情境之后回答了心理所有权、顾客感知支持、购买意愿量表。最后完成新产品试用情境策略及顾客感知支持的操控检验。共收回有效问卷 136 份，有效回收率 85%，男性占 62.50%，女性占 37.50%。

5.2.2　实验结果

首先，使用独立样本 T 检验法验证新产品试用情境策略和顾客感知支持的操纵有效性。结果显示，店内试用组的被试对情境结构化程度的感知与在家试用组存在显著差异（$M_{店内试用}$ = 3.14，$M_{在家试用}$ = 4.79，t = -6.91，$p<0.001$），低支持组的被试由实验情境引发的顾客感知支持与高支持组也存在显著差异（$M_{低支持}$ = 3.32，$M_{高支持}$ = 4.59，t = -4.95，$p<0.001$），并且两组被试对实验场景真实性的平均评分显著高于分值中位数（与中位数 3.50 相比，M = 4.43，t = 8.75，$p<0.01$），再次验证产品试用情境策略和顾客感知支持的操纵有效性。

其次，使用独立样本 T 检验法检验新产品试用情境策略对购买意愿的直接效应。结果显示，相比店内试用，在家试用能够促进消费者对新产品产生更高的购买意愿（$M_{店内试用}$ = 3.32，$M_{在家试用}$ = 4.35，t = -3.67，$p<0.001$）。因此，假设 H1 再次得到验证。

再次，将自变量、中介变量及因变量标准化后，使用 SPSS 的 Process 插件验证心理所有权的中介作用。在控制人口统计变量后，新产品试用情境策略通过心理所有权影响购买意愿的中介效应值为 0.28，区间（BootLLCI = 0.15，BootULCI = 0.42）在 95% 的置信水平上未包含 0，Sobel 检验的 Z 值为 4.04（$p<0.01$），心理所有权起中介效应。假设 H2 再次得到验证。

最后，对标准化的数据使用 SPSS 的 Process 插件检验顾客感知支持的调节作用。因变量分别为心理所有权和购买意愿，自变量为新产品试用情境策略，调节变量为顾客感知支持，控制变量为人口统计变量。调节效应分析结果如表 2 所示。

表 2　顾客感知支持调节效应分析结果

因变量	调节变量	交互作用下的 R^2 增加		不同条件下的直接效应			
		R^2 改变量	p	效应	p	Boot 下限	Boot 上限
心理所有权	低感知支持	0.03	0.01	0.12	0.25	-0.08	0.32
	高感知支持			0.48	0.00	0.29	0.67
购买意愿	低感知支持	0.01	0.08	0.18	0.07	-0.02	0.38
	高感知支持			0.44	0.00	0.24	0.63

从表 2 可以看出：（1）顾客感知支持在新产品试用情境策略和心理所有权之间的调节作用显著（$p<0.05$）。顾客感知支持低时，新产品试用情境策略对心理所有权影响不显著（$p>0.05$）；顾客感知支持高时，新产品试用情境策略对心理所有权影响显著（$p<0.01$），假设 H5 得到验证。（2）顾客感知支持在新产品试用情境策略和购买意愿之间的调节作用不显著（$p>0.05$）。顾客感知支持低时，新产品试用情境策略对购买意愿影响不显著（$p>0.05$）；顾客感知支持高时，新产品试用情境策略对

心理所有权影响显著（$p<0.01$），假设 H6 未得到验证。顾客感知支持在新产品试用情境策略与心理所有权之间的调节效应图见图 11。

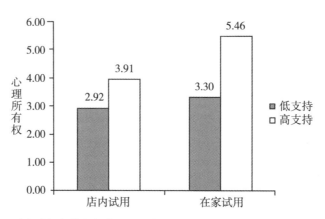

图 11　顾客感知支持在新产品试用情境策略与心理所有权之间的调节效应

6. 研究结论与讨论

6.1　研究结论

本文基于情境处置框架和心理所有权理论，通过三个实验揭示了新产品试用情境策略对购买意愿的影响机制及边界条件，主要结论如下：

（1）相比店内试用，在家试用能产生更高的购买意愿。对于大多数产品而言，在家试用的"弱"结构化情境能够给消费者创造按照自己的想法和习惯来探索和体验产品及其功能的机会，在增进产品熟悉度的同时，提高对试用品的拥有感和心理联结。

（2）心理所有权中介了新产品试用情境策略与购买意愿的关系。相比店内试用，在家试用能够促进消费者对新产品产生更高的心理所有权，进而产生更高的购买意愿。

（3）产品创新性分别调节了新产品试用情境策略对心理所有权和购买意愿的影响。新产品创新程度较高时，在家试用对心理所有权及购买意愿的影响更大，但新产品创新程度较低时，在家试用与店内试用对心理所有权及购买意愿的影响没有显著差异。

（4）顾客感知支持调节了新产品试用情境策略对心理所有权的影响。当顾客感知支持程度较高时，在家试用促进消费者产生更高的心理所有权；当顾客感知支持程度较低时，两者对心理所有权的影响则没有显著差异。顾客感知支持对新产品试用情境策略与购买意愿之间关系的调节作用不显著。可能因为，根据社会交换理论的"互惠原则"，顾客感知到企业为其提供产品试用所需的支持和帮助时，不论试用情境如何都可能对企业产生义务感并表现出回馈行为即购买行为。

6.2　理论贡献

首先，本研究创新性地提出"新产品试用情境策略"的概念，并揭示了新产品试用情境策略对消费者购买意愿影响的差异性。以往从试用动机、时间、经验、次数、价格以及试用质量与时长组合等角度关注试用策略的效果，却忽视了不同试用情境策略对消费者心理及购买意愿的影响。本研究在一定程度上丰富与拓展了试用促销策略的研究视角，对企业选择采取不同情境的试用策略方案具有一定的理论意义。

其次，深化了新产品试用情境策略对购买意愿影响的心理机制研究。基于心理所有权理论和情境处置框架，发现了心理所有权能够有效解释新产品试用情境策略对购买意愿的影响机制，这对于深化试用情境策略的效应机制及丰富心理所有权的理论应用范畴具有理论意义。

最后，将产品创新性和顾客感知支持引入新产品试用情境策略对购买意愿的影响效应研究，从与试用策略密切相关的产品特征和企业服务行为两个方面加深对新产品试用情境策略和购买意愿之间关系的边界条件的认知。

6.3　营销启示

本研究结论对于企业如何有效采取试用策略以提高购买意愿具有重要的营销启示。

（1）对于具有较高创新程度的新产品，可以推出在家试用策略。本研究结果表明，在家试用比店内试用更能促进产生购买意愿，但如果新产品的创新程度较低时（例如，榨汁机、电热水壶等小型家用电器），则企业无论采取在家试用还是店内试用的策略，都不会明显改善消费者对新产品的购买意愿。因此，企业在制定新产品试用营销策略时，应基于对新产品创新程度的认知，采取更有利于促进销量增长的选择。

（2）多措并举提高心理所有权。大量研究充分证实，心理所有权对促进消费者购买、顾客公民行为等行为结果具有积极作用（Yuksel et al.，2019），因此企业在营销实践中应高度重视对心理所有权的引导和培育，积极通过各种方式增加消费者的参与感、控制感和自我投入。比如，在试用过程中赋予消费者更多的权利和便利，使之能够按照自己的方式探索和定义他们所试用的产品等。

（3）通过提高服务水平提升顾客感知支持。本研究结果表明，顾客感知支持程度高，在家试用相比店内试用能够促进消费者对新产品产生更高的心理所有权。因此，企业不仅要重视从员工服务态度和打造温馨的服务氛围等方面让消费者感受到企业的情感性支持，更需要从企业和员工两个层面为消费者试用、体验和探索新产品提供充分的功能性支持，如试用所必需的工具或设备、产品功能演示、详细的操作说明、员工具备引导试用过程的能力以及定制化解决方案和流程等。

6.4　研究局限和未来展望

本研究存在一些局限性，同时也为未来研究指明了方向：第一，研究仅考虑了心理所有权在试用情境策略与购买意愿之间的中介作用，没有排除替代性解释，未来应进一步挖掘替代性解释变量，并加以实证检验。第二，研究引入了产品创新性和顾客感知支持作为新产品试用情境策略对心理所有权、购买意愿影响的调节变量，可能不足以完全反映新产品试用情境策略效应的边界条件，是否还存在其他诸如顾客特征、社会情境因素等变量同样会对新产品试用情境策略效应发挥调节效用仍未可知。未来可以进一步挖掘不同调节变量对新产品试用情境策略效应的影响。

◎ 参考文献

[1] 范晓屏，韩洪叶，孙佳琦. 网站生动性和互动性对消费者产品态度的影响——认知需求的调节效应研究 [J]. 管理工程学报，2013，9（3）.

[2] 刘建新，范秀成. 心之所有，言予他人？心理所有权对消费者口碑推荐的影响研究 [J]. 南开管理评论，2020，23（1）.

[3] 马昭，尤薇佳，吴俊杰. 免费试用营销对众筹平台的影响研究 [J]. 管理学报，2020，17（1）.

[4] 孟陆，杨强，杜建刚，等. 创新产品类别与呈现顺序相匹配对消费者购买意愿的影响 [J]. 营销科学学报，2017，13（4）.

[5] 彭慧洁，程岩. SaaS 模式下免费试用质量与试用时长的组合策略研究 [J]. 管理评论，2022，34（1）.

[6] 孙凯，左美云，吴一兵. 功能性 IT 产品首次试用和重复试用对消费者态度的影响有什么不同？[J]. 中国管理科学，2021，29（6）.

[7] 赵晓煜，孙福权，张昊. 服务生产中顾客感知支持与其合作行为的关系 [J]. 技术经济，2014，33（11）.

[8] 朱沆，韩晓燕，黄婷. 家族涉入管理与私营企业职业经理的心理所有权——基于"我们"意识的新理论解释 [J]. 南开管理评论，2015，18（4）.

[9] Adya, M., Mascha, M. F. Can extended exposure to new technology undermine its acceptance? Evidence from system trials of an enterprise implementation [J]. Communications of the Association for Information Systems, 2011, 29 (1).

[10] Avey, J. B., Avolio, B. J., Crossley, C. D., et al. Psychological ownership: Theoretical extensions, measurement and relation to work outcomes [J]. Journal of Organizational Behavior, 2009, 30 (2).

[11] Bawa, K., Shoemaker, R. The effects of free sample promotions on incremental brand sales [J]. Marketing Science, 2004, 23 (3).

[12] Bednall, D. H., Oppewal, H., Laochumnanvanit, K., et al. A trial engagement? Innovative free and other service trials [J]. Journal of Services Marketing, 2018, 32 (1).

[13] Bettencourt, L. A. Customer voluntary performance: Customers as partners in service delivery [J]. Journal of Retailing, 1993, 73 (3).

[14] Chatterjee, P., Irmak, C., Rose, R. L. The endowment effect as self-enhancement in response to

threat [J]. Journal of Consumer Research, 2013, 40 (3).

[15] Chou, C., Yang K., Jhan, J. Empowerment strategies for ideation through online communities [J]. Creativity and Innovation Management, 2015, 24 (1).

[16] Doods, W. B., Monroe, K. B., Grewal, D. Effects of prive, brand, and store information on buyers' product evaluation [J]. Joural of Marketing Research, 1991, 28 (3).

[17] Folse, J. A. G., Moulard, J. G., Raggio, R. D. Psychological ownership: A social marketing advertising message appeal? [J]. International Journal of Advertising, 2012, 31 (2).

[18] Fuchs, C., Prandelli, E., Schreier, M. The psychological effects of empowerment strategies on consumers' product demand [J]. Journal of Marketing, 2010, 74 (1).

[19] Furby, L. Possessions: Toward a theory of their meaning and function throughout the life cycle [J]. Life-Span Development and Behavior, 1978, 1.

[20] Hamilton, R. W., Thompson, D. V. Is there a substitute for direct experience? Comparing consumers' preferences after direct and indirect product experiences [J]. Journal of Consumer Research, 2007, 34 (4).

[21] Haskell, R. E. Transfer of learning: Cognition, instruction, and reasoning [M]. San Diego: Academic Press, 2000.

[22] Heiman, A., McWilliams, B., Shen, Z., et al. Learning and forgetting: Modeling optimal product sampling over time [J]. Management Science, 2001, 47 (4).

[23] Hoch, S. J., Ha, Y. W. Consumer learning: Advertising and the ambiguity of product experience [J]. Journal of Consumer Research, 1986, 13 (6).

[24] Hoeffler, S. Measuring preferences for really new products [J]. Journal of Marketing Research, 2003, 40 (4).

[25] Homans, C. G. Social behavior as exchange [J]. The American Journal of Sociology, 1958, 63 (6).

[26] Jussila, I., Tarkiainen, A., Sarstedt, M., et al. Individual psychological ownership: Concepts, evidence, and implications for research in marketing [J]. Journal of Marketing Theory and Practice, 2015, 23 (2).

[27] Kempf, D. S., Smith, R. E. Consumer processing of product trial and the influence of prior advertising: A structural modeling approach [J]. Journal of Marketing Research, 1998, 35 (3).

[28] Kirk, C. P., Swain, S. D., Gaskin, J. E. I'm proud of it: Consumer technology appropriation and psychological ownership [J]. Journal of Marketing Theory and Practice, 2015, 23 (2).

[29] Kumar, J. Understanding customer brand engagement in brand communities: An application of psychological ownership theory and congruity theory [J]. European Journal of Marketing, 2020, 55 (4).

[30] Lin, Z., Zhang, Y., Tan, Y. An empirical study of free product sampling and rating bias [J]. Information Systems Research, 2019, 30 (1).

[31] Liu, S. Q., Mattila, A. S. Using comparative advertising to promote technology-based hospitality

services [J]. Cornell Hospitality Quarterly, 2016, 57 (2).

[32] Mischel, W. Toward a cognitive social learning reconceptualization of personality [J]. Psychological Review, 1973, 80 (4).

[33] Oliveira, M. Critical development activities for really new versus incremental products [J]. Journal of Product Innovation Management, 2010, 15 (2).

[34] Peck, J., Shu, S. B. The effect of mere touch on perceived ownership [J]. Journal of Consumer Research, 2009, 36 (3).

[35] Peck, J., Kirk, C. P., Luangrath, A. W., et al. Caring for the commons: Using psychological ownership to enhance stewardship behavior for public goods [J]. Journal of Marketing, 2020, 85 (5).

[36] Perkins, D. N., Salomon, G. Transfer of learning [M] //In International encyclopedia of education (2nd ed.). Oxford, England: Pergamon Press, 1992.

[37] Pierce, J. L., Kostova, T., Dirks, K. T. Toward a theory of psychological ownership in organizations [J]. Academy of Management Review, 2001, 26 (2).

[38] Pierce, J. L., Kostova, T., Dirks, K. T. The state of psychological ownership: Integrating and extending a century of research [J]. Review of General Psychology, 2003, 7 (1).

[39] Porteous, J. D. Home: The territorial core [J]. Geographical Review, 1976, 66 (4).

[40] Smith, R. E., Swinyard, W. R. Cognitive response to advertising and trial: Belief strength, belief confidence and product curiosity [J]. Journal of Advertising, 1988, 17 (3).

[41] Sorescu, A. B., Chandy, R. K. Sources and financial consequences of radical innovation: Insights form pharmaceuticals [J]. Journal of Marketing, 2003, 67 (10).

[42] Wu, Y. H., Balasubramanian, S., Mahajan, V. When is a preannounced new product likely to be delayed? [J]. Journal of Marketing, 2004, 68 (2).

[43] Yang, X., Liu, N., Teo. H. H. How do users cope with trial restrictions? A field experiment on free trial software [J]. International Journal of Information Management, 2017, 37 (4).

[44] Yuksel, M., Darmody, A., Venkatraman, M. When consumers own their work: Psychological ownership and consumer citizenship on crowdsourcing platforms [J]. Journal of Consumer Behavior, 2019, 18 (1).

Research on the Influence of New Product Trial Situation Strategy on Purchase Intention

Liu Ruping[1]   Zheng Shuang[2]   Hu Jiaqi[3]   Fan Guangwei[4]

(1, 2, 3 School of Business Administration, Northeastern University, Shenyang, 110169;

4 School of Business Administration, Shenyang Pharmaceutical University, Shenyang, 110016)

Abstract: New product trial is an important promotion strategy widely adopted by enterprises, Previous studies have focused on the effects of trial strategies from the perspectives of trial motivation, time, experience, frequency, price, and the combination of trial quality and duration, and rarely focused on the impact of trial contextual strategies on consumers' purchase intentions from the perspective of trial space context. Based on the situational disposition framework and psychological ownership theory, this study proposes the concept of new product trial situational strategies, divides them into two types: home trial and in-store trial, and explores the impact mechanism and the impact of these two trial situational strategies on consumers' purchase intention. Boundary conditions. The results of three situational experiments show that: trial at home can better promote purchase intention than in-store trial; psychological ownership plays a mediating role; product innovation moderates the impact of new product trial situational strategies on psychological ownership and purchase intention; customer perception Supports only moderating the effect of new product trial situational strategies on psychological ownership. The research conclusions provide theoretical guidance for enterprises to select new product trial situation strategies effectively.

Key words: New product trial situation strategy; Psychological ownership; Product innovation; Customer perceived support; Purchase intention

专业主编：寿志钢

珞珈管理评论

2022 年卷第 5 辑（总第 44 辑）

Luojia Management Review

No. 5，2022（Sum. 44）

营销渠道合作中的企业间关系规范、
跨组织人际关系规范与机会主义行为*

● 欧 梅[1]　周 茵[2]　杨 伟[3]　庄贵军[4]

（1，2，3 长安大学经济与管理学院　西安　710064；4 西安交通大学管理学院　西安　710049）

【摘　要】以中国制造商和经销商的关系为研究对象，基于社会交换理论和配置理论，深入探讨营销渠道成员间的关系规范（包括企业间关系规范、跨组织人际关系规范）和机会主义行为之间的关系，包括直接作用与交互作用。通过分析 149 份制造商问卷数据得出以下研究结果：首先，不同类型的关系规范对机会主义行为的影响存在差异，企业间关系规范能抑制渠道机会主义行为，跨组织人际关系规范中的面子会加重渠道机会主义行为，人情则对机会主义行为无显著性影响；其次，跨组织人际关系规范中的人情会弱化企业间关系规范对机会主义行为的抑制作用。研究结论揭示了不同关系规范的异质性作用及其影响，对企业理性认识跨组织人际关系并选择有效的渠道治理策略具有重要的意义。

【关键词】机会主义行为　企业间关系规范　跨组织人际关系规范　面子　人情

中图分类号：F713.50　　　　　文献标识码：A

1. 引言

机会主义行为是指渠道成员为谋取短期、单方私利而实施撒谎、故意隐瞒或歪曲信息等的行为（Wathne et al.，2000）。虽然该行为可在短期内增加投机方的收益，但会损害其他渠道成员的利益进而引发渠道冲突。因此，为了维护渠道效率、保护自身免受合作伙伴机会主义行为侵害，企业会采

───────────

＊ 基金项目：国家自然科学基金项目"供应商与客户互动过程管理机制对价值共创绩效的影响机理和转化路径研究"（项目批准号：71902013）；陕西省社会科学基金一般项目"陕西省制造企业关系嵌入风险及其渠道效率改进研究"（项目批准号：2019S017）；长安大学中央高校基本科研业务费项目"'互联网+'背景下面向大数据驱动的渠道整合和创新战略研究""'互联网+'背景下的营销渠道嵌入及其风险""'互联网+'背景下线上经销商渠道能力及其绩效研究"（项目批准号：300102238619；300102239622；300102230617）。

通讯作者：周茵，E-mail：yinzhou@ chd. edu. cn。

用不同的治理机制来控制渠道行为。

根据现有文献，企业主要有权威、合约与关系规范（主要指企业间）三种渠道治理策略（Weitz et al.，1995）。权威治理指通过权力或权力的使用来影响和控制渠道成员的行为，包括强制性权力和非强制性权力；合约治理指使用详细和有约束力的合同协议来明确双方的角色和义务；关系规范治理指渠道合作双方基于信任、承诺、灵活等组织间交往规范而发展出的，用来指导及协调双方合作及交易行为的治理机制。不过，多项来自中国情境的研究却发现权威与合约治理在控制机会主义行为方面的有限作用（周茵等，2011；Yang et al.，2011；Cavusgil et al.，2004），因而使得关系规范治理成为中国情境下营销渠道理论研究的热点（Gezhi et al.，2020；Zhou et al.，2015）。

虽然学者们对于企业间关系规范与机会主义行为之间的关系研究积累了较多文献（Paswan et al.，2017；Zhou et al.，2015），认为企业间关系规范通过为合作双方提供长期导向与合作共赢的氛围，来促使企业自觉抑制自身的机会主义行为，不过，根据嵌入理论，企业的经济行为不仅仅是嵌入在社会结构之中，还同样嵌入于人际网络之中，企业的经济行为还会受人际关系网络影响（Halinen et al.，1998；庄贵军等，2008）。特别是作为"关系"高度嵌入型的中国市场，传统的关系型社会使得人际关系在社会交往与商业活动中起着更重要的作用（Park et al.，2001）。这就使得我们在关注关系规范对机会主义影响时，不仅要探讨企业间关系规范，也要探讨跨组织人际关系规范，以及二者之间的交互对于渠道机会主义行为的作用。已有一些学者的研究发现面子、人情等人际关系规范对于机会主义行为的异质作用（Yang et al.，2020；张闯等，2016；钱丽萍等，2012）。但相较于大量的企业间关系规范的研究，有关跨组织人际关系规范与渠道机会主义行为的研究仍相对缺乏。同时，现有研究多数来自非渠道情境（Yang et al.，2020），或以个人为机会主义对象（张闯等，2016），缺乏针对渠道中上游合作伙伴间的研究，更未发现针对两种不同类型关系规范间交互作用的探讨。

基于此，本研究以中国制造商和经销商的关系为研究对象，同时考虑企业间关系规范与跨组织人际关系规范对机会主义行为的影响，以及二者之间的交互作用。研究结论将有助于全面认识不同类型的关系规范在渠道治理中的作用，拓展以往研究的边界。

2. 理论基础与文献综述

2.1 机会主义行为

Wathne 等（2000）将渠道机会主义行为定义为渠道成员为谋取短期、单方私利而实施撒谎、故意隐瞒或歪曲信息等的一种行为。机会主义行为具有相互性，一方实施机会主义行为会引起另一方的机会主义行为，阻碍双方创造共同价值和降低关系绩效。加强对机会主义行为的治理和监测还会增加企业的机会成本（任星耀等，2012）。为此，学者们不断探索导致渠道机会主义行为的因素，以制定更合理且更有效的渠道治理策略。

经济压力和社会压力是机会主义行为的两类主要诱因（Trada et al.，2017）。其中，经济压力源于交易成本理论的发展。Rindfleisch 等 （1997） 认为专有资产投入、环境不确定性和行为不确定性是导致机会主义行为的主要因素。社会压力则源于社会交换理论。尽管社会交换中感知公平、关系承诺等能够很好地抑制机会主义行为 （张闯等，2018），但是社会交换中存在的不确定性和风险却会滋生负面因素从而引起机会主义行为。

企业可以通过设计合理的渠道治理策略来规范渠道中的机会主义行为，包括权威、合约与关系规范 （主要指企业间）。早期该领域的研究多根植于资源依赖理论与社会交换理论，探讨不同的权力源以及不同权威策略的使用对于机会主义行为的影响 （Provan et al.，1989；John，1984）。此后，随着交易成本理论与关系契约理论的发展，学者们逐渐将关注的焦点转向正式合约与社会性要素 （如关系规范、信任、跨组织人际关系等） 对于机会主义行为的影响，特别是这两种不同治理策略之间的交互作用。学者们针对这两种不同的治理策略是互补还是替代的关系展开了热烈的探讨 （Yang et al.，2011；Cavusgil et al.，2004）。"互补"的观点认为，正式合约的使用提高了企业使用社会性要素治理渠道的可能，社会性要素的使用则补充了正式合约的不完备性，有利于合作关系的稳定。"替代"的观点则认为企业使用社会性要素治理渠道是一种更加经济且有效的治理方式，它的使用降低了使用正式合同的需要。来自中国情境的研究认为社会性要素包括企业间关系规范与跨组织人际关系在中国渠道治理中发挥着更为重要的作用 （Gu et al.，2008；张闯等，2016）。

不过，回顾现有文献，相较于大量关于企业间关系规范对机会主义行为影响的研究，有关跨组织人际关系规范的研究却相对缺乏。张闯等 （2016） 学者针对农产品收购商与个人农户的渠道情境，发现人情、面子会不同程度地抑制农户的机会主义行为；Yang （2020） 等针对研发合作情境的研究，发现面子会降低研发伙伴的机会主义行为，但是人情没有显著影响；钱丽萍和任星耀 （2012） 基于典型的制造商与经销商渠道情境，研究跨组织人际关系对由专项投资不对等引起的机会主义行为的调节作用，结果显示面子会加重机会主义行为，人情则无显著影响，但由于二者与机会主义的直接关系不是该文章的研究重点，因而未深入讨论。因此，鉴于社会性要素在中国情境下的重要作用，为了进一步明确关系规范特别是跨组织人际关系规范的作用，本研究深入探讨其对渠道机会主义行为的直接以及间接的影响。

2.2　关系规范

关系规范源于社会交换理论的发展。根据社会交换理论，企业与个体间的交换不仅包括经济资源，还包括社会资源。在交换过程中，双方会受到规则与规范的影响，从而判断获得的预期回报并决定是否维持现有关系 （Cropanzano，2005）。其中，规则是维持公平而制定的标准；规范是被行动者认同或部分认同的行为期望 （Heide et al.，1992），是互动中需要遵守的非正式规则 （Zhuang et al.，2010）。关系规范是指导行动者之间交往和互动的行为规则，存在于不同的关系层级中，如特定行业、公司或个人群体 （Heide et al.，1992）。在渠道关系研究中，企业间关系规范一直以来都是关注的焦点，对渠道治理发挥着显著性影响。除此之外，企业中的边界人员是渠道决策的直接执行者，他们的能力、情绪和态度会影响企业的决策，因此跨组织人际关系规范也会对企业活动产生一定的影响 （Yen et al.，2017；张闯等，2014）。基于此，本文将同时考虑企业间和跨组织人际两个层面的关系规范。

2.2.1　企业间关系规范

企业间关系规范是企业间为了维系合作关系而共同遵守的规则，其核心是创造具有共同价值的商业环境（任星耀等，2012）。关于企业间关系规范的构成学术界尚未形成共识，Heide 等（1992）将关系规范划分为灵活性、信息交换和团结三类，Cannon 等（2000）则概括成灵活、团结、共同促进、冲突协调和限制强权。除此之外，学者们认为信任、承诺是企业间关系不可或缺的部分（Zhou et al.，2015；Morgan et al.，1994），并以此为基础提出关系规范包含合作规范、信任和承诺三个维度（Zhou et al.，2015）。这三个维度更加全面地体现了企业间关系规范，因此本研究将沿用前人的这一维度划分。

企业间关系规范能够通过一系列灵活的合作规范、信任和承诺营造出寻求共同利益的环境氛围（Paswan et al.，2017）。由于其对企业行为提出的隐性要求，往往能够弥补由合约不完备引起的治理缺陷，有效降低专有资产保护和环境不确定性引发的风险（任星耀等，2012），以及抑制机会主义等负面行为（Zhou et al.，2015）。所以，企业间关系规范是企业愿意采用的一种解决问题的渠道治理方式。

2.2.2　跨组织人际关系规范

人际关系规范是关系的重要组成部分，它不同于人际关系状态，前者是指导人们进行交往和互动的行为规则，后者是指人们之间关系的好坏、深浅，比如家人、熟人或生人等（Zhuang et al.，2010）。尽管目前尚未有学者对人际关系规范的维度有明确的划分，但是黄光国（1985）曾提出面子和人情是中国社会文化特有的人际关系规范，是指导混合性关系的法则，对人际互动产生巨大影响。而在营销渠道关系中，绝大多数的私人关系属于混合性关系（张闯等，2016）。由此，跨组织人际交往同样会受到面子和人情规范的指引，从而对商业活动产生重要影响（Yen et al.，2017；金辉等，2019）。因此，本研究中的跨组织人际关系规范包括面子与人情这两个维度。

面子是人们在人际交往中通过展现个人素质（知识、力量、能力）和非个人素质（财富、权威、人脉）来获得的社会地位，是对保持社会地位或公众形象的需求（黄光国，1985）。当人们存在这种需求时会主动遵守面子规范，具体表现为两种行为：获得面子和维护面子。获得面子是指为了树立积极形象和提升社会地位而采取的一种行为策略，如炫耀自己的能力、财富；而维护面子是指在破坏性情况下为减少负面评价和保护社会地位的一种行为策略（Ding et al.，2017）。拥有一个积极的公众形象会维持双方工具性关系并保持社会交换。相反，如果人们受到侮辱，他们的形象就会被破坏从而失去面子以及别人对他们的尊重（Ding et al.，2017）。人们在商业交往中也格外重视面子规范（陈昊等，2016）。他们会积极地分享知识，通过展现个人能力和树立乐于助人、善良的形象来获得他人的尊重（金辉等，2019）。同时，他们还会避免知识获取与创新，因为担心获取知识和创新失败被认为是知识匮乏或能力有限，以至于降低他们在别人心目中的地位（Leung et al.，2014；金辉等，2019）。

人情是指人们在与他人相处过程中为回应他人各种情感所遵循的一种社会规范（董维维等，2013）。人们会在他人困难时主动提供帮助并期待日后得到回报，追求在交往中形成非正式的义务和互惠的氛围（金辉等，2019）。作为受恩惠一方会遵循"报之规范"，人情中受恩必报的原则较为复杂，既强调要避免直接等价的回报，又强调要通过委婉迂回的方式积极回报（黄光国，1985）。由于人情规则的复杂性，人情已成为一种检验个人诚信的方式（张闯等，2014），即认为遵守你来我往的人情交换方式能体现一个人良好的信用品质，因此注重人情规范会激发人们维持关系的意愿（金辉等，2019）。

注意到面子和人情在商业交往中发挥的重要作用（Leung et al.，2014；金辉等，2019），学者们开始探索跨组织人际关系规范对企业层面的影响。多数研究发现面子存在消极导向，会为了避免丢失面子而不在公开场合处理矛盾，更倾向于维护和谐的环境，导致合作方认为不被重视而降低组织间承诺（Ding et al.，2017；Mavondo et al.，2001）。人情交换具有高度满足期望的属性，有助于促进企业间长期合作和改善绩效（张闯等，2014）。对于有经验的企业人员，他们还能够运用人情资源去缓和任务执行中的冲突（Yen et al.，2017）。尽管面子和人情对企业层面渠道关系影响的研究不少，但对机会主义行为的研究相对缺乏，特别是它对于企业间关系规范的调节或交互影响。考虑到面子和人情可能会产生的不同作用（Yang et al.，2020；钱丽萍等，2012），本研究将其分开进行研究。

3. 理论框架和模型假设

本研究在文献回顾的基础上假设企业间关系规范负向影响机会主义行为，跨组织人际关系规范（包括面子与人情）对机会主义行为会产生不同影响：面子正向影响机会主义行为，人情负向影响机会主义行为。此外，跨组织人际关系规范还会正向调节企业间关系规范与机会主义行为之间的负向关系。本研究理论模型如图 1 所示。

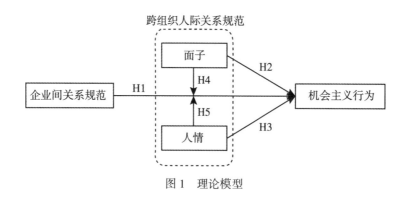

图 1　理论模型

3.1　企业间关系规范与机会主义行为

企业间关系规范致力于营造合作共进的氛围，将焦点从以自我为中心向共同利益转移，包括合作规范、承诺和信任等一系列隐性规则。合作规范以灵活无形的方式对企业提出具有约束性的要求，给予了合作企业一定程度上的自治权，相比运用强有力的谈判地位强迫合作伙伴，能够降低挫败感进而避免渠道伙伴的机会主义行为（Cannon et al.，2000）。除此之外，信任是对合作伙伴的可靠性与诚实守信的信心，承诺是对已有关系满意及继续努力保持关系的意愿。这二者不仅能够降低企业在合作中的不确定性和对潜在风险的焦虑、抵抗短期利益的诱惑，还能够有效提高合作效率（Morgan et al.，1994；Shi et al.，2011）。因而，无论从社会角度还是经济角度，关系规范都有助于减少渠道机会主义行为。据此，本研究提出假设：

H1：渠道合作中的企业间关系规范负向影响合作伙伴的机会主义行为。

3.2 跨组织人际关系规范与机会主义行为

企业边界人员之间的互动推动了企业间交易活动的完成，互动则会受到跨组织人际关系规范的指导（Zhuang et al.，2010；董维维等，2013）。在中国情境中，当人们遇到问题时，首先会采用面子和人情这种非正式化的途径解决问题（Heide et al.，1992）。因此，面子和人情在商业活动中扮演着重要的角色。面子是在人际交往中获得的社会地位，人情是社会交易中用于馈赠的资源（黄光国，1985）。面子和人情在现实中密不可分，比如当 A 向 B 请求帮助时，B 可以答应也可以拒绝，如果 B 拒绝帮忙，A 就会失去面子；如果 B 答应帮忙，相当于"送 A 一个人情"，此时 A 因拥有强大的人脉会获得面子，并欠 B 一个日后归还的"人情"。但二者本质上又存在区别，人情是封闭的一对一关系交换，涉及实质性和实惠的帮助，而面子是层层辐射的，不局限于某一对关系中，施予恩惠是为了得到恭维、抬举和捧场，而非物质利益（翟学伟等，2004）。因此，面子规范不易形成稳定的关系，而人情则可以在持续的交换中促进企业间关系。此前的研究分别检验了这两点（Mavondo et al.，2001；Shi et al.，2011），因此，本文也认为面子和人情对渠道机会主义行为有可能存在异质性作用。

面子具有积极和消极的社会导向。积极导向指人们会通过主动参与分享信息、知识等利于提升个人形象和社会地位的行为来获得面子；消极导向指人们通过避免承认个人能力、知识有限等消极行为来保护面子（金辉等，2019；Ding et al.，2017）。因此，企业的边界人员越遵守面子规范，在代表企业与合作伙伴交往时越倾向于分享信息而非获取信息，这阻碍了企业间信息的对等流动。此外，面子是人们基于他人对自己的评价而内心产生的自我画像（黄光国，1985），将自己拥有的资源或权益与他人分享，获得他人的认可、吹捧能够增进面子（Ding et al.，2017）。因此，在跨组织边界人员的交往中，遵循面子规范的恩惠并不是出于"真情"，而是出于争面子（张闯等，2016）。一旦被识破，合作伙伴就不会为感激对方而主动拉近双方企业的合作。相反，这种社会心理使边界人员更容易受对方赞赏的影响，从而放低对合作伙伴的要求，给对方创造掩盖机会主义行为的方式和机会。或是被对方利用其心理做文章，言语上对其权力进行刺激，进而获得更多额外资源，使得合作企业采取机会主义行为而付出的成本降低。综上，结合以往研究中学者发现面子对于组织间关系的负面作用（Ding et al.，2017；Mavondo et al.，2001），我们认为企业边界人员在交往中遵循面子规范不但不能抑制机会主义行为，还会创造投机环境和触发机会主义行为。因此，本研究提出假设：

H2：跨组织边界人员在跨组织人际交往中越遵循面子规范，合作伙伴机会主义行为越多。

边界人员之间共同遵守人情规范，能够减少阻碍企业合作的因素，引导企业形成长期的合作关系（Shi et al.，2011）。一方面，在中国文化背景下跨组织边界人员间往来会受到人情规范无形的影响，在交互过程中他们会主动"送人情"来拉近双方的关系，同时他们也会履行人情规范隐含的强制性回报义务，通过"还人情"来促成双方长期的联系（张闯等，2016；Yen et al.，2017）。通过连续的人情交换提高双方沟通的频率，进一步降低了合作信息的不对称性，达到抑制机会主义行为的效果。另一方面，人情交换会提供隐性的信息和商业支持，遵循人情规范的边界人员会更善于用隐性知识及非正式途径解决问题，以柔性的方式协调双方企业的交易关系（Liu et al.，2020），降低协调成本和关系维持成本，从而使企业愿意自我抑制己方的机会主义行为以继续维持该段合作关系。因此，本研究提出假设：

H3：跨组织边界人员在跨组织人际交往中越遵循人情规范，合作伙伴机会主义行为越少。

3.3 企业间关系规范、跨组织人际关系规范与机会主义行为

企业间关系规范指出长期合作可以通过彼此间相同的价值观、相互信任以及愿意长期合作的承诺来维持，并以灵活无形的方式对合作双方的行为起到约束效果，无论对企业还是边界人员都没有明确的条款说明行为范畴。这就为企业或跨组织边界人员留有较大的协商与解读空间。同时，跨组织边界人员在进行商业交往时，又会受到面子或人情等人际规范的影响。作为企业代表，这些人际规范的遵循与执行容易嵌入企业间合作，从而影响对方边界人员对组织间关系的判断与管理决策的制定。基于此，本研究认为跨组织人际关系规范不仅会对机会主义行为产生直接作用，还会对企业间关系规范与机会主义行为之间的关系产生调节影响。以下，我们借助于配置理论来构建它们之间的假设关系。

配置理论认为组织是由各种不同的结构元素、策略元素以及环境元素而组成的复杂实体。这些不同的元素可以组合出不同的状态或配置，但总有一个最佳的匹配设置，可以使组织产生最优的效率（Miller et al.，1984；Van et al.，1985；Doty et al.，1993）。这种最优效率的产生可能来自组织策略与其实施环境之间的匹配，或者来自组织策略与组织结构之间的匹配，也可能来自策略实施环境与组织结构之间的匹配，还有可能是以上三者之间的匹配。回顾以往配置理论的相关文献，学者们发现当企业使用的策略与其实施的氛围或环境相匹配时，会为其带来更高的营销绩效（Vorhies et al.，2003；Burton et al.，2002）；而以上因素的任何不匹配情况都会减弱组织策略实施的效果，不论积极的效果还是消极的效果（Burton et al.，2002）。

企业间关系规范由于主要通过合作双方之间培养起来的信任、灵活、信息交换等行为准则发挥作用，因而被认为是一种柔性的合作型治理策略（Su et al.，2009）。正如假设 H2 所述，遵循面子规范的个体会因倾向于输出信息和拒绝接受信息，进而阻碍企业间的交流，与企业间关系规范强调的信息交换相矛盾。这不利于企业间关系规范对机会主义行为的治理。而对于人情，人情交换虽然可以打点和疏通关系，营造合作型氛围，与企业间关系规范相匹配，但同时更为重要的是，人情法则讲究"报之规范"，受惠者有义务为人情投资者提供帮助，并且难以回绝对方的请求（黄光国，1985）。这种义务性回报增强了合作中的约束，这与企业间关系规范所期望的灵活性不匹配。人情法则最核心的思想是"报"，"滴水之恩，当涌泉相报"，越是遵循人情规范的个体越是容易垒起"人

情债"的高墙（金辉等，2019）。因此，相较于推进交流，人情在企业间关系规范治理中发挥的义务性约束作用更强。于是，根据以上论述，我们提出假设：

H4：跨组织边界人员遵循面子规范会削弱企业间关系规范对机会主义行为的抑制作用。

H5：跨组织边界人员遵循人情规范会削弱企业间关系规范对机会主义行为的抑制作用。

4. 研究方法

4.1 样本

中国关系文化背景下的制造商和经销商关系为本研究提供了理想的研究情境。因此，本文以国内制造商和经销商关系为主要研究对象，并从制造商渠道管理人员角度收集数据。本研究在广泛文献回顾的基础上编制了一份调查问卷，其中为保证被调查者准确理解问题将英文题项翻译成中文，并通过反向翻译对比原文确保了问题含义的准确性。本次研究调查包括三个阶段，首先对西安 15 家制造商企业中与经销商有密切联系的资深管理者进行了线下访谈。每个渠道管理人员选择一个主要的分销商，以他们对公司与分销商关系的认识来回答问题。访谈结束后，根据他们的反馈对问卷的结构、内容与表达方式等方面进行了修改。其次是对 30 名管理者进行预测试以确定最终的问卷。最后，开始正式的问卷调查。

本研究选取北京、广州、深圳、天津、西安、郑州、石家庄和保定 8 个城市的制造商企业渠道管理者作为被调查者，以电子邮件与实地发放问卷方式获取数据。本次调查共发放 220 份问卷，收回 180 份问卷，筛选出有效问卷共 149 份。有效问卷被调查企业信息见表 1。

表 1 样本基本特征

统计项		比例（%）	统计项		比例（%）
性别	男	62.40	年龄	25 岁以下	12.80
	女	37.60		25~35 岁	64.40
行业	纺织服装业	1.30		36~45 岁	19.50
	机械设备制造业	25.50		46 岁以上	3.40
	电子设备制造业	6.10	工龄	1 年以内	2.00
	医疗器械制造业	12.10		1~3 年	32.20
	电子产品和零部件制造业	27.50		3 年以上	65.80
	食品饮料制造业	12.80	企业属性	民营企业	18.10
	软件制造业	0.70		外资企业	28.90
	其他制造业	14.10		其他	53.00

4.2　问卷及量表测量

根据本研究的问题设计了机会主义行为、企业间关系规范、面子以及人情 4 个变量量表。其中，机会主义行为量表来自 Wang 等（2013）和 Gundlach 等（1995）采用过的量表；企业间关系规范量表来源于 Cannon 等（2000）和 Gençtürk 等（2007）的量表；跨组织人际关系规范面子和人情量表来自 Lee 和 Dawes（2005）的量表，测量了企业边界人员对面子和人情规范的遵循程度。部分量表来自国外文献，最初为调查国外企业设计的，因此为符合国内企业行情，本研究对题项的部分用词进行了修改。问卷采用 5 级李克特量表（1 = 非常不同意，2 = 不同意，3 = 无意见，4 = 同意，5 = 非常同意），量表内容见表 2。

同时，本研究考虑到企业属性和企业间的相互依赖程度、合约条款明确性和企业所处竞争地位会影响渠道关系和机会主义行为，故将三者作为控制变量纳入模型，其中依赖和合约条款明确性采用 5 级李克特量表（1 = 非常不同意，5 = 非常同意），各包含 3 个题项。依赖的题项即 "如果找其他公司代替该分销商，会给我公司带来损失" "在该地区，我公司很难找到别的公司，像该分销商一样带给我们这么多销售额和利润" 和 "总之，我公司与该分销商的关系对实现我公司的目标来讲非常重要"；合约条款明确性的题项则为 "商业活动中，我公司和该分销商有非常具体详细的协议" "我公司和该分销商的正式协议详述了我们双方的义务" 和 "我公司和该分销商有很详细的合同协议"。而企业所处竞争地位采用单选题，包括有绝对优势、有较大优势、有一定优势、无优势和处于劣势。

4.3　信效度检验

本研究中的变量测量均是成熟的量表，因此在进行假设检验前，需要对变量数据进行验证性因子分析以检验信效度（Paswan et al., 2017）。首先，采用 AMOS 对由合作规范、信任、承诺构成的二阶因子企业间关系规范进行验证性因子分析，模型拟合度的各指标显示该二阶因子模型是可接受的（$\lambda^2/\mathrm{df} = 1.99$，$\mathrm{df} = 22$，$p<0.01$，[CFI] = 0.95，[GFI] = 0.94，[IFI] = 0.96，[RMSEA] = 0.08）。因此，本研究可以采用由合作规范、信任和承诺 3 个一阶因子的平均数作为企业间关系规范的测量值。

其次，对构成研究模型的机会主义行为、企业间关系规范、面子、人情 4 个潜变量进行验证性因子分析，得到各拟合参数为 $\lambda^2/\mathrm{df} = 1.41$，$\mathrm{df} = 126$，$p<0.01$，[CFI] = 0.96，[GFI] = 0.90，[IFI] = 0.96，[RMSEA] = 0.05。此外，所有题项因子载荷都大于 0.60（$p<0.001$）（见表 2），算得机会主义行为、企业间关系规范、面子、人情的 α 值均大于 0.7，分别为 0.77、0.85、0.82 和 0.82。各变量的 CR 值、AVE 值也分别均大于 0.80 和 0.50，且变量 AVE 值的平方根都大于变量间的相关系数（如表 3 所示）。综合以上指标，说明本次数据具有良好的效度和信度。

表2　　　　　　　　　　　　　　　　　测　量　量　表

结构和项目		因子载荷	AVE	CR
模型拟合指标：$\lambda^2/df=1.41$，$df=126$，$p<0.01$，［CFI］$=0.96$，［GFI］$=0.90$，［IFI］$=0.96$，［RMSEA］$=0.05$				
机会主义行为	OP1 很难与该分销商进行真诚的商谈	0.62	0.59	0.85
	OP2 该分销商为了他们自己的利益经常违背正式或非正式的协议	0.8		
	OP3 该分销商常常让我们承担额外的责任	0.85		
	OP4 该分销商为了自己的利益，常常有意不告知我们应当注意的事项	0.8		
企业间关系规范	合作规范	**0.85**	0.65	0.94
	CN1 我公司和该分销商都不会太斤斤计较	0.83		
	CN2 我公司和该分销商在谈判时都不会以强势姿态商讨	0.84		
	CN3 我公司和该分销商经常协作改变以适应变化	0.76		
	信任	**0.85**		
	CN4 我公司信任该分销商	0.91		
	CN5 我公司与该分销商相互信任	0.83		
	CN6 我公司和该分销商都信守对彼此的承诺	0.66		
	承诺	**0.84**		
	CN7 我公司希望与该分销商保持长久关系	0.87		
	CN8 我公司与该分销商很努力地建立一种长期的关系	0.87		
	CN9 我公司与该分销商保持着密切的联系	0.63		
面子	MZ1 我和该分销商相关人员都认为在商业往来中"面子"问题是很重要的	0.88	0.70	0.88
	MZ2 我给该分销商相关人员"面子"，他（或他们）也会给我们"面子"	0.87		
	MZ3 我们给该分销商面子越多，他们给我们的面子也越多	0.76		
人情	RQ1 如果他们以前帮助过我们，我们也会在他们需要的时候帮助他们	0.81	0.70	0.88
	RQ2 如果我们以前帮助过他们，他们也会在我们需要的时候帮助我们	0.85		
	RQ3 我们当对方是朋友，都以诚相待	0.85		

表3　　　　　　　　　　　变量的平均值、标准差和相关性

	1	2	3	4	5	6	7	8
1. 企业间关系规范	**0.81**	0.30**	0.53**	-0.19*				
2. 面子	0.34**	**0.84**	0.37**	0.22**				
3. 人情	0.56**	0.41**	**0.84**	-0.12				
4. 机会主义行为	-0.13	0.26**	-0.05	**0.77**				
5. 依赖	0.06	0.28**	0.10	0.20*				
6. 合约条款明确性	0.32**	0.08	0.23**	0.06	0.21*			

续表

	1	2	3	4	5	6	7	8
7. 竞争地位	0.03	-0.05	-0.04	0.10	0.02	-0.06		
8. 年龄	0.06	-0.06	0.00	-0.05	-0.06	-0.05	0.10	
平均值 M	3.60	3.24	3.56	2.65	3.23	3.93	2.26	2.13
标准差 SD	0.56	0.81	0.72	0.79	0.81	0.88	0.96	0.66

注：** 代表在 0.01 级别（双尾）相关性显著；* 代表在 0.05 级别（双尾）相关性显著。对角线以下为各变量之间的相关系数，对角线以上为以年龄作为标示变量调整后的各变量间相关系数，对角线上为变量 AVE 值的平方根。

4.4 共同方法偏差检验

因为在同样的测量环境、项目语境以及项目本身具有的特点下，同样的数据来源或评分者会造成预测变量与校标变量的共变。在本次研究中每个研究对象都单独完成一份问卷，因此为排除人为导致的偏差将采用 Lindell 和 Whitney（2001）提出的标示变量检验法，来检验数据的有效性。选择一个在理论上与当下分析的所有变量不相关的变量作为标示变量以调整变量间的相关系数，从而评估共同方法偏差程度。本研究将年龄作为标示变量，选择其与其他变量相关系数最小的正值（Rs = 0.06）作为共同方法偏差估计值调整其他相关系数。调整后的相关系数为表 3 对角线以上数据，调整后除了 1 个系数由不显著转为显著外其余的变量相关性均没有发生改变，说明该问卷受共同方法偏差的影响不大。因此，本研究问卷数据有效且可用于检验假设。

5. 数据分析与假设检验

本研究运用 SPSS25.0 统计软件进行多元回归分析并建立 3 个模型来检验假设。模型 1 以机会主义行为为因变量，依赖、合约条款明确性和竞争地位为自变量。模型 2 在模型 1 的基础上加入企业间关系规范、面子、人情 3 个自变量。模型 3 在模型 2 的基础上加入企业间关系规范分别与面子和人情的交互项，用于检验跨组织人际关系规范对企业间关系规范治理机会主义行为结果的调节效应。分析结果如表 4 所示。

表 4　　　　　　　　　　　　　　多元回归分析结果

自变量	模型 1	模型 2	模型 3	假设	检验结果
	因变量：机会主义行为				
依赖	0.19*	0.10	0.11		
合约条款明确性	0.03	0.11	0.12		

续表

自变量	模型 1	模型 2	模型 3	假设	检验结果
	因变量：机会主义行为				
竞争地位	0.10	0.13	0.12		
企业间关系规范		−0.24*	−0.27**	H1	支持
面子		0.35**	0.36**	H2	支持
人情		−0.09	−0.09	H3	拒绝
交互项：企业间关系规范×面子			−0.07	H4	拒绝
交互项：企业间关系规范×人情			0.18*	H5	支持
F 值	2.54	4.60**	4.09**		
R^2	0.05	0.16	0.19		
ΔR^2	0.05	0.11	0.03		

注：* 表示 $p<0.05$（双尾检验），** 表示 $p<0.01$（双尾检验）。

由模型 2 的结果可知，企业间关系规范对机会主义行为呈负向显著性影响（$p_1<0.05$，$\beta_1=-0.24$），因此结果支持 H1。其次，面子对机会主义行为呈正向显著性影响（$p_2<0.01$，$\beta_2=0.35$），而人情对机会主义行为没有显著性影响（$p_3>0.05$）。因此，结果支持 H2，不支持 H3。

由模型 3 的结果可知，企业间关系规范与面子的交互项不显著，说明边界人员遵循面子规范不会影响企业间关系规范对机会主义行为产生影响；而企业间关系规范与人情的交互项正向显著影响机会主义行为，结合企业间关系规范负向影响机会主义行为的结果，得出边界人员遵循人情规范会削弱企业间关系规范对机会主义行为的抑制作用。因此，研究结果拒绝 H4，支持 H5。此外，为了更直观地反映人情对企业间关系规范和机会主义行为关系的调节，我们画出了交互图，如图 2 所示。

6. 讨论与结论

6.1 研究结论

本研究以国内制造商和经销商的关系为研究对象，探讨不同类型的关系规范对渠道机会主义行为的影响，以及跨组织人际关系规范对企业间关系规范治理效果的调节作用。研究发现不同类型的关系规范对机会主义行为的影响存在差异：企业间关系规范能够显著抑制渠道机会主义行为，跨组织人际规范则会根据类型的不同对机会主义行为产生异质作用，包括直接与间接的调节影响。其中，面子规范会加重合作伙伴的机会主义行为，对企业间规范与机会主义行为之间的关系无显著调节影响；人情规范对合作伙伴的机会主义行为无显著的直接影响，却会削弱企业间关系规范对机会主义行为的抑制作用。

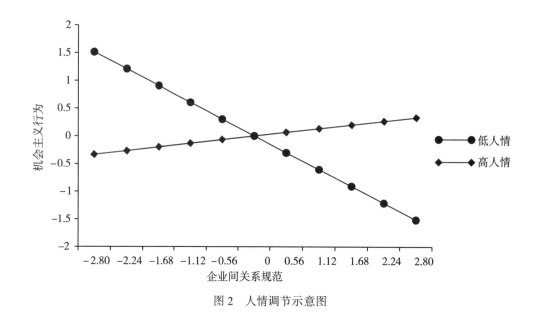

图 2　人情调节示意图

　　值得讨论的是，本研究的研究结论发现了企业间关系规范与跨组织人际关系规范对渠道机会主义行为的异质性作用，提出的 3 个假设中 H3 被拒绝。究其原因，企业间关系规范是合作双方基于前期互动所形成的相互认可的行为期望，有助于加强企业间的信息交换与合作性关系，可能会更加直接地影响企业决策。而面子和人情是跨组织边界人员为了获得资源或方便行事而遵循的人际交往规范（庄贵军等，2007）。尤其在商业往来中，这些规范的作用更多在于维持工具性关系和关系表面的和谐（钱丽萍等，2012），对利己主义导向明显的机会主义行为约束效果有限。

　　更进一步，跨组织人际关系规范中的面子规范还会激发渠道机会主义行为。面子规范由于更加关注增强自身形象和避免损坏声誉（金辉等，2019），相较于人情有更强的利己性。无论遵循获取面子而积极分享信息、知识，还是遵循维护面子而消极应对外来信息、知识，其目的都是提升个人在交往中的自我价值，而不是形成互惠关系（Ding et al.，2017）。正因为如此，商业交往中边界人员可能会因为注重个人面子得失而阻碍沟通的顺利进行，阻碍企业间有价值信息的传递，进而影响双方合作效率与意愿，提高合作伙伴机会主义行为的动机。此前学者的研究结果也发现了面子与人情在渠道机会主义行为方面产生的不一样作用钱丽萍等，2012）。

　　面子和人情在调节企业间关系规范与机会主义行为之间的关系上存在差异，提出的两个假设中 H4 被拒绝。可能的原因是，企业间关系规范除了通过边界人员进行信息交换外，还相互信任，可以弥补面子规范在其中的负面影响，使得企业的行为不受个人层面的影响。而人情则不同，人情规范涉及实质性的资源交换（翟学伟等，2004）。因此，在"拿人手短，吃人嘴软"的文化背景下，企业边界人员不得不以经济物质作为回报，如企业间合作的资源倾斜等。在高度遵循人情规范情况下，边界人员更加"通情达理"，熟知和深谙人情世故，更容易积累人情，形成更长期更丰厚的资源交换（翟学伟等，2004）。更有甚者，凭借边界人员的话语权，在跨组织互动中将人情交往逐渐演变成利用权力谋取私利导致资源浪费的寻租活动（翟学伟等，2004），直接牵制了企业间原有的灵活机制，降低企业间关系规范对于机会主义行为的抑制效果。

6.2 研究贡献、局限与展望

本研究的理论贡献主要有以下两点。首先，根植中国营销渠道治理情境，探讨了不同类型的关系规范，包括企业间关系规范与跨组织人际关系规范对于渠道机会主义的直接作用，丰富了中国情境下社会化因素对于渠道治理的作用，更明确了跨组织人际关系规范在其中的直接影响，增进了对于其作用机理的了解。结果显示，与前人研究一致，企业间关系规范能够显著降低合作伙伴的机会主义行为；但是，跨组织人际关系规范中的面子却会加重对方的机会主义行为。其次，本研究探讨了跨组织人际规范对于企业间关系规范与机会主义行为之间的调节影响，发现了人情的负面作用。这些研究结论表示：尽管中国的商业关系自古以来强调跨组织人际关系的作用，但随着市场化程度的提高，跨组织人际关系及其规范在渠道关系管理中的作用越来越有限，甚至产生负面作用。这一研究结论有助于深化对于不同类型的关系规范在渠道机会主义行为治理过程中作用的认识，拓展以往的研究。

研究结论对企业渠道管理人员管理渠道关系具有重要的指导意义。管理人员要及时察觉并引导边界人员降低对面子、人情等跨组织人际规范的依赖，避免其负面影响。随着市场化程度的提高，企业应强化运用规范的流程与行为准则来协调渠道成员之间的商业关系，例如继续强化并规范化与渠道成员之间的信任、合作等关系规范，以进一步达到控制渠道机会主义行为的目的。这也与当下国内市场打造良好营商环境的趋势相一致。

尽管本研究是基于前人的研究和相关理论展开讨论的，但仍然存在以下不足：第一，本研究仅单独考虑了组织间和跨组织人际关系规范治理机制，未对其他类型的治理机制如合同治理及其相互作用进行研究。因此，在以后的研究中可以考虑与更多治理机制之间的互动。第二，由于面子与人情规范的"功利"性强弱不同，可能对于不同类型的机会主义行为会产生不同的作用。结合本文与以往研究发现的二者对机会主义行为的异质性影响，未来研究可通过划分强机会主义与弱机会主义行为，进一步探讨它们的作用结果。第三，本研究采用的是单边数据，仅从制造商的角度测量了其与经销商之间的关系规范以及感知到的经销商机会主义行为，如果未来的研究能从经销商和制造商两个角度去收集数据，将双边数据进行匹配，进一步探索人情规范发挥作用的边界条件，研究结果可能会更可靠及有趣。

◎ 参考文献

[1] 陈昊，李文立，陈立荣. 组织控制与信息安全制度遵守：面子倾向的调节效应 [J]. 管理科学，2016，29（3）.
[2] 翟学伟. 人情、面子与权力的再生产——情理社会中的社会交换方式 [J]. 社会学研究，2004（5）.
[3] 董维维，庄贵军. 营销渠道中人际关系到跨组织合作关系：人情的调节作用 [J]. 预测，2013，32（1）.

［4］黄光国 . 人情与面子［J］. 经济社会体制比较，1985（3）.

［5］金辉，段光，李辉 . 面子、人情与知识共享意愿间关系的实证研究：基于知识隐性程度的调节效应［J］. 管理评论，2019，31（5）.

［6］钱丽萍，任星耀 . 渠道关系中专项投资不对等与机会主义行为间关系研究——正式化、参与与私人关系的调节作用［J］. 管理评论，2012，24（10）.

［7］任星耀，朱建宇，钱丽萍，王鹏 . 渠道中不同机会主义的管理：合同的双维度与关系规范的作用研究［J］. 南开管理评论，2012，15（3）.

［8］张闯，李骥，关宇虹 . 契约治理机制与渠道绩效：人情的作用［J］. 管理评论，2014，26（2）.

［9］张闯，徐佳，杜楠，周南 . 基于本土文化的营销渠道中私人关系对投机行为的影响研究［J］. 管理学报，2016，13（7）.

［10］张闯，徐佳 . 渠道投机行为研究的差异、融合及未来方向［J］. 管理学报，2018，15（6）.

［11］周茵，庄贵军，崔晓明 . 营销渠道中的渠道关系、权利使用与投机行为［J］. 商业经济与管理，2011（3）.

［12］庄贵军，李珂，崔晓明 . 关系营销导向与跨组织人际关系对企业关系型渠道治理的影响［J］. 管理世界，2008（7）.

［13］庄贵军，席酉民，周筱莲 . 权力、冲突与合作——中国营销渠道中私人关系的影响作用［J］. 管理科学，2007（3）.

［14］Burton，R. M.，Lauridsen，J.，Obel，B. Return on assets loss from situational and contingency misfits［J］. Management Science，2002，48（11）.

［15］Cannon，J. P.，Achrol，R. S.，Gundlach，G. T. Contracts，norms，and plural form governance［J］. Journal of the Academy of Marketing Science，2000，28（2）.

［16］Cavusgil，S. T.，Deligonul，S.，Zhang，C. Curbing foreign distributor opportunism：An examination of trust，contracts，and the legal environment in international channel relationships［J］. Journal of International Marketing，2004，12（2）.

［17］Cropanzano，R.，Mitchell，M. S. Social exchange theory：An interdisciplinary review［J］. Journal of management，2005，31（6）.

［18］Ding，G.，Liu，H.，Huang，Q.，et al. Moderating effects of guanxi and face on the relationship between psychological motivation and knowledge-sharing in China［J］. Journal of Knowledge Management，2017，21（5）.

［19］Doty，D. H.，Glick，W. H.，Hube，r G. P. Fit，equifinality，and organizational effectiveness：A test of two configurational theories［J］. Academy of Management Journal，1993，36（6）.

［20］Gezhi，C.，Jingyan，L.，Xiang，H. Collaborative innovation or opportunistic behavior？Evidence from the relational governance of tourism enterprises［J］. Journal of Travel Research，2020，59（5）.

［21］Gençtürk，E. F，Aulakh，P. S. Norms-and control-based governance of international manufacturer-distributor relational exchanges［J］. Journal of International Marketing，2007，15（1）.

［22］Gu，F. F.，Hung，K.，Tse，D. K. When does guanxi matter？Issues of capitalization and its dark sides

［J］. Journal of Marketing, 2008, 72（4）.

［23］ Gundlach, G. T., Achrol, R. S., Mentzer, J. T. The structure of commitment in exchange ［J］. Journal of Marketing, 1995, 59（1）.

［24］ Halinen, A., Törnroos, J. The role of embeddedness in the evolution of business networks ［J］. Scandinavian Journal of Management, 1998, 14（3）.

［25］ Heide, J. B., John, G. Do norms matter in marketing relationships? ［J］. Journal of Marketing, 1992, 56（2）.

［26］ John, G. An empirical-investigation of some antecedents of opportunism in a marketing channel ［J］. Journal of Marketing Research, 1984, 21（3）.

［27］ Lee, D. Y., Dawes, P. L. Guanxi, trust, and long-term orientation in Chinese business markets ［J］. Journal of International Marketing, 2005, 13（2）.

［28］ Leung, K., Chen, Z., Zhou, F., et al. The role of relational orientation as measured by face and renqing in innovative behavior in China: An indigenous analysis ［J］. Asia Pacific Journal of Management, 2014, 31（1）.

［29］ Lindell, M. K., Whitney, D. J. Accounting for common method variance in cross-sectional research designs ［J］. J App Psychol, 2001, 86（1）.

［30］ Liu, J. and Zhu, Y. Promoting tacit knowledge application and integration through guanxi and structural holes ［J］. Journal of Knowledge Management, 2020, 25（5）.

［31］ Mavondo, F. T., Rodrigo, E. M. The effect of relationship dimensions on interpersonal and interorganizational commitment in organizations conducting business between Australia and China ［J］. Journal of Business Research, 2001, 52（2）.

［32］ Miller, D., Friesen, P. H. Organizations: A auantum view ［M］. Englewood Cliffs, NJ: Prentice-Hall, 1984.

［33］ Morgan, R. M., Hunt, S. D. The commitment-trust theory of relationship marketing ［J］. Journal of Marketing, 1994, 58（3）.

［34］ Park, S. H., Luo, Y. D. Guanxi and organizational dynamics: Organizational networking in Chinese firms ［J］. Strategic Management Journal, 2001, 22（5）.

［35］ Paswan, A. K., Hirunyawipada, T., Iyer, P. Opportunism, governance structure and relational norms: An interactive perspective ［J］. Journal of Business Research, 2017, 77.

［36］ Provan, K. G., Skinner, S. J. Interorganizational dependence and control as predictors of opportunism in dealer-supplier relations ［J］. Academy of Management Journal, 1989, 32（1）.

［37］ Rindfleisch, A., Heide, J. B. Transaction cost analysis: Past, present, and future applications ［J］. Journal of Marketing, 1997, 61（4）.

［38］ Shi, G., Shi, Y., Chan, A. K. K., et al. The role of renqing in mediating customer relationship investment and relationship commitment in China ［J］. Industrial Marketing Management, 2011, 40（4）.

［39］ Su, C. T., Yang, Z. L., Zhuang, G. J., et al. Interpersonal influence as an alternative channel communication behavior in emerging markets: The case of China ［J］. Journal of International Business Studies, 2009, 40 (4).

［40］ Trada, S., Goyal, V. The dual effects of perceived unfairness on opportunism in channel relationships ［J］. Industrial Marketing Management, 2017, 64.

［41］ Van de Ven, A. H., Drazin, R. The concept of fit in contingency theory ［M］ //Cummings, L. L., Staw, B. M. Research in organizational behavior. Greenwich, CT: JAI Press, 1985.

［42］ Vorhies, D. W., Morgan, N. A. A configuration theory assessment of marketing organization fit with business strategy and its relationship with marketing performance ［J］. Journal of Marketing, 2003, 67 (1).

［43］ Wang, Q., Li, J. J., Ross, W. T., et al. The interplay of drivers and deterrents of opportunism in buyer-supplier relationships ［J］. Journal of the Academy of Marketing Science, 2013, 41 (1).

［44］ Wathne, K. H., J. B. Heide. Opportunism in interfirm relationships: Forms, outcomes, and solutions ［J］. Journal of Marketing, 2000, 64 (4).

［45］ Weitz, B. A., JAP, S. D. Relationship marketing and distribution channels ［J］. Journal of the Academy of Marketing Science, 1995, 23 (4).

［46］ Yang, Z. L., Zhou, C., Jiang, L. When do formal control and trust matter? A context-based analysis of the effects on marketing channel relationships in China ［J］. Industrial Marketing Management, 2011, 40 (1).

［47］ Yen, D. A., Abosag, I., Huang, Y. A., et al. Guanxi GRX (ganqing, renqing, xinren) and conflict management in Sino-US business relationships ［J］. Industrial Marketing Management, 2017, 66.

［48］ Zhou, Y., Zhang, X., Zhuang, G., et al. Relational norms and collaborative activities: Roles in reducing opportunism in marketing channels ［J］. Industrial Marketing Management, 2015, 46.

［49］ Zhuang, G., Xi, Y., Tsang, A. S. L. Power, conflict, and cooperation: The impact of guanxi in Chinese marketing channels ［J］. Industrial Marketing Management, 2010, 39 (1).

Inter-organizational Relational Norms, Inter-organizational Interpersonal Norms and Opportunism in Marketing Channel Cooperation

Ou Mei[1]　Zhou Yin[2]　Yang Wei[3]　Zhuang Guijun[4]

(1, 2, 3　School of Economics and Management, Chang'an University, Xi'an, 710064;

4　School of Management, Xi'an Jiaotong University, Xi'an, 710049)

Abstract: Based on the social exchange theory and configuration theory, this paper takes the relationship between Chinese manufacturers and distributors as the research object, and deeply discusses the relationship between the relational norms between marketing channel members (including inter-organizational relational norms and inter-organizational interpersonal relational norms) and opportunistic behavior, including direct effect and interaction. By analyzing the data of 149 manufacturers' questionnaires, the following research results are obtained : First, there are differences in the impact of different types of relational norms on opportunism : relational norms between enterprises can inhibit channel opportunism, mianzi in cross-organizational interpersonal norms will aggravate channel opportunism, and renqing have no significant impact on opportunism; secondly, The renqing in cross-organizational interpersonal norms will weaken the inhibitory effect of inter-organizational relational norms on opportunism. The research conclusion reveals the heterogeneous role and influence of different relational norms, which is of great significance for enterprises to rationally understand cross-organizational interpersonal relationships and choose effective channel governance strategies.

Key words：Opportunism；Inter-organizational relational norms；Inter-organizational interpersonal relational norms；Mianzi；Renqing

专业主编：寿志钢

珞珈管理评论
2022 年卷第 5 辑（总第 44 辑）

Luojia Management Review
No. 5，2022（Sum. 44）

拟人化总是有效的吗？元分析的证据[*]

● 徐 磊[1] 段 雅[2] 姚亚男[3]

（1，2 北京工业大学经济与管理学院 北京 100124；3 天津师范大学管理学院 天津 300387）

【摘 要】目前营销领域已有较多拟人化相关研究，但不同研究实证结果不尽相同。通过对 74 篇中外文献（包括 274 个效应值，$N = 66296$）进行元分析，探讨了营销领域的拟人化前因、消费者对拟人化的反应及其调节因素。研究发现，设计因素和个体因素会影响拟人化感知；拟人化对消费者的情绪和行为有差异化影响，拟人化效应并不总是积极有效的。具体而言，传统服务情境下，拟人化总是给消费者带来积极情绪，但其并不能有效化解顾客怀疑等消极情绪；新兴人工智能服务情境下，拟人化既会给顾客带来积极情绪，又会因恐怖谷效应引发消极情绪；拟人化对消费者互动意愿的正向影响强于购买意愿；相比个人主义社会文化背景下，消费者在集体主义社会文化背景下表现出更多互动意愿和购买意愿。

【关键词】拟人化 影响因素 消费者反应 元分析

中图分类号：F713.55 文献标识码：A

1. 引言

拟人化是将类人特征、思维和情感等赋予非人类事物，并将其视为有生命、有感觉的人（Ricoeur，1978）。企业可以利用拟人化设计提升消费者对品牌产品的认知和评价。例如，"我是江小白，生活很简单"的文案让江小白在传统白酒中独树一帜；故宫淘宝塑造的萌贱"皇帝"广受追捧；京东智能客服"JIMI"和"言犀"快速成长，未问先知的能力带给消费者良好的体验。现代信息技

* 基金项目：北京市自然科学基金青年项目"新产品扩散过程中跨界者的角色与绩效研究——基于社会网络的视角"（项目批准号：9174026）；国家自然科学基金青年项目"顾客接触型服务员工越轨行为对服务生产率的影响研究：基于顾客不当行为、角色冲突的分析视角"（项目批准号：71502128）；北京市教委哲社重点项目"移动互联网背景下高校创业人才培养研究"（项目批准号：JD011011201901）。

通讯作者：姚亚男，E-mail：wsyyn2013@126.com。

术助推拟人化迅速发展，其市场应用早已受到国外学者的关注。近 20 年来，拟人化研究取得了丰富成果（Aggarwal & Mcgill，2007；Epley et al.，2008）。然而，社会文化、人工智能技术对拟人化的有效性提出了挑战。为此，本研究采用元分析方法定量整合前人研究结果，以明确拟人化影响因素及影响结果的有效性。

一般而言，企业借助拟人化可有效提升消费者品牌认知（MacInnis & Folkes，2017；Tuškej & Podnar，2018），改善消费者品牌态度（Fournier，1998；Kim & Kramer，2015），丰富用户体验（van Esch et al.，2019；牟宇鹏等，2019），激发消费者品牌互动和购物意愿等积极效果（Salem et al.，2013）。然而，事实并非总是如此。随着研究深入和新场景的不断涌现，恐怖谷效应逐渐显现出来，有研究亦证实某些情境下拟人化可能会引发消费者消极反应。例如，拟人化服务机器人可能会使消费者感到尴尬，引发对个人隐私保护的担忧（Bartneck et al.，2010），甚至感到身份威胁（Mende et al.，2019）。但又有研究者认为采用拟人化能降低消费者的抗拒和戒备（Puzakova et al.，2013）。由此可见，现有拟人化营销文献研究结论中，消费者对拟人化的反应呈现差异化，有必要采用元分析方法从数据上整合分析拟人化效应不一致的结论。

已有综述中，Epley 提出三因素理论，阐述了人们进行拟人化的心理决定因素（Epley et al.，2007）；有学者将拟人化构成分为内在、外在和社会三个维度，并从消费者好感、认知和社会关系上总结了拟人化营销效应（汪涛和谢志鹏，2014）。有研究采用元分析方法，从产品类型和不确定性规避的视角整合了拟人化影响产品评价的发现（Velasco et al.，2021）。但是，科学技术改变了拟人化的表现方式、应用情境以及顾客认知，有必要重新梳理拟人化营销效应，以解释现有矛盾和不一致的结论。

本研究框架基于三元交互理论，采用元分析方法定量整合拟人化影响因素和影响结果，并提出服务情境和文化维度的调节效应，以厘清并统一现有矛盾的研究结论，综合呈现涉及环境、主体和行为三元的拟人化营销效应。本文组织如下：首先，构建研究模型。回顾拟人化营销的研究成果并提出假设。其次，详细说明测试理论模型的方法程序。最后，讨论元分析的发现，并提出未来研究方向和研究问题以供探讨。

2. 文献综述与研究假设

2.1 拟人化影响因素

2.1.1 设计因素对拟人化感知的影响

根据拟人化三因素理论，人们感知到非人类物体表现出的类人线索是拟人化的重要前因之一（Epley et al.，2007）。拟人化对象有多种形式表现类人特征。产品/品牌拟人化可以通过表情、动作、声音、服装、个性等细节设计来塑造品牌个性，传递企业价值理念。服务营销过程中引入拟人化机器人、智能客服、虚拟代理人等刺激用户。因此，本研究从外形设计、动作设计和语言设计三个维度来研究拟人化设计类型。

外形设计是拟人化最直观的表现形式。品牌常借助拟人化形象带来视觉上的刺激，诱导消费者产生拟人化倾向（Aggarwal & Mcgill，2007；Xie et al.，2020）。过往研究发现，汽车前部梭形脸部区域（fusiform face area）会诱使消费者将汽车拟人化，进气栏的形状（类似嘴巴）向下弯曲甚至会令消费者联想到不高兴（Kühn et al.，2014）。具有较高宽高比的人类面部被感知为优势特征，同样，产品面部宽高比较高时也更受消费者偏爱（Maeng et al.，2018）。研究认为学习材料图片中有人脸能触发学生的拟人化感知，更有利于学生学习（Schneider et al.，2018）。研究者也常通过外形设计操控拟人化实验。Kim 等（2020）在饮品包装上加入眼睛和笑容使消费者感知到友好的拟人化形象。由此可见，外形设计非常直观有效的影响消费者拟人化感知，但也正因如此，外观拟人在帮助企业传递品牌深层内涵上有一定的局限。

动作表现是影响拟人化感知的另一重要因素，其方向、速度、幅度等都可能影响拟人化感知（Tremoulet & Feldman，2000）。Fraune 等（2020）通过控制机器人的点头、手势等动作，将机器人区分为功能型和社交型，并让这两类机器人分别与机器人和人类进行互动。结果发现，机器人之间的社交性行为相比功能性行为更容易增加人们对机器人拟人化程度的感知；并且机器人对人类的社交性行为增加了参与者积极情绪和与这些机器人互动意愿。除设计具体动作外，控制拟人化对象动作的可预测性也会带给消费者不同感知。Epley（2008）让被试观看两只狗相互交流的视频，其中一只狗（小，快，看起来不可预测）看起来比另一只狗（大，慢，相对可预测）更不可预测，最终，人们认为不可预测的小狗拟人化程度更高。同样，研究发现对机器人不可预测动作的预期会增加消费者拟人化感知（Eyssel et al.，2011）。总体而言，相比外形设计，动作设计可以通过表现更多的社交信号来提升拟人化感知。

语言在激发消费者拟人化感知中具有重要作用（Puzakova et al.，2013）。拟人化语言设计是指对词汇使用、人称代词、语气词、音色、语调等语言线索进行拟人化。一些研究者验证了以第一人称或亲密代词来描述产品/品牌会正向影响消费者与品牌的关系和品牌态度（Sela et al.，2012；Touré-Tillery & McGill，2015）；给品牌起人名能激发消费者信任，帮助企业塑造鲜明的品牌个性（Eskine & Locander，2014；Waytz et al.，2014）；通过操纵声音发现，与顾客同性别声音的机器人更可能被拟人化（Eyssel et al.，2012）；在声音中加入自然主义副语言线索（变化的语速和语调）后，消费者也会认为机器表现出人类思维和感觉能力（Schroeder & Epley，2016）。总而言之，语言设计体现了明显的类人特征，能够提升消费者的拟人倾向（汪涛和谢志鹏，2014）。相比外形和动作设计，拟人化语言设计有利于表现品牌个性和内涵。综上所述，提出假设：

H1：设计因素中，外形、动作和语言会增强消费者拟人化感知。

2.1.2　个体因素对拟人化感知的影响

早期泛灵论（animism）（McDougall，1911）认为，互动需求会促使人们赋予物品以人类角色。Epley 等（2007）提出拟人化三因素理论，认为满足自己的社会性动机和社会性需求是消费者进行拟人化的心理动机之一，社会性需求较高的个体可能更倾向拟人化，把握消费者需求是拟人化成功的关键。本研究将这种因消费者心理特性、需求影响拟人化感知的因素概括为个体因素，以反映个体在拟人化倾向方面的差异（Waytz et al.，2013），主要包括消费者孤独感、依恋和社会分类三个因素。

Peplau（1979）将孤独感定义为个体的人际关系达不到期望水平时所产生的消极心理体验。研究发现感到孤独的个体更容易感知并偏好拟人化（Eyssel & Reich，2013），可能通过囤积拟人化物品（Burgess et al.，2018）、购买拟人化沟通的产品等方式弥补在现实缺失的社交需求或归属感（杨强和王晓敏，2018；古典等，2019）；此外，那些感到较多孤独（vs. 较少孤独）的消费者对犯道德错误的拟人化品牌会产生更多的负面判断（Dalman et al.，2021）。在人机交互领域，研究发现孤独的人更倾向将机器人拟人化（Eyssel & Reich，2013），长期孤独的手机用户将智能手机拟人化的倾向也会增加（Wang，2017）。当然，研究也证明了消费者与他人重新建立起社会联系，满足社会性需求后，会削弱与拟人化对象的联系（Bartz et al.，2016；Chen et al.，2017；杨强和王晓敏，2018）。

Bowlby（1969）认为依恋是个体与生俱来的一种形成和保持亲密关系的倾向。消费者不仅会对所有物产生依恋，而且会对产品（Schifferstein et al.，2003）、品牌（Ahuvia，2006）或其他喜爱的对象形成依恋。具有依恋倾向的人们可能通过拟人化的方式去获取亲密关系（Epley et al.，2007）。早期研究发现具有焦虑型依恋风格（vs. 安全型依恋风格）的人更有可能与电视角色形成感知的社会纽带（Cole & Leets，1999）；而焦虑型依恋风格会更积极地拟人化就是为了寻求更稳固的社会关系，通过将人的特质赋予品牌，消费者与品牌建立起与人一样的个性化关系（姜岩和董大海，2008）；又有研究者证明痴迷型依恋风格的消费者也较易感知并偏好拟人化（Wang，2017）。此外，研究发现消费者依恋风格也能反过来调节消费者对拟人化品牌产生依恋的过程；品牌采用拟人化沟通方式时，专注型依恋风格的消费者更容易产生品牌依恋；当品牌不采用拟人化沟通方式时，安全型依恋风格的消费者更容易产生品牌依恋（李峰和陈志婷，2018）。总体而言，依恋作为个体因素会影响拟人化倾向。

成员身份对于成员间有效的交互至关重要，研究发现人们更有可能与群体内成员（vs. 群体外成员）合作（Tajfel et al.，1971）。学者在实验中让参与者处于有人类和机器人的混合团队中，发现他们与群体内机器人互动时也会区分机器人的成员身份，即人们会对机器人进行社会分类，将其划分为"圈内人"或"圈外人"（Fraune，2020）。而参与者越将机器人归类为群体内成员，越有可能拟人化（Haslam et al.，2008；Kuchenbrandt et al.，2013），且人们更喜欢被归为群体内的机器人，并认为这些机器人更加温暖有思想（Eyssel & Kuchenbrandt，2012）。总体而言，与拟人化品牌/机器人的互动不同于与其他物体互动，消费者不仅赋予其人类的固有品质，还会将人类社交规则适用于机器人（Aggarwal & Dawn，2004；Darling，2015）。

此外，人类进行拟人化另一重要原因是为了满足有效性动机（effectance motivation），换句话说，拟人化可以满足消费者对理解事物、控制事物和预测事物的基本需求（Epley et al.，2007）。例如，消费者期望获得社交掌控感，于是更加偏爱能够给予权力感的拟人化品牌（Khenfer et al.，2020）。这类研究数据较少，暂不纳入元分析。综上所述，提出假设：

H2：消费者孤独感、依恋和社会分类会增强消费者拟人化感知。

2.2 拟人化影响结果

2.2.1 消费者情感

根据刺激机制理论，拟人化营销活动这种外在刺激会带来消费者内在情绪变化，进而影响消费行为（Park et al.，2010），因此很多企业把情感构建作为营销的重点。本研究将消费者对拟人化较为直接快速的情感反应概括为消费者情感。主流研究表明拟人化会增加消费者积极体验，缓解顾客消极情绪。例如，以微笑示人的畸形食品可以引发消费者积极情感（Cooremans & Geuens，2019）；拟人化沟通可以缓和消费者接触品牌时的戒备情绪（Puzakova et al.，2013）。网络营销过程中，企业采用拟人化沟通可以弥补消费者线上消费所缺失的临场感，降低消费者认为品牌是冷漠的、非人性化的感知，提升客户心情愉悦度（Cyr et al.，2007）；当消费者收到使用拟人化沟通的低信息敏感度的个性化营销时，更倾向于将个性化营销当成朋友之间的分享，而非冰冷的销售目的，从而产生更多好感，降低隐私担忧（曾伏娥等，2018）。在广告服务中使用拟人化也能够弱化消费者对广告方隐藏动机的感知，降低其对广告宣传信息的怀疑情绪（马宇泽等，2017）。此外，研究发现拟人化产品会被当作类人主体，为消费者自己的放纵消费承担部分责任，减少消费者对自身行为感知控制和负责程度，进而减少了消费者购买"享乐产品"的心理阻碍（Yamaguchi，1998；Hur et al.，2015）。

少数研究验证了拟人化应用仍存在一定的风险。例如，高拟人化水平的医疗机器人会使患者更加尴尬（Bartneck et al.，2010）；拟人化网站似乎具有"动机"和"意图"，引发了消费者对被真实人类或想象中的他人关注、跟踪甚至操纵的担忧（Kim et al.，2016），低社交需求的消费者对拟人化网站也表现了更高的隐私担忧（Xie et al.，2020）。

总而言之，主流研究认为拟人化能够增加消费者积极情绪，减少消极情绪，少部分研究验证了拟人化引发了消极情绪，因此，有必要进行元分析，探索不一致结论产生的原因。综上所述，提出假设：

H3：拟人化会正向影响消费者积极情绪（H3a），负向影响消费者消极情绪（H3b）。

2.2.2 消费者认知

消费者认知体现了拟人化影响顾客对产品/品牌认知、态度、关系建立和深化等一系列过程（Aggarwal & McGill，2012；Tuškej & Podnar，2018；Golossenko et al.，2020）。研究发现拟人化沟通可以减少客户心理抗拒，提升品牌态度（Puzakova et al.，2013；汪涛等，2014）；将科技产品拟人化更有可能使顾客产生使用信心，帮助消费者了解科技产品，并减少使用障碍，提升消费体验和便利性，从而获得积极评价（Javornik，2016；牟宇鹏等，2019）。

拟人化能增加消费者对品牌的信任和亲密感，帮助品牌成为顾客的伙伴，使品牌受益（Hudson et al.，2016）。当一个品牌被视为具有道德、思维和情感的类人实体时，消费者会感到更安全，并确信该品牌不会伤害他们（Golossenko et al.，2020）。这种效应也会出现在虚拟代理中，随着计算机表征面部图像拟人化程度增加，人们认为计算机具有更强的能力和可信度（Gong，2008）。总的来说，拟人化应用能够增加消费者对拟人化对象的信任感（周飞和沙振权，2017；Tuškej & Podnar，2018），这种信任还会促进消费者与品牌进行互动，进而形成更加稳定的品牌关系。

在追求自我构建和表达的体验经济时代，拟人化通过赋予品牌一定的心理意义来联结消费者和品牌，形成品牌资产。消费者自我—品牌联结指消费者使用品牌构建、强化以及表达个体性或社会性自我的程度（王财玉，2013），品牌联结的编码中包含了相似性感知、自我品牌联系（self-brand connection）、自我品牌整合（self-brand integration）、自我品牌联结、品牌依恋等概念。Gong（2008）认为在其他条件相同的情况下，越像人类会引起人们越强的相似性感知，高拟人化感知会提升品牌亲密度和品牌关系质量（Hudson et al.，2016；Golossenko et al.，2020）。当消费者感知到与拟人化品牌的密切联系时，他们很可能对品牌产生类似人际交往的依恋之情（李峰和陈志婷，2018）。进一步细化品牌拟人化类型发现，相比强调品牌外在形象单向传递的印象型拟人化，侧重品牌内在特质和互动的交互型拟人化品牌更容易使消费者与品牌产生共鸣，进而产生联结，增强品牌忠诚（薛云建和董向东，2018）。此外，品牌自我整合程度并不总是随着拟人化程度的增加而增加，也取决于品牌态度。对品牌态度好的个体，拟人化对自我品牌整合的影响更强（Baksi & Panda，2018）。

近些年，学者常采用准社会关系来描述感知到的人类与类人代理之间的社会关系，与人类的相似性是建立准社会关系的重要前提条件（Hartmann，2008）。基于准社会关系理论，准社会关系被引入人机交互领域，解释了消费者面对 AR 技术时所感受到的情感亲和力（Sangyeal & Yang，2018）。研究还发现消费者认为语音助手比网站更像人，其个性化交互能力向消费者提供了一种参与亲密互动社交的感觉，促进了准社会互动（Whang & Im，2021）。在广告宣传中，动画代言人表现的可爱、专业都能促进准社会关系形成，获得更好的广告效果（Zhou et al.，2021）。

少部分研究认为拟人化可能带来负面认知。例如，根据恐怖谷理论，拟人化代理的神秘性会降低消费者态度（Kim et al.，2019）；犯错的拟人化品牌会引发更多负面评价（Puzakova et al.，2013）。总体而言，通过对过往实证文献分析，本研究认为拟人化对消费者认知有积极作用。综上所述，提出假设：

H4：拟人化正向影响顾客认知、顾客态度、顾客信任、品牌忠诚、品牌联结、准社会关系、便利性、能力感知、使用体验。

2.2.3　消费者行为

消费者行为包括与拟人化对象的互动意愿和购买意愿。根据相似吸引理论，拟人化策略会增加消费者与拟人化对象互动的可能性。消费者会使用与人相似的互动方式与拟人化产品、人工智能交互，相似性是有益的，能够减少不确定性，增加顾客自我验证，营造令人愉快的互动氛围（Benbasat，2010）。研究表明，计算机拟人化程度越高，来自用户的社会响应就越多（Gong，2008）。被赋予更多类人特征或热情友好的拟人化品牌会被认为具有合作意向，进而增强消费者的互动意愿（Aaker et al.，2012；Kervyn et al.，2012；van Esch et al.，2019）。在与消费者沟通时，品牌使用第一人称代词和祈使句动词（Wen & Song，2017），或聊天机器人具备处理问题和纠错的能力（Sheehan et al.，2020），都会使用户感知到更高的拟人化程度，进而提升互动频率。当消费者价值观与该品牌价值观一致时，还会促进消费者价值共创行为发生（朱良杰等，2018）。

学者在拟人化营销可以促进购买意愿这一观点上也达成一致（吴水龙等，2018；钟科和何云，

2018）。拟人化不仅提供了具体功能利益，还满足了消费者的心理需求（Aggarwal，2004）。研究表明，拟人化产品能够降低购买革新型产品的消费者的感知风险（董伶俐和马来坤，2018），提升消费者对现实的理解和控制感（张宇等，2019），满足顾客社会性需求（孙文文和张恩忠，2019），从而增加消费者的购买意愿（吴水龙等，2018；钟科和何云，2018）。综上所述，提出如下假设：

H5：拟人化正向影响消费者的互动意愿和购买意愿。

2.3 调节效应

2.3.1 服务情境的调节

恐怖谷理论描述了人类对类人技术的态度。该理论预测，类人物体在特定条件下会引发使用者厌恶或者恐惧的感觉（Delbaere et al.，2011）。各实证研究也表明，解释消费者对拟人物体的情绪反应需要考虑相应情境。因此，根据恐怖谷理论，本研究将研究样本的情境区分为传统服务情境与新兴人工智能服务场景两类，以探究服务情境对拟人化影响消费者情绪的调节作用。传统服务情境下，研究发现产品/品牌拟人化有助于消费者产生积极情感，减少对品牌的戒备和怀疑等消极情绪（Puzakova et al.，2013；马宇泽等，2017）。但在新兴人工智能服务情境下，各种智能设备、机器人的拟人化效应不总是积极的。拟人化机器人作为混合团队的成员，可以缓解其他人的焦虑感、神经质等消极情感（Anja et al.，2018）；但提供服务的拟人化人工智能也可能使顾客产生尴尬、隐私担忧、身份威胁感等消极情绪（Gong，2008；Xie et al.，2020）。根据恐怖谷理论，人们产生负面情绪可能的解释是，人工智能拟人化使人类与非人类物体的界限模糊，破坏了消费者对人类独特性和身份的认知（Stein & Ohler，2017）。看起来与人类非常相似的人工智能，甚至拥有超越人的能力，其非人特质引发了使用者的恐惧（张雁冰等，2019）。综上所述，提出假设：

H6：服务情境调节了拟人化对消费者情绪的影响。

H6a：传统服务情境下，拟人化能够给消费者带来积极情绪，化解消费者消极情绪。

H6b：新兴人工智能服务情境下，拟人化既会给顾客带来积极情绪，又会因恐怖谷效应引发消极情绪。

2.3.2 文化背景的调节

进行跨文化背景的元分析，不能忽视文化特征对消费行为的影响，集体主义倾向是近年来学术界最广泛研究的文化价值观之一（Hofstede，1991），本研究根据样本来源国将文化背景区分为集体主义社会和个人主义社会，以此考察拟人化的差异作用。集体主义是衡量某一社会总体是关注个人的利益还是关注集体的利益。相比个人主义社会，在集体主义社会的成员更加重视关系和互依（Cohen et al.，2016）。集体主义文化对社会关系的更多关注意味着其成员可能比个人主义文化背景下的成员对孤独感做出更强烈的反应，从而更有可能对拟人化对象做出反应，与其产生更多互动（Epley et al.，2007）。此外，集体主义文化的消费者更看重产品的社会性，关注产品是否被更多人接纳和喜爱（Redding，1983）。拟人化产品释放的社会性更可能受到集体主义消费者的喜爱，吸引更多人的关注，进而出现"从众型"购买行为。因此，本研究认为集体主义社会文化背景下，消费者更愿意与拟人化对象互动或者购买拟人化产品。综上所述，提出假设：

H7：相比个人主义社会文化背景，拟人化对消费者互动意愿和购买意愿的正向影响在集体主义社会文化背景下更强。

3. 研究方法

3.1 文献检索和筛选

进行元分析第一步要建立元分析数据库。为了搜索已发表和未发表的相关研究进行实证研究，首先，以"human-like""anthropomorphic""personification""anthropomorphism""humanization""personification""brand anthropomorphism""product anthropomorphism"为关键词，在 Google scholar、EBSCO、Elsevier science direct 等外文数据库检索英文文献；同时，以"拟人化""拟人化营销""人机互动"为关键词，在中国知网、万方等国内数据库进行中文文献检索。本研究参考 PRISMA 制定以下样本选择标准：①研究考察了拟人化对人类的影响；②提供了足够的统计数据用于元分析；③同一数据来源的不同文献只收录其中一篇。最后获得在 2021 年 12 月前发表的中文文献 20 篇，英文文献 54 篇。

3.2 文献编码

本研究理论模型和相关调节变量编码方案遵循 Rust 和 Coolil（1994）建议的程序。在讨论编码分类标准后，三位研究助理分别对主要研究变量进行编码，并对编码结果进行比较，总体一致性指数为 96.67%，并通过讨论解决了不一致的问题。文献编码标准见表 1。

表 1　　　　　　　　　　　　　　　文献编码标准

框架	变量	编 码 标 准	一致性指数
影响因素	设计因素	主要通过外在设计操纵拟人化感知的研究编码为外形；主要通过动作设计操纵拟人化感知的研究编码为动作；主要通过语言设计操纵拟人化感知的研究编码为语言	90%
	个体因素	涉及孤独感、社会排斥等的相关研究编码为孤独感；涉及个体依恋倾向、依恋风格等的相关研究编码为依恋；涉及个体将社会分类准则应用于非人类物体的研究编码为社会分类	

续表

框架	变量	编 码 标 准	一致性指数
影响结果	消费者情感	积极情感包括愉悦等概念；消极情绪包括尴尬、怀疑、隐私担忧、内心矛盾、威胁感等概念	100%
	消费者认知	包括顾客认知、态度、信任、忠诚，拟人化代理的使用体验、创新性感知、能力感知、品牌联结（包含相似性感知、自我品牌整合、品牌依恋等概念）、准社会关系等	90%
	消费者行为	包括互动意愿和购买意愿两类	100%
调节因素	服务情境	拟人化发生在传统零售、广告服务情境，还是新兴人工智能服务情境。将传统零售和广告服务情境编码为 1，新兴人工智能服务情境编码为 0	100%
	文化背景	拟人化是发生在集体主义还是个人主义倾向的社会文化背景下。根据 Hofstede Insights 的数据，对个人主义评分低于 50 分（中间值）的国家编码为 1（集体主义），对个人主义评分高于 50 分的国家编码为 0（个人主义）	100%

3.3 元分析程序

对筛选出的研究样本提取数据后进行效应值计算，遵循 Hedges 和 Olkin（1985）元分析的程序。选择相关系数（ρ）作为模型中变量的效应量。当所选研究未能报告相关性时，本研究采用 CMA 3.0 软件将均值、方差、t 检验等其他统计数据转换为相关系数 ρ，来表示变量间的综合效应值。经编码与统计，74 篇目标文献共识别出 274 个效应值，71 个效应值用于分析拟人化影响因素，203 个效应值用于分析拟人化影响结果。

3.3.1 发表偏倚检验

本研究结合漏斗图和失效安全系数 Fail-safe N 进行发表偏倚检验。图 1 是用于定性检验发表偏倚的漏斗图，由图可知，多数研究集中于漏斗的中上部，没有研究落在漏斗底部，且多数效应值均匀地分布在平均值附近，说明本研究存在发表偏倚的可能性较小。失效安全系数（Fail-safe N）估计了多少不显著结果的文献样本可使研究结果逆转。一般而言，当失效安全系数 Fail-safe N 大于其判别标准 $5K+10$（K 为独立研究的数量）时可以认为研究不存在发表偏倚。本研究变量的失效安全系数均大于 $5K+10$（见表 3）。

3.3.2 异质性检验

异质性检验是元分析中对各研究结果合并的基础，只有当各研究结果具有一致性时，合并分析的结果才能被认为是真实可靠的。目前，Q 检验和 I^2 检验是主要的异质性检验方法，当 Q 检验结果

显著或 I^2 统计量大于 50 时，表明研究间存在明显的异质性，应选用随机效应模型合并效应量；反之，选用固定效应模型合并效应量。本研究均选用随机效应模型。异质性检验结果见表 2。

表 2　　　　　　　　　　　　　　　　异质性检验结果

随机模型	K	N	异质性检验（Q 统计）				Tau-squared			
			Q 值	Df	P 值	I^2	T^2	SE	方差	Tau
拟人化前因	71	16929	480.242	70	0.000	85.424	0.025	0.007	0.000	0.157
拟人化结果	203	49367	3286.550	202	0.000	93.854	0.063	0.007	0.000	0.251

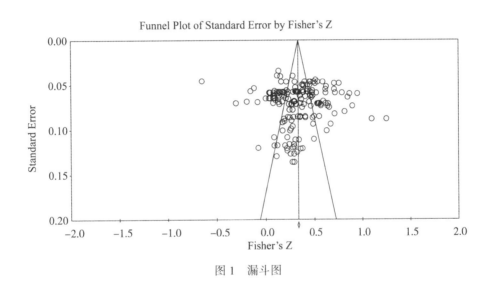

图 1　漏斗图

3.3.3　关系强度

根据 Cohen（1988）提出的判别标准，相关系数 ρ 的强度可以分为基本不相关（$0 \leqslant \rho < 0.1$）、弱相关（$0.1 \leqslant \rho < 0.3$）、中度相关（$0.3 \leqslant \rho < 0.5$）和强相关（$\rho \geqslant 0.5$）。拟人化影响因素和影响结果的元分析见表 3。从表 3 可知，全部影响因素对消费者拟人化感知均有显著影响（$p < 0.5$），其中设计因素中的外形（0.405）和个体因素中的依恋（0.335）与拟人化感知呈现中度相关。拟人化感知会对消费者情感、认知和行为产生影响，其中与积极情绪（0.258）、顾客认知（0.356）、顾客态度（0.321）、顾客信任（0.368）、品牌忠诚（0.358）、品牌联结（0.351）、准社会关系（0.327）、能力感知（0.337）、互动意愿（0.377）呈现显著的中等程度相关（$p < 0.5$）；与消费者感知便利性（0.178）、使用体验（0.289）有一定相关性，但相关程度较弱（$p < 0.5$）；与消费者消极情绪（0.024）的弱相关并不显著（$p = 0.580$）。

表3   拟人化影响因素和影响结果的元分析

随机模型	变量	K	N	变量间异质性检验			效应值及95%置信区间			双尾检验		Fail-safe N
				Q值	Df	p值	效应值	上限	下限	Z值	p值	
拟人化影响因素												
设计因素 H1	动作	16	1737	8.533	2	0.014	0.266	0.212	0.318	9.423	0.000	515
	外形	15	4417				0.405	0.321	0.483	8.660	0.000	2512
	语言	15	5726				0.252	0.161	0.339	5.292	0.000	1386
个体因素 H2	孤独感	8	1714	7.513	2	0.023	0.158	0.063	0.250	3.239	0.001	77
	社会分类	9	762				0.229	0.130	0.324	4.470	0.000	92
	依恋	8	2573				0.335	0.246	0.418	7.057	0.000	556
拟人化影响结果												
情感结果 H3	积极情绪	13	3758	5.951	1	0.015	0.258	0.199	0.316	8.273	0.000	810
	消极情绪	13	2614				0.024	−0.158	0.204	0.252	0.801	—
认知结果 H4	顾客认知	16	4179	14.754	8	0.064	0.356	0.253	0.451	6.412	0.000	2324
	顾客态度	50	10684				0.321	0.235	0.402	7.002	0.000	3398
	顾客信任	8	1541				0.368	0.243	0.481	10.718	0.000	444
	品牌忠诚	14	5040				0.358	0.278	0.433	14.685	0.000	2292
	品牌联结	12	3002				0.351	0.212	0.467	4.747	0.000	1448
	准社会关系	7	1752				0.327	0.151	0.483	3.551	0.000	—
	便利性	2	557				0.178	0.096	0.258	4.227	0.000	—
	能力感知	4	542				0.337	0.212	0.451	5.071	0.000	60
	使用体验	12	3175				0.289	0.184	0.387	5.248	0.000	1015
行为结果 H5	购买意愿	34	7855	4.512	2	0.105	0.263	0.184	0.340	6.290	0.000	4212
	互动意愿	18	4352				0.377	0.292	0.455	8.140	0.000	3162

3.3.4 调节效应检验

本研究引入服务情境来探究传统零售/广告服务情境和新兴人工智能服务情境在研究拟人化影响消费者情感上可能存在的调节作用。引入文化背景这一情境因素，来探究集体主义社会文化背景和个人主义社会文化背景在研究拟人化影响顾客行为上可能存在的调节作用。调节效果见表4。

表4 调 节 效 果

影响结果	调节因素	K	N	异质性			效应值及95%置信区间			双尾检验	
				Q值	Df	p值	效应值	上限	下限	Z值	p值
积极情绪 H6	传统服务情境	9	3078	0.008	1	0.930	0.257	0.182	0.329	6.529	0.000
	人工智能服务情境	4	680				0.262	0.166	0.353	5.239	0.000
消极情绪 H6	传统服务情境	8	1804	6.285	1	0.012	−0.125	−0.370	0.136	−0.938	0.348
	人工智能服务情境	5	810				0.229	0.134	0.319	4.666	0.000
互动意愿 H7	集体主义	11	2893	5.667	1	0.017	0.419	0.350	0.483	10.803	0.000
	个人主义	4	885				0.221	0.061	0.370	2.695	0.007
购买意愿 H7	集体主义	18	3268	3.258	1	0.071	0.322	0.203	0.432	5.099	0.000
	个人主义	13	3265				0.172	0.057	0.283	2.912	0.004

4. 结论

4.1 研究结论

基于国内外 74 篇市场营销领域的拟人化实证研究，本研究利用元分析方法，综合分析不同因素对拟人化感知的影响程度，以及拟人化感知对消费者情感、认知、行为的影响程度，并基于研究情境特征，检验可能引起不同研究间影响程度差异的调节变量。具体如图 2 所示。

消费者拟人化影响因素的元分析结果表明，设计因素（外形、动作、语言）和个体因素（孤独感、依恋、社交分类）激发了不同强度的消费者拟人化感知。拟人化对象的外形设计对消费者拟人化感知的正向影响强于动作与语言表达设计。依恋对消费者拟人感知的正向影响强于社会分类和孤独感。支持假设 H1、假设 H2。

拟人化感知对消费者情绪的影响和服务情境的调节作用。与大部分研究结论一致，本研究阐明了拟人化具有很强的积极作用，能够增强消费者的积极情绪。然而，区分服务情境后发现，拟人化感知还会增加消极情绪。部分支持假设 H3。传统服务情境下，消费者拟人化感知会带来愉悦等积极的情感体验，化解消费者消极情绪的效果并不显著，部分支持假设 H6a。在新兴人工智能服务情境下，拟人化感知会增加消费者积极情绪，同时增加消费者消极情绪。支持假设 H6b。

拟人化感知对消费者认知的影响。拟人化能够提升顾客对产品/品牌/广告的认知及态度。在与拟人化品牌、产品长期接触和思考后，顾客会更加了解品牌传递的信息是否与自身购物隐性动机相一致。一致的价值追求会增加消费者与品牌的关系和联结，使其将品牌上升为精神寄托或者身份代表，同时增强品牌忠诚度和信任感。拟人化增加了消费者使用信息技术时的便利性，帮助消费者更快地选择合适的产品、方便快捷地进行交易。在服务过程中采用拟人化沟通可以帮助消费者使用产

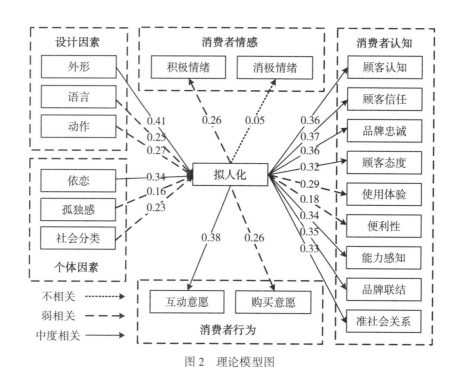

图 2　理论模型图

品，提升没有真实人类参与的服务过程质量。支持假设 H4。

　　拟人化感知对消费者行为的影响与文化背景的调节作用。相比购买意愿，消费者与拟人化对象进行互动的倾向更强。这一发现与 Eyssel（2011）、Yogeeswaran（2016）等研究一致，将类人特征赋予特定对象会促使消费者与其发生更多联系，增加与其互动的意愿。另外，研究发现，文化背景调节了拟人化对消费者行为影响的有效程度。在个人主义社会文化背景下，消费者与拟人化对象的互动和购买意愿较低；在集体主义社会文化背景下，消费者与拟人化对象的互动和购买意愿则较高。支持假设 H5、H7。

4.2　理论意义

　　本研究采用元分析方法，厘清了近 20 年纷杂的拟人化相关研究，搭建了拟人化影响因素和影响结果的研究框架。区别于定性综述、实验室实验方法，元分析对同类研究结果定量综合，分析解释样本间不一致结论，得到更具代表性的研究结论。元分析结果中相关关系的大小表明了不同变量从小到中等程度的变化，反映了不同变量间的主次关系。

　　首先，本研究框架突出了拟人化设计因素、消费者个体因素对拟人化倾向的差异化作用。一方面，研究发现拟人化外形设计相比语言和动作设计能激发更强的消费者拟人化感知/偏好，进一步细化并验证了汪涛和谢志鹏（2014）提出的拟人化外在维度和社会维度会影响消费者拟人化的结论。另一方面，证明了主体因素是影响拟人化感知的重要因素，这与 Blut 等（2021）的元分析研究结论一致。此外，研究发现拟人化对象参与了消费者社会分类的过程，暗示其在未来可能作为重要的

"社会成员"对人们的消费决策产生影响，扩展了社会分类理论的应用范围。

其次，本研究整合了拟人化影响消费者情绪的不一致结论，细化了拟人化负面效应发生的情境，深化了恐怖谷理论在营销领域的应用。一方面，拟人化的确能改进消费体验，激发消费者积极情感；另一方面，恐怖谷理论主张拟人化在特定情境下会引发消极情绪（Bartneck et al.，2010）。采用元分析进一步细化发现，在新兴人工智能服务情境下，拟人化给顾客带来积极情感的同时，没有减少反而增加了顾客尴尬、担忧等消极情绪；在传统服务情境下，拟人化增加了积极情绪，但不能有效减少顾客消极情绪。该结论承认了拟人化的积极效果，并明确了不同服务情境下拟人化减少消极情绪有效性这一被忽略的问题。

再次，本研究从文化维度解释了拟人化的有效性。人是社会动物，其认知和行动很容易受到群体文化与氛围的影响，拟人化效果也会由于文化背景和氛围出现差异。正如 Velasco（2021）元分析发现，不具备类人特征的 AI 产品可能在不确定性规避度高的国家具有劣势。类似的，本研究从集体主义—个人主义维度出发，发现拟人化产品在强调集体主义文化的国家可能更受欢迎。

最后，本研究基于三元交互决定理论，从环境、主体和行为三元交互出发，搭建拟人化研究框架，丰富了社会认知分析框架的应用场景。在主体与行为的交互中，消费者的社交需求和动机等主体因素增加了拟人化倾向，亲近非人类物体的行为反过来满足了心理需求，影响了主体的情感和信念；在主体和环境的交互中，不同的服务情境，拟人化引发消费者不同的情绪。受到集体主义（vs. 个人主义）文化环境熏陶的消费者，拟人化倾向可能更高，或出现更多与拟人化对象的互动行为。这种差异说明了顾客消费观和行为会受到外部环境的修正。总而言之，环境、主体、行为之间复杂交互决定了不同服务情境、文化背景下拟人化的影响因素和影响结果是有差异的。

4.3　管理启示

本研究对拟人化相关研究的整合分析可供管理者进行参考。

首先，企业应根据拟人化对象特点和受众心理特性善用拟人化手段。考虑产品属性、文化风俗等因素，设计适宜的、符合大众价值观念和法律道德约束的拟人化。当外界风险无法预测时，外形拟人化设计是相对安全有效的策略。此外，企业要考虑目标消费者心理需求，通过拟人化元素传递情感。例如，在中华传统节日向在外独自奋斗的消费人群推出更"温暖"的拟人化产品，凸显品牌陪伴与支持。

其次，企业应针对拟人化使用场景采取不同的拟人化策略，规避可能带给消费者的负面情绪。尤其随着人工智能技术的发展，机器人渗透到消费者日常生活场景中，不仅要弱化用户尴尬和不安等情绪，还需应对高能力感知的机器人引发的隐私担忧困扰，降低或克服精准营销趋势引发的风险或隐患。例如，家庭中使用的人工智能尽可能设计得可爱温馨，降低外表的拟人化程度，规避恐怖谷风险，使家庭氛围轻松愉悦。

最后，尽管依靠技术能够增加消费者与品牌互动，但客户流量能否高效转化为产品销售额与企业效益还需要企业科学地设计拟人化营销方案。例如，考虑当地文化氛围设计拟人化风格，面对集体主义价值观的消费者，商品要采取受多数人喜爱的拟人化设计。

4.4 局限及展望

本研究也存在一些局限性。首先，本研究未对拟人化进行类型分类，未来可以进一步细分。其次，本研究关注了可以系统编码的概括性调节变量，不可避免地遗失了细分情境下的研究结论。最后，本研究的横截面性质不能证明拟人化策略能否长期发挥作用。此外，拟人化营销领域的学术研究显现出巨大活力和潜力，本研究提出以下研究问题以供参考（见表5）。

表5   未来研究展望

研究方向	思 考 问 题
拟人化与品牌关系	拟人化品牌是否能给消费者带来幸福感？何时以及如何影响消费者幸福感
	消费者将品牌视为"人类"后还会产生心理所有权吗？心理所有权是否会反过来影响对类人特征的感知
	消费者对拟人化品牌依恋增加，会使品牌拥有哪些权力？这些权力如何影响品牌利益以及消费者利益
拟人化与技术创新	后疫情时代，拟人化虚拟代理在"直播+"、医疗咨询等行业中得到应用，消费者对此有何反应？有哪些问题以及如何解决
	服务机器人会给消费者生活带来什么改变？与其关系如何演变
	大数据技术发展使消费者能获得定制化营销服务，拟人化在其中会带来什么影响
拟人化与社会发展	特殊领域/行业中（如公共服务、法律咨询等领域），拟人化有效性如何
	拟人化倾向是否能长期对消费者产生积极影响/消极影响
	社会发展带来日常生活的变化是否会增强消费者拟人化的动机和机会
	社会变革带来的人际关系变化如何影响消费者—拟人化品牌关系
拟人化与团体合作	拟人化机器人的加入对团队成员有何影响？消费者对这种混合团队协同提供服务的态度如何
	消费者对待单个服务机器人和群体中机器人的方式有何差别

◎ 参考文献

[1] 姜岩，董大海. 品牌依恋理论研究探析 [J]. 外国经济与管理，2008（2）.

[2] 牟宇鹏，丁刚，张辉. 人工智能的拟人化特征对用户体验的影响 [J]. 经济与管理，2019，33（4）.

[3] 汪涛，谢志鹏. 拟人化营销研究综述 [J]. 外国经济与管理，2014，36（1）.

[4] 汪涛，谢志鹏，崔楠. 和品牌聊聊天——拟人化沟通对消费者品牌态度影响 [J]. 心理学报，2014，46（7）.

［5］ 王财玉．消费者自我—品牌联结的内涵、形成机制及影响效应［J］．心理科学进展，2013，21（5）．

［6］ 吴水龙，何雯雯，洪瑞阳，等．社会型拟人化信息对消费者购买意向的影响机制研究［J］．管理工程学报，2018，32（4）．

［7］ 曾伏娥，邹周，陶然．个性化营销一定会引发隐私担忧吗：基于拟人化沟通的视角［J］．南开管理评论，2018，21（5）．

［8］ 张雁冰，吕巍，张佳宇．AI营销研究的挑战和展望［J］．管理科学，2019，32（5）．

［9］ 钟科，何云．要素品牌拟人化对消费者购买意愿的影响、边界条件及中介机制［J］．商业经济与管理，2018（8）．

［10］ 朱良杰，何佳讯，黄海洋．品牌拟人化促进消费者价值共创意愿的机制研究［J］．管理学报，2018，15（8）．

［11］ Aaker, J. L., Garbinsky, E. N., Vohs, K. D. Cultivating admiration in brands：Warmth, competence, and landing in the "golden quadrant"［J］. Journal of Consumer Psychology, 2012, 22（2）.

［12］ Aggarwal, P. The effects of brand relationship norms on consumer attitudes and behavior［J］. Journal of Consumer Research, 2004, 31（1）.

［13］ Aggarwal, P., Mcgill, A. L. Is that car smiling at me? Schema congruity as a basis for evaluating anthropomorphized products［J］. Journal of Consumer Research, 2007, 34（4）.

［14］ Aggarwal, P., McGill, A. L. When brands seem human, do humans act like brands? Automatic behavioral priming effects of brand anthropomorphism［J］. Journal of Consumer Research, 2012, 39（2）.

［15］ Cohen, A. B., Wu, M. S., Miller, J. Religion and culture：Individualism and collectivism in the East and West［J］. Journal of Cross-Cultural Psychology, 2016, 47（9）.

［16］ Cole, T., Leets, L. Attachment styles and intimate television viewing：Insecurely forming relationships in a parasocial way［J］. Journal of Social & Personal Relationships, 1999, 16（4）.

［17］ Dalman, M. D., Agarwal, M. K., Min, J. Impact of brand anthropomorphism on ethical judgment：The roles of failure type and loneliness［J］. European Journal of Marketing, 2021, 55（11）.

［18］ Delbaere, M., McQuarrie, E. F., Phillips, B. J. Personification in advertising：Using a visual metaphor to trigger anthropomorphism［J］. Journal of Advertising, 2011, 40（1）.

［19］ Epley, N., Waytz, A., Akalis, S., et al. When we need a human：Motivational determinants of anthropomorphism［J］. Social Cognition, 2008, 26（2）.

［20］ Epley, N., Waytz, A., Cacioppo, J. T. On seeing human：A three-factor theory of anthropomorphism［J］. Psychological Review, 2007, 114（4）.

［21］ Eyssel, F., Kuchenbrandt, D. Social categorization of social robots：Anthropomorphism as a function of robot group membership［J］. British Journal of Social Psychology, 2012, 51（4）.

［22］ Eyssel, F., Kuchenbrandt, D., Bobinger, S., et al. If you sound like me, you must be more human: On the interplay of robot and user features on human-robot acceptance and anthropomorphism ［C］. ACM, 2012.

［23］ Fournier, S. Consumers and their brands: Developing relationship theory in consumer research ［J］. Journal of Consumer Research, 1998, 24（4）.

［24］ Fraune, M. R. Our robots, our team: Robot anthropomorphism moderates group effects in human-robot teams ［J］. Frontiers in Psychology, 2020, 11.

［25］ Golossenko, A., Pillai, K. G., Aroean, L. Seeing brands as humans: Development and validation of a brand anthropomorphism scale ［J］. International Journal of Research in Marketing, 2020, 37（4）.

［26］ Gong, L. How social is social responses to computers? The function of the degree of anthropomorphism in computer representations ［J］. Computers in Human Behavior, 2008, 24（4）.

［27］ Hartmann, T. Parasocial interactions and paracommunication with new media character ［M］. Routledge, 2008.

［28］ Haslam, N., Loughnan, S., Kashima, Y., et al. Attributing and denying humanness to others ［J］. European Review of Social Psychology, 2008, 19（1）.

［29］ Hudson, S., Huang, L., Roth, M. S., et al. The influence of social media interactions on consumer-brand relationships: A three-country study of brand perceptions and marketing behaviors ［J］. International Journal of Research in Marketing, 2016, 33（1）.

［30］ Hur, J. D., Koo, M., Hofmann, W. When temptations come alive: How anthropomorphism undermines self-control ［J］. Journal of Consumer Research, 2015, 42（2）.

［31］ Javornik, A. "It's an illusion, but it looks real!" Consumer affective, cognitive and behavioural responses to augmented reality applications ［J］. Journal of Marketing Management, 2016, 32（9-10）.

［32］ Kervyn, N., Fiske, S. T., Malone, C. Brands as intentional agents framework: How perceived intentions and ability can map brand perception ［J］. Journal of Consumer Psychology, 2012, 22（2）.

［33］ Khenfer, J., Shepherd, S., Trendel, O. Customer empowerment in the face of perceived incompetence: Effect on preference for anthropomorphized brands ［J］. Journal of Business Research, 2020, 118.

［34］ Kim, H. C., Kramer, T. Do materialists prefer the "brand-as-servant"? The interactive effect of anthropomorphized brand roles and materialism on consumer responses ［J］. Journal of Consumer Research, 2015, 42（2）.

［35］ Kim, S., Chen, R. P., Zhang, K. Anthropomorphized helpers undermine autonomy and enjoyment in computer games [J]. Journal of Consumer Research, 2016, 43 (2).

[36] Kuchenbrandt, D., Eyssel, F., Bobinger, S., et al. When a robot's group membership matters [J]. International Journal of Social Robotics, 2013, 5 (3).

[37] MacInnis, D. J., Folkes, V. S. Humanizing brands: When brands seem to be like me, part of me, and in a relationship with me [J]. Journal of Consumer Psychology, 2017, 27 (3).

[38] Maeng, A., Aggarwal, P., Morwitz, V., et al. Facing dominance: Anthropomorphism and the effect of product face ratio on consumer preference [J]. The Journal of Consumer Research, 2018, 44 (5).

[39] Mende, M., Scott, M. L., Doorn, J. V., et al. Service robots rising: How humanoid robots influence service experiences and elicit compensatory consumer responses [J]. Journal of Marketing Research, 2019, 56 (4).

[40] Puzakova, Marina, Hyokjin, et al. When humanizing brands goes wrong: The detrimental effect of brand anthropomorphization amid product wrongdoings [J]. Journal of Marketing, 2013, 77 (3).

[41] Puzakova, M., Kwak, H., Taylor, C. R. The role of geography of self in "filling in" brand personality traits: Consumer inference of unobservable attributes [J]. Journal of Advertising, 2013, 42 (1).

[42] Salem, M., Eyssel, F., Rohlfing, K., et al. To err is human (-like): Effects of robot gesture on perceived anthropomorphism and likability [J]. International Journal of Social Robotics, 2013, 5 (3).

[43] Sangyeal, H., Yang, H. Understanding adoption of intelligent personal assistants: A parasocial relationship perspective. [J]. Industrial Management & Data Systems, 2018, 118 (3).

[44] Schroeder, J., Epley, N. Mistaking minds and machines: How speech affects dehumanization and anthropomorphism. [J]. Journal of Experimental Psychology: General, 2016, 145 (11).

[45] Sheehan, B., Jin, H. S., Gottlieb, U. Customer service chatbots: Anthropomorphism and adoption [J]. Journal of Business Research, 2020, 115.

[46] Tuškej, U., Podnar, K. Consumers' identification with corporate brands: Brand prestige, anthropomorphism and engagement in social media [J]. The Journal of Product & Brand Management, 2018, 27 (1).

[47] Tuškej, U., Podnar, K. Exploring selected antecedents of consumer-brand identification [J]. Baltic Journal of Management, 2018, 13 (4).

[48] van Esch, P., Arli, D., Gheshlaghi, M. H., et al. Anthropomorphism and augmented reality in the retail environment [J]. Journal of Retailing and Consumer Services, 2019, 49.

[49] Velasco, F., Yang, Z., Janakiraman, N. A meta-analytic investigation of consumer response to anthropomorphic appeals: The roles of product type and uncertainty avoidance [J]. Journal of Business Research, 2021, 131.

［50］ Waytz, A. , Epley, N. , Cacioppo, J. T. , et al. Social connection and seeing human ［M］ // DeWall. The Oxford handbook of social exclusion. New York: Oxford University Press, 2013.

［51］ Xie, Y. , Chen, K. , Guo, X. Online anthropomorphism and consumers' privacy concern: Moderating roles of need for interaction and social exclusion ［J］. Journal of Retailing and Consumer Services, 2020, 55 (4).

［52］ Yamaguchi, S. Biased risk perceptions among Japanese: Illusion of interdependence among risk companions ［J］. Asian Journal of Social Psychology, 1998, 1 (2).

Is Anthropomorphism Always Effective? Meta-analysis Evidence

Xu Lei[1]　Duan Ya[2]　Yao Yanan[3]

(1, 2　Economics and Management School, Beijing University of Technology, Beijing, 100124;

3　Management School, Tianjin Normal University, Tianjin, 300387)

Abstract: At present, there have been a lot of relevant studies on the topic of anthropomorphic marketing, but the empirical results of different studies are different. 74 Chinese and foreign literature (including 274 effect values, $N = 66296$) related to anthropomorphism in the marketing domain is comprehensively analyzed by a meta-analysis, to explore the antecedents of anthropomorphism, consumer reactions to anthropomorphism, and moderating factors. It is found that design factors and individual factors will affect anthropomorphic perception; Anthropomorphism has a differentiated impact on consumers' emotion and behavior, and it is not always positive and effective, in which service situation and social culture play a moderating role. In the traditional service situation, Anthropomorphism brings positive emotional experience to consumers, but it can't resolve negative emotions such as customer suspicion. In the emerging artificial intelligence service situation, Anthropomorphism not only brings positive emotions to customers, but also causes negative emotions due to the uncanny valley effect; The positive influence of anthropomorphism on consumers' interactive behavior is stronger than that of purchasing behavior, and compared with the individualistic social-cultural background, consumers show more interactive tendencies and purchasing tendencies in the collectivist social-cultural background.

Key words: Anthropomorphism; Influencing factor; Consumer reaction; Meta-analysis

专业主编：寿志钢

投 稿 指 南

《珞珈管理评论》是由武汉大学主管、武汉大学经济与管理学院主办的管理类集刊,创办于2007年,由武汉大学出版社出版。2017年始入选《中文社会科学引文索引(2017—2018年)来源集刊目录》(CSSCI),2021年《珞珈管理评论》再次入选《中文社会科学引文索引(2021—2022年)来源集刊目录》。

自2022年第40辑起,《珞珈管理评论》每2个月出版1辑。

《珞珈管理评论》以服务中国管理理论与实践的创新为宗旨,以促进管理学学科繁荣发展为使命。本集刊主要发表管理学领域有关本土问题、本土情境的学术论文,介绍知识创造和新方法的运用,推广具有实践基础的研究成果。热忱欢迎国内外管理学研究者踊跃赐稿。敬请投稿者注意以下事项:

1. 严格执行双向匿名评审制度;不收取版面费、审稿费等任何费用。

2. 启用网上投稿、审稿系统,请作者进入本网站(http://jmr.whu.edu.cn)的"作者中心"在线投稿。根据相关提示操作,即可完成注册、投稿。上传稿内容包括:文章标题、中文摘要(300字左右)、关键词(3~5个)、中图分类号、正文、参考文献、英文标题、英文摘要。完成投稿后,还可以通过"作者中心"在线查询稿件处理状态。如有疑问,可与《珞珈管理评论》编辑部(027-68755911)联系。不接受纸质版投稿。

3. 上传文稿为Word和PDF两种格式,请用正式的ＧＢ简体汉字横排书写,文字清晰,标点符号规范合理,句段语义完整,全文连贯通畅,可读性好;全文以10000字左右为宜(有价值的综述性论文,可放宽到15000字,包括图表在内),论文篇幅应与其贡献相匹配。图表、公式、符号、上下角标、外文字母印刷体应符合规范。若论文研究工作受省部级以上基金项目支持,请用脚注方式注明基金名称和项目编号。

4. 正文文稿格式为:(中文)主题→作者姓名→工作单位→摘要→关键词(3~5个)→1引言(正文一级标题)→内容(1.1(正文二级标题)…,1.2…)……→结论→参考文献→(英文)主题→作者姓名→工作单位→摘要→关键词→附录;摘要不超过300字。

5. 来稿录用后,按规定赠予当期印刷物两本(若作者较多,会酌情加寄)。

6. 注释、引文和参考文献,各著录项的具体格式请参照网站投稿指南。

7. 文责自负。作者须郑重承诺投稿论文为原始论文,文中全部或者部分内容从来没有以任何形式在其他任何刊物上发表过,不存在重复投稿问题,不存在任何剽窃与抄袭。一旦发现论文涉及以上问题,本编辑部有权采取必要措施,挽回不良影响。

8. 作者应保证拥有论文的全部版权(包括重印、翻译、图像制作、微缩、电子制作和一切类似的重新制作)。作者向本集刊投稿行为即视作作者同意将该论文的版权,包括纸质出版、电子出版、多媒体出版、网络出版、翻译出版及其他形式的出版权利,自动转让给《珞珈管理评论》编辑部。